傳播理論與傳播科技

莊克仁　著

五南圖書出版公司 印行

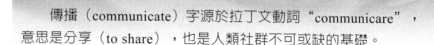

傳播（communicate）字源於拉丁文動詞 "communicare"，意思是分享（to share），也是人類社群不可或缺的基礎。

以《人類大歷史》成為全球暢銷書的作者哈拉瑞（Yuval Noah Harari），在2024年出版的《連結：從石器時代到AI紀元》書中，強調自古迄今，對人類而言，最重要的是資訊網絡形塑了人類社會發展。

這資訊網絡就是傳播加科技，即莊克仁老師大著《傳播理論與傳播科技》所要探討的主題，讀者可以透過這本深入淺出的教科書，掌握當代傳播學的全貌。

本書先全面鳥瞰了人類傳播的歷史、模式、類型，再涵蓋大眾傳播理論大師麥魁爾（Denis McQuail）的經典教科書，描述大眾傳播的來源、內容、媒介、受眾與效果。

接下來針對傳播和國家發展與全球化的大趨勢，以及數位時代的傳播科技，提供最新的資訊。舉凡自媒體、社交傳播、人工智慧等都予專章介紹，一目了然。

莊克仁老師留學美國史丹佛大學，師承傳播大師羅傑斯（Everett Rogers），歸國後在國內公私立大學任教大眾傳播課程。曾寫多本傳播教科書及翻譯《傳播科技學理》等學術名著，由他撰寫這本《傳播理論及傳播科技》自是駕輕就熟，舉重若輕。我非常推薦對傳播有興趣的讀者閱讀。

世新大學新聞系兼任客座教授　彭懷恩

2024.11.17

自序

　　面臨當今資訊爆炸的時代，傳播理論與科技日益變化與精進，已經成為我們生活中不可或缺的一部分。傳播不僅僅是訊息的傳遞，更是我們心靈溝通的重要工具之一，同時，它也深遠地影響並改變了我們的社會結構、文化模式及個人行為。《傳播理論與傳播科技》（*Communication Theory and Technology*）正是一本為此時代而生的書籍，旨在全面探討現代傳播的理論基礎與科技應用，並嘗試解讀傳播在當今社會中的多重面貌。

　　本書分為十六章，每章既可獨立閱讀，又緊密連結。整本書從基本概念到應用實踐、從個體到集體、從過去到未來，全面展示了傳播學的各個方面，並強調理論與技術的相互作用及其對社會的影響，以便建構出現代傳播學的全貌。換言之，本書的特色，在於其廣泛的涵蓋範圍和深入的分析。從胎教到全球網絡、從語言符號到非語言符號、從新聞來源到自媒體，作者希望帶領讀者，逐步探索傳播的每一個角落，揭示其在社會行為中的核心角色。尤其探討全球化與數位革命，所帶來的傳播挑戰，並強調新聞倫理，以鞏固負責任的媒體環境。我們深信，讀者能夠透過本書，從多元視角來理解傳播的豐富性、多樣性與複雜性。

　　本書不僅適合學術研究者探討專業領域知識、學生準備課業或各類考試，同時，也適合業界專業人士，臨機進行實際指導，並深入瞭解傳播領域的現狀與未來趨勢。總之，希望本書對傳播未來發展的思考與創新，具有啟發性功能，然而，囿於作者學識、能力與時間，書中難免會有漏失或錯誤，尚祈先進不吝指教。

　　最後，本書承蒙彭懷恩教授賜推薦序，高屋建瓴，為本書增色不少，特此致申感謝之意。

目錄 C o n t e n t s

01

第 1 章 ▶▶▶

人類傳播

　　本章探討了人類傳播的本質與發展歷程。從嬰兒與母體的初步互動到當代豐富的溝通形式，傳播被視為透過語言、文字及非語言元素如肢體語言進行意義交流的活動。歷史上，從口語到文字、印刷到電子媒體，每種傳播技術的創新都深刻塑造了社會結構與資訊流通方式。網路與數位媒體的興起則進一步促進了全球資訊的即時交流，彰顯了傳播技術與人類文明進步的密切關聯。最後說明傳播的功能。

※ 第一節　傳播的概念

　　人類早在娘胎、還沒出生，就知道如何與母體互動，例如：左右擺動肢體，藉以告知母親睡得好不好，這些就與肢體語言有關。等到呱呱落地、出生那天，嬰兒哭啼聲便是告知大人平安，一直到蹣跚學步、呀呀學語，上幼兒園、小學交朋友、一起讀書、練習寫字、用電腦、玩手機。以上對自己，對親人、家人、朋友、同事、外人，甚至未來對機器人、外星人……等之間的溝通，這些都是屬傳播行為的一種。

到底傳播是什麼？本節將提供一些基本概念，瞭解之後，可以加深對傳播現象的理解。

一、傳播的定義

　　什麼叫做傳播（communication）？以下是幾個著名的百科或辭典，如維基百科、牛津大辭典和大英百科全書所做的定義。

　　傳播是人們透過符號、訊號的活動，進行訊號的傳遞、接收和反饋；是人們相互交換意見、思想和情感，以實現相互瞭解和影響的過程。在世界的各個角落，生命每刻都在進行傳播活動。

　　透過言語、寫作或圖像，進行觀念、知識等的分享和傳遞。

　　傳播是思想和訊息的運輸方式，有別於貨物和旅客的運輸。傳播的基本形式是透過觀察和聆聽，以視覺和聽覺傳遞訊息。

　　在漢語中，「傳播」常作為動詞，指廣泛散布訊息，例如：唐朝李延壽編撰的《北史》中提到「已敕有司，肅告郊廟，宜『傳播』天下，咸使知聞」。在英語中，「傳播」對應的是 communication，包含通訊、通知、訊息、傳達等多種意義。

　　從漢語和英語的角度來看，「傳播」是一個動態的行為，包括訊息的散布、交流、傳遞等多重意義。

　　傳播（communication）作為一個多維度的概念，從心理學、社會學和技術的角度出發，可以提供不同的見解和理解。

(一) 心理學角度

　　心理學上，傳播是指個體之間的訊息交換過程，它涉及到訊息的發送、接收以及解碼。這個過程中心理因素起著關鍵作用，包括感知、記憶、情感和認知偏差等。在心理學中，傳播不僅僅是訊息的傳達，更是感情、意圖和態度的表達。例如：人們在溝通時不僅傳遞事實訊息，還會表達自己對事物的感受和態度，這些都是透過語音的調子、面部表情和肢體語言等非語言方式傳達的。

(二) 社會學角度

從社會學的視角來看，傳播是社會互動的一種形式，它是社會結構和文化背景中的一個重要元素。傳播不僅促進了社會訊息的流通和知識的傳播，而且是社會規範、價值觀和文化身分的重要傳播手段。在這個層面上，傳播也被視作是一種權力行使的工具，因為它影響著公眾意見和社會態度的形成。此外，社會學透過研究不同社會群體之間的傳播模式和障礙，來探索如何克服文化差異並促進有效溝通。

(三) 技術角度

從技術的角度來看，傳播涉及到訊息的編碼、存儲、傳輸和解碼的技術和工具。隨著科技的進步，傳播的方式和速度發生了革命性的變化。從最早的信件、報紙到電話、電視，再到今天的網際網路和行動通訊，技術的進步大幅度地拓寬了傳播的範圍和加快了訊息流通的速度。技術不僅改變了人們接收和處理訊息的方式，還深刻影響了傳播的效率和影響力，使得全球化溝通成為可能。

這三個角度提供了對傳播多層次的理解，強調了傳播在個體心理、社會互動和技術發展中的核心地位。每個角度都揭示了傳播過程中不同的重要元素，並說明了傳播作為一個跨學科領域的豐富性和複雜性。

換言之，傳播學中對「傳播」的定義有多種，可以從社會學、心理學、符號學、互動關係等角度而有不同的觀點。例如：傳播可以是社會的相互作用、觀念的傳遞過程、共享的行為等。

公共傳播更強調訊息的共享和社會訊息系統的運行。無論從何種角度定義，「傳播」都涉及與他人建立共同的意識。公共傳播的特點包括雙向性、共享性、快速性、廣泛性等。

傳播的構成要素包括訊息來源、訊息傳播來源、訊息內容、媒介、管道、回饋等基本要素，以及時空環境、心理因素、文化背景、訊息品質等隱含要素。

又如在植物學中，「植物擴散」指植物利用各種方式散布，擴展下一代的生活範圍，這包括風力傳播、水的傳播、果實的掉落等方式。

由上得知，傳播具有兩個主要的涵義：「傳遞訊息」和「溝通」。在「傳遞訊息」的過程中，A 向 B 發送訊息，對 B 產生效果，這涉及訊息的傳輸和效果的產生。而「溝通」則是一種協商和意義交換的過程，人們在相同文化背景下進行真實訊息的交換，彼此互動產生意義和理解。進行「傳遞訊息」或「溝通」的研究時，必須考慮「方向」、「主動權」和「互動性」。

進一步而言，將一條訊息從甲傳給乙的過程被稱為傳播或溝通。傳播或溝通的內容具有共同性，雙方分享其意義，而這種意義與個人的經驗有關。如果無法產生意義，該訊息就變得無意義。

以「推特」在社會運動中的應用為例，推特為社群媒體平台，在現代傳播中扮演著關鍵角色。2011 年的埃及革命中，推特和 Facebook 被用作組織集會和傳播抗議訊息的工具。這展示了社群媒體在促進資訊快速流通和鼓勵公共參與方面的強大功能。此例不僅彰顯了社群媒體的傳播潛力，也反映了數位平台在政治和社會變革中的作用。

總之，傳播就是訊息傳遞的行為。其原因在於「傳播即生存」，自生命開始之初，傳播行為就伴隨著生存而展開。

二、資訊的定義

資訊（information）是一種素材（staff），存在物理世界裡，凡是對人感覺器官能產生刺激的素材，都能稱為資訊；而訊息（message）則是經過組織的語言符號，傳遞給某些對象，希望產生一種特定效果。

資訊早期稱為情報，亦可譯為消息、新聞，科學家沿用後發展出情報理論（Information Theory）。法國物理學者安培（Ampere）於 1834 年在〈科學的哲學論集〉一文中，發展出一種概念，即人如何控制機器，機器如何控制機器，為後來馭控學（Cybernetics）的發展奠下概念上的基石。

1948 年，美國科學家諾伯特‧溫納（Norbert Wiener）利用安培的概念創立了駁控學（Cybernetics），希望藉此討論人與人之間的關係，並解釋人類的傳播行為。根據熱力學的假設，自然界中常會出現一種不穩定狀態，即熵（entropy），且熵有升高的趨勢，這意味著系統會自發地趨向更大的無序和混亂。因此，維持或降低熵的過程，需要外界的干預或訊息的輸入，以維持系統的穩定性和秩序。傳播學者借用駁控學的概念，將資訊視為促使社會從不穩定趨向穩定的一項重要工具，幫助人們尋求穩定。

資訊對社會的影響顯而易見，尤其在社會轉型時期，資訊的增加有助於減少混亂，提供指導和建議。社會的形成和穩定都需要透過傳播來實現，因此傳播是一種社會過程，而資訊則協助我們做出最佳決策。

從另外一個角度看，資訊是一個科學術語，定義並不統一，這主要取決於其極端的複雜性。資訊的表現形式包括：聲音、圖片、溫度、體積、顏色等，種類繁多，如電子資訊、財經資訊、天氣資訊、生物資訊等。

在熱力學中，資訊指的是任何會影響系統熱力學狀態的事件，可以減少不確定性。根據不同的定義，資訊被視為傳播的材料、減少不確定性的工具、降低熵的手段，以及促進決策進行的要素。

從哲學的角度而言，資訊被定義為反映事件內容的素材，涵蓋對事件的判斷和行為描述，同時也被視為一個模式對另一個模式形成或改變的影響。此外，物理學中將物理世界定義為由資訊組成，並強調資訊與熵的關係。

總之，資訊是一個涵蓋至少兩個相關實體的概念（例如：發件人和收件人，或是傳感器和數據處理器），用於提供量化的意義（例如：數據中的溫度讀數或圖像的解析度），這些數值可以被精確地測量和傳遞。以科技媒介中的圖形和聲音為例，這些資訊可透過數據壓縮轉化為「0」和「1」的二進制數據，儲存於硬碟或雲端中，不需要經過人們的主動感知（例如：我們在使用雲端儲存照片時，並不需要瞭解其背後的數據處理過程），但依然可以量化模式（如像素、頻率）並傳輸，實現資訊的廣泛應用和共享。

三、大眾傳播學定義

　　大眾傳播（mass communication）是透過媒體（如聲音、文字、影像）向大眾傳遞訊息的方式。這種資訊傳播利用報紙、雜誌、廣播、電視、電影、廣告等媒體，經由專業的媒介組織，以先進的傳播技術和產業手段，針對社會上廣泛的大眾進行大規模的資訊生產和傳播活動。大眾傳播概念最早於 1945 年 11 月在倫敦透過《聯合國教育、科學及文化組織憲章》（聯合國教科文組織）中被提出，強調這是一種社會集體向大眾傳遞消息和知識的方式，而隨著媒體的進步，大眾傳播已發展成雙向互動的過程。

　　大眾傳播學是研究傳播現象和媒體影響力的學科。該學科探討訊息如何透過不同的媒體形式，例如：報紙、電視、廣播、網際網路等，被傳遞給大眾，以及這些訊息如何影響社會、文化和個體。大眾傳播學關注傳播的過程、媒介的角色、受眾的反應，以及傳播對社會的影響。這領域的研究主題包括新聞報導、廣告、娛樂產業、社群媒體等。透過大眾傳播學，我們能更深入地瞭解訊息的流動、媒體的運作和現代社會的傳播動態。

　　大眾傳播學起源於 20 世紀初。在英、美、日等國，其特色略有不同。英國強調文學、語言學、文化研究，強調對傳統文化的批判。美國注重社會科學方法，強調研究媒體對社會的影響。日本則結合傳統和現代元素，重視文化和科技的融合。

　　未來趨勢方面，大眾傳播學可能會更關注新興科技對傳播的影響，包括社群媒體、虛擬現實等的研究。此外，全球化也將成為一個重要主題，探討跨文化、跨國的傳播現象。隨著技術的進步和社會變遷，大眾傳播學將持續發展並應對不斷變化的傳播環境。

四、傳播學的定義

　　傳播學是研究人類傳播行為和傳播過程的學科，涵蓋社會訊息交流的各個層面。傳播學又稱傳學、傳意學，起源於 20 世紀 30 年代，是一門交叉、邊緣、綜合的學科。它與社會科學、心理學、政治學等多個學科相關

聯，研究人與人之間如何透過符號建立關係。

　　傳播學的研究範圍廣泛，包括人際傳播和大眾傳播，其中以大眾傳播為主。該學科借鑑自然科學的資訊理論、控制論、系統論，被稱為邊緣科學，處於多學科的交叉點。傳播學採用多種理論觀點和研究方法，研究傳播的本質、概念、基本要素的相互關係，以及傳播媒介、制度、結構等方面的議題。

　　在中國古代，人們透過各種方式進行資訊傳遞，如驛站、飛鴿傳書等。現代隨著通訊技術的發展，傳播方式不斷推陳出新，包括無線電、電信、行動電話、網際網路等。這些技術的進步豐富了傳播學的研究內容，使其更加複雜。

　　傳播學的研究對象有大眾傳播、組織傳播、集體傳播、人際傳播、人內傳播等多個方面。按傳播媒介區分，可分為口語傳播、文字傳播、非語言傳播、數位傳播等分支。此外，傳播學與新聞學、公共關係學、廣告學等專業有重疊之處。我們可以從可口可樂 —— 分享一瓶可樂活動，瞭解傳播策略在市場行銷中的實際應用。可口可樂公司曾舉辦的「分享一瓶可樂」活動，是一個全球性的行銷活動，首次在 2011 年於澳洲推出，後來於 2013 年擴展到全球多個國家，包括美國和英國等地。該公司利用個性化的行銷策略，在瓶身印上流行的名字，以鼓勵消費者購買帶有朋友或家人名字的可樂分享給他們。這種獨特的個性化傳播策略，不僅增加了產品的吸引力，也加深了消費者的情感連結，展現了傳播策略在市場行銷中的實際應用。

　　未來傳播學的趨勢可能包括更深入的數位化研究，因應科技發展對傳播的影響。同時，跨領域的合作可能會增加，以應對傳播日益融入社會各個層面的現象。傳播的多元化和全球化也將成為研究的重要方向，更加關注跨文化、跨語言的溝通。總之，未來傳播學將在面對社會變遷和科技進步的挑戰中不斷發展，拓展研究領域並與其他相關領域進行更緊密的合作。

五、小結

本節探討了傳播的基本概念，將其定義為訊息的交換過程，其中包括語言、非語言表達、符號和媒介的所有形式。傳播不僅是訊息交換的技術過程，它還涉及意義的創造和理解，是人類互動和社會結構中不可或缺的一部分。隨著科技的進步，特別是數位和社群媒體的發展，傳播方式正在迅速演變，這些變化不僅加快了訊息流動，也擴展了交流的邊界，使全球即時互動成為可能。這一節強調了瞭解傳播概念的重要性，尤其是在全球化和技術迅速發展的當代社會中，理解這些基本概念有助於更好地把握訊息時代的動態和挑戰。

第二節　人類傳播簡史

到底人類的傳播歷史又為何？這一節將提供一些人類傳播活動的軌跡，當我們瞭解之後，可以加深對傳播重大歷史的理解。

人類傳播時期的演進，由口語時期、文字時期，進而進入印刷時期，再進入 20 世紀電子傳播時代。如今 21 世紀來臨，我們已邁入電腦網路時代了。

誠如加拿大傳播學者麥克魯漢（Marshall McLuhan）所言，傳播技術的重大改變是促成社會改變的力量，傳播工具改變的因素是知識傳遞和累積。

一、口語傳播時期

在口語傳播時期（10 萬年至 40 萬年前），人類以手勢和身體姿態傳播訊息，這可能發生在更早的百萬年前。口語傳播在當時扮演極為重要的角色，比手勢更有效率，也允許人同時使用雙手進行其他事務。這種口語交流有助於維持社會結構和年輕人的社會化。

口語表達讓人類能夠有抽象觀念，將其帶入文明社會，形成口語文化（oral culture）。隨著語言逐漸複雜，文法結構和詞彙也有所改變。在這純口語的時代，傳播受限於面對面的情境，且精確度受到人類記憶能力的限制。傳播者最多只能向幾個人傳遞訊息，需在適合聽講的地方集合。然而，在口語時期雖未有媒介，但發現印尼的洞穴壁畫顯示早期的圖畫和人造藝術，這些符號被使用作為象徵和抽象的手段，但尚未發展成書寫。

二、手寫傳播時期

手寫傳播時期大約在西元前 4000 年開始，文字的發展在世界各地獨立進行，時間不同。這時期文字賦予使用者兩種重要權力：控制自然和控制人類。儘管最初受到一些限制，隨著訊息能夠傳播給大眾，這兩種權力變得更為重要。

文字的符號最初與天文相關，例如：埃及曆法和馬雅文化的高度系統化。這些符號一開始用於裝飾墓廟，逐漸演變成象形文字。約在西元前 4000 年，埃及人開始在石頭上雕刻或裝飾國王姓名、戰爭統計、政治事件和宗教教義，形成《漢摩拉比法典》（Code of Hammurabi）、摩西十誡等歷史文獻。

到了西元前 2500 年，埃及人創造了用紙草製成的耐熱紙，輕便且適於書寫，標誌著埃及楔形文字的出現。相比之下，中國的紙筆技術要晚到西元前 150 年左右，由宦官蔡倫發明了造紙術，而毛筆在秦朝已經出現，蒙恬則對筆的形制做出了重大改進。

西元前 59 年，世界上最早的報紙《每日紀事》（*Acta Diurna*）創刊，刊載在羅馬議會召開後的小紙上，並張貼於布告欄。中國早期的政府新聞報紙「邸報」起源於漢朝，最初是由朝廷內部傳抄，後來張貼於宮門，公諸傳抄。隨著時間的推移，紙草、牛皮紙、稻米等材料被使用於造紙，並將墨水製造技術從亞洲傳播到西方。在古騰堡之前約 500 年，木版雕刻技術已經存在，有錢人才能買得起印刷的書籍，而書的價格非常昂貴。

三、印刷傳播時期

在印刷傳播時期，大約在西元 620 年左右，書籍依舊是手寫的，雖然是藝術精品，但容易有錯誤，而且只有少數人能夠擁有。然而，隨著印刷技術的出現，情勢發生了翻天覆地的改變。千百年來，書籍的複製一直受到極大的限制，但印刷術卻以精確複製的方式改變了這一現象。15 世紀，印刷術在歐洲傳播，使教士、政治精英、學者和作家等不再因識字能力而處於優勢地位。

西元 1450 年德國古騰堡（Johannes Gutenberg）就開始用德文翻印世界第一部《古騰堡聖經》（亦稱《四十二行聖經》），到 1455 年全部印成。這可說是大眾傳播的開始，打破了原有的宗教和社會結構。印刷機的社會影響，只有「革命」兩個字差可比擬。

在印刷傳播的同時，報紙和雜誌的出現也是一個重要的發展。早在美國成為一個國家之前，歐洲大陸、英國和美洲殖民地就已經出現了報紙，提供受過教育的人閱讀。1621 年，荷蘭的第一份現代報紙問世。而 1702 年，倫敦推出了第一份日報。1731 年，第一份雜誌《紳士雜誌》誕生。1833 年，美國紐約市推出了《太陽報》（*The Sun*），標誌著現代報紙的崛起。同時，蒸氣機的應用使得印刷技術進入了新的里程碑。大眾化報紙的興起和受歡迎程度的提高，使人類的傳播活動迅速擴大。

四、電子傳播時期

這一時期大約發生在 19 世紀中後期，以下分別談到電報、電話、攝影、電影、廣播媒介和電視媒介。

(一) 電報

電報於 19 世紀初問世，是一種快速傳遞文字訊息的通訊方式，大幅提升了訊息傳播速度，成為工業社會的重要發明。最早的電報線路於 1839 年在英國出現，而摩爾斯（Samuel F. B. Morse）於 1838 年完成電報

實驗，創造了摩斯電碼，奠定電報通訊基礎。

電報不僅擴展至越洋和無線，還影響了通訊業務，誕生了新聞通訊機構如路透社和美聯社。它也影響了新聞寫作風格，形成「倒金字塔」式的格式。然而，隨著通訊技術進步，電報逐漸被傳真、電話、電子郵件和簡訊所取代，漸漸退出歷史舞臺。

(二) 電話

電話的發明歷史有諸多爭議，諸如 Charles Bourseul、Innocenzo Manzetti、安東尼奧‧穆齊（Antonio Meucci）、Johann Philipp Reis、亞歷山大‧格拉漢姆‧貝爾（Alexander Graham Bell）、Elisha Gray 都有所貢獻，然而，貝爾和愛迪生（Thomas Alva Edison）的專利最終在商業上取得優勢，主導了電話技術，並得到美國法院的支持。

現代電話的發展是眾多人共同努力的成果。儘管亞歷山大‧格拉漢姆‧貝爾通常被視為第一位擁有電話專利的人，但德國的 Johann Philipp Reis 則被視為電話的先驅，儘管他未成功製作實用設備。同時，義大利裔美國發明家和商人安東尼奧‧穆齊也因對電話的貢獻，而獲得美國眾議院的認可。

1904 年，美國有 300 萬電話透過人工電話交換連接。到了 2014 年，美國的電話密度在全球居首，是瑞典、紐西蘭、瑞士和挪威的兩倍以上。

1915 年，美國舉行了第一次東、西兩岸長途電話開通儀式，由在紐約的貝爾和在舊金山的他的前助手 Thomas Augustus Watson 分別參與。

(三) 攝影

攝影是透過特定設備記錄影像的過程，主要分為靜態攝影和動態攝影。靜態攝影使用機械或數位相機，而動態攝影則適用於攝影機，如用於電視和電影製作。現今一些相機擁有靜態和動態攝影的功能。

最早的照片由尼埃普斯（Joseph Nicéphore Nièpce）於 1826 年拍攝，曝光時間長達 8 小時。照相機在 1860 年前後發明，成為南北戰爭報導的

利器，推動新英格蘭地區報紙的發展。20 世紀中後期，數位相機進入民用市場，柯達於 1995 年推出 DC40 消費型數位相機。

隨著數位技術和網路進步，攝影進一步融入社會生活，數位產品如音樂播放器和行動電話開始搭載攝影功能，拍攝的照片可透過多媒體簡訊等方式無線傳播，攝影領域呈現多元化發展。新聞報導中的圖片震撼讀者，改變了新聞的定義，也促成視覺報導的重要性。

(四) 電影

電影藉由「視覺填補現象」（phi phenomenon）和「視覺暫留現象」（persistence of vision）兩原理，以每秒 24 張圖片的速度播放，呈現連續移動的效果。作為視覺藝術品，電影透過動態圖像傳達故事、思想、美感等，並通常伴隨聲音。早期電影拍攝記錄日常生活，而無聲電影後來引入講評人、字幕和音樂伴奏。有聲電影的誕生帶來技術革新，音軌與畫面同步錄製。

彩色電影於 1930 年左右問世，逐漸取代黑白電影。電腦技術的應用使特殊效果，成為電影製作的重要組成部分。電影的發展受到美國社會的工業化、都市化和移民潮的影響，成為大眾消遣的主要形式。現代電影製作已廣泛使用電腦技術，演員可透過軟體實現各種表情和動作。

(五) 廣播媒介

1.傳統廣播：19 世紀初，英國發明了第一個實用的有線電報系統，標誌著電報時代的開始。1903 年，電影問世，成為家庭娛樂的主要形式之一。1920 年代，家用收音機崛起，1930 年代迎來家庭電視機的時代。1920 年，美國匹茲堡西屋公司創立 KDKA 廣播電臺，標誌著無線電廣播進入商業時代。1922 年，英國 BBC 成立，1926 年美國 NBC、1927 年 CBS 也相繼成立。

1934 年，美國聯邦通訊委員會（FCC）成立。在 1940 年前，廣播主要使用調幅（AM）技術，但 AM 有許多缺點。1933 年，美國科學家阿姆

斯壯（Edwin Howard Armstrong）引入了 FM 技術，解決了 AM 的問題。到了 1950 年代，家用收音機和汽車收音機普及。1961 年，美國政府引入 FM 立體聲技術。1957 年，蘇聯發射第一顆人造衛星，開啟太空衛星傳播時代。

2. 數位廣播：1986 年，歐洲提出 DAB（Digital Audio Broadcasting）計畫，發展優質音質的數位廣播系統。1986 年，歐洲國家提出 Eureka 47 DAB 計畫，成為歐洲廣播標準。1999 年，美國開始研究 DAB，發展的技術標準為 IBOC（In-Band On-Channel）。IBOC 利用現有的 AM 或 FM 頻段，無需新頻道，同時播放數位和類比訊號。

自 2009、2010 年以來，臺灣受歐美影響，播客（Podcast）風潮興起。

(六) 電視媒介

電視發展經歷多個階段：1. 光電轉換實驗期、2. 機械掃描、3. 電子式掃描、4. 電視的大眾化、5. 彩色電視、6. 有線電視、7. 衛星電視、8. 網路電視、9. 數位電視。

最早在 1930 年代開始發展，英國成立電視臺，1939 年 NBC 實驗電臺首次播放電視影像。1941 年美國聯邦通訊委員會（FCC）核准第一座商業電視臺，標誌著黑白電視的誕生。到了 1953 年，歌倫比亞電視公司（CBS）成功研究出彩色電視，開放彩色電視執照。至 1970 年代，電視已成為現代生活中不可或缺的必需品。電視對 20 世紀中期政治影響很大，1960 年，美國總統選舉中甘迺迪對尼克森的辯論，是第一次在電視上廣泛轉播的總統辯論。電視不僅讓選民能夠直觀地評估候選人的形象和表現，還改變了政治競選的策略和公眾參與的方式。這一事件突顯了電視作為傳播媒介在塑造政治生態中的重要性。

1980 年代，有線電視蓬勃發展，首次出現在美國，旨在改善高山和偏遠地區對城市無線電視訊號的接收品質。它使用同軸電纜傳輸節目訊號，1976 年，美國的 HBO 公司透過 Satcom 衛星將節目訊號傳送到全美有線電視訂戶。同年底，亞特蘭大的 WTBS 電視臺也仿照這一模式營

運，成為現今的 CNN。有線電視系統使用同軸電纜傳輸節目訊號，並隨後與衛星電視結合，利用全光纖（optical fiber）進行傳輸，並提供雙向互動式服務。

21 世紀初，無線電視快速數位化，使用數位訊號進行傳輸，提高了解析度和細緻度，並具有抗干擾能力。然而，它逐漸被有線電視、網路電視（IPTV）、串流電視（OTT）所取代，而 Mobile TV、Web TV、Cloud TV、Net TV 也是網路電視的一種。高端觀眾願意為高品質電視節目付費，未來的趨勢可能轉向網路電視，即透過網際網路進行電視直播，或以串流媒體內容提供電視節目的形式。

五、網路傳播時期

網路傳播時期始於 1946 年，這是電腦技術崛起的年代。20 世紀中期，隨著網際網路的快速擴張，開啟了新的通訊時代。1991 年，美國國家科學基金會（NSF）宣布對商業用途開放網際網路，將原本僅限於軍事和學術領域的網路拓展到商業和媒體領域。如今，網際網路已成為全球最大、最受歡迎的電腦訊息網路。

(一) 網際網路的起源

網際網路的發展可追溯至 1960 年的美國軍事研究，即美國國防部的 ARPANET 計畫。為了實現資料在不同軍事基地電腦之間的流通，ARPA-NET 發展了分封交換（packet switching）的電腦網路系統。

到了 1983 年，ARPANET 分裂成 DARPANET 和 MILNET，其中 DARPANET 成為網際網路的雛形。1990 年，DARPANET 改組為 NSF-NET，成為今日網際網路的骨幹網路，一直維持至 1995 年。

最關鍵的突破是 1982 年 ARPANET 全面採用 TCP/IP 通訊協定，使得不同網路能夠連接，形成了現今的網際網路。

(二) 網際網路的發展

1991 年，Tim Berners-Lee 創立了全球資訊網（WWW），並定義了 HTTP、URL 和 HTML。1993 年，美國伊利諾大學的 NCSA 研究人員推出了全球資訊網瀏覽器 NCSA-X Mosaic Browser，這是瀏覽器的先驅，對網際網路的發展產生了巨大作用。

此後，微軟於 1995 年推出 Internet Explorer，這是一個功能強大的瀏覽器，與競爭對手 Navigator 相比並不遜色。微軟在 2006 年和 2009 年分別推出 Explorer 7.0 和 Explorer 8.0 瀏覽器。然而，2016 年 1 月 12 日，微軟宣布結束對所有 IE 瀏覽器版本的技術支持。

網際網路與全球資訊快速共享的情形，可從維基解密的成立，提供世人一個強有力的例證，展示了網際網路如何使敏感的資訊能夠迅速在全球範圍內傳播。透過匿名提交機制，維基解密公開了大量機密文件，引發了全球範圍內對政府透明度和隱私問題的廣泛討論。這一案例顯示了數位時代媒體如何讓資訊傳播更為迅速和廣泛，同時也反映了傳播技術帶來的道德和法律挑戰。

六、小結

從前面所述的傳播媒介的發展歷史，吾人可以獲得以下印象：

首先，從直接傳播（direct communication）到間接傳播（indirect communication）。雙向（two-way）傳播是面對面（face-to-face），易產生回饋（feedback）。後來，因媒介（media）傳來的訊息漸多，造成間接傳播，容易產生誤解。其次，從無組織傳播（non-organizational communication）到組織傳播（organizational communication）。傳播專業化需要更多參與者，使有組織的傳播更容易控制人類行為。

令人擔憂的是，在有組織、有方法的專業傳播中，傳播工具的設計可能被野心家利用來控制。特別是新媒體的出現和假新聞的傳播，引起社會不安和政治動盪，近來似乎層出不窮。造成這種現象的原因，應當從人類最基本的傳播型態入手瞭解。

❀ 第三節 傳播的功能

　　傳播不僅是訊息交換的過程，它還擔負著教育、監督、娛樂和維繫文化等多重功能。本節深入探討了這些功能如何影響社會結構和個人行為，並透過具體的媒體實例顯示了傳播在塑造公眾意識、推動社會變革和強化社會連結中的作用。此外，我們也討論了傳播功能在當代數位化快速變遷環境中的擴展和挑戰。

一、三種功能

　　1948 年美國學者拉斯威爾（Harold Lasswell）在其著作《傳播的社會結構與功能》（*The Structure and Function of Communication in Society*）中，提出了下列三種傳播功能：

(一) **環境監視功能**：亦即扮演著社會的耳目，偵察環境、提供警戒，並告知危機與機會。

(二) **社會協調功能**：指傳播在內部分子間建立連結，制定政策，並傳達命令，有助於組織內部的協調和運作。

(三) **傳遞社會遺產功能**：亦即透過儲存、傳遞情報和知識，對外界和社會內部發生的事情進行普及的解釋，包括技術和文化的教導。

　　在 1948 年，美國社會學家拉扎斯菲爾德（Paul F. Lazarsfeld）在〈大眾傳播的社會作用〉一文中提出，大眾傳播有三種主要功能，這三種主要功能的內容如下：

(一) **授予地位**：指傳播在社會中透過宣揚、強化某些價值觀念、行為模式或形象，來確立個人或團體在社會中的地位和權威。舉例來說，媒體可能透過報導某些成功人士的故事或專訪來塑造他們的形象，從而提升其社會地位和聲望。

(二) **促進社會準則的實行**：指傳播在社會中透過宣傳特定價值觀念、道德準則或規範，以影響人們的行為和思想。舉例而言，政府可能透過媒

體宣傳法律、法規，提醒公眾遵守交通規則，從而促進社會秩序的維護。

(三) **麻醉受眾神經**：指傳播在社會中透過提供娛樂和消遣，轉移人們的注意力，使他們暫時遺忘現實生活中的壓力和煩惱。舉例來說，電影、電視節目和網路遊戲等娛樂媒體可以讓人放鬆心情，享受愉快的娛樂時光，從而達到麻醉受眾神經的效果。前兩種為正功能；後一種為負功能。

後來，社會學家查爾斯・賴特・米爾斯（Charles Wright Mills）在《大眾傳播：功能的探討》（1959）一書中，在上述拉斯威爾（H. Lasswell）的三個功能之外補充了一個功能：提供娛樂和消遣，使人們放鬆身心，讓功能更全面。總之，傳播在社會中扮演著不可或缺的角色，促進了訊息的流通和知識的傳承，同時也豐富了人們的生活。

除了在社會層面上的功能外，傳播也具有國際性。國際傳播問題研究委員會對傳播的功能進行了全球性的探討，在〈多種聲音，一個世界〉（1981）長篇報告中以全球眼光歸納了八種傳播功能，包括獲得消息情報、社會化、動力、辯論和討論、教育、發展文化、娛樂和一體化。這些功能展現了傳播在國際事務中的重要性，促進了不同國家和文化之間的交流與理解。

在探討傳播的功能時，各學者都提出了不同的觀點和分類，例如：施蘭姆（Wilbur Schramm）曾先後兩次對傳播的功能進行探討和總結，在《傳播學概論》（1982）一書中，他正式將傳播功能定義為：雷達功能、控制功能、教育功能、娛樂功能，同時又分為外向功能和內向功能。

還有像英國傳播學家沃森和希爾（Watson and Hill），在他們編撰的《傳播學和媒介研究詞典》（*A Dictionary of Media and Communication Studies*）（1984）一書中，他們從較廣泛的意義上提出了傳播的八項功能：1. 工具功能，即實現某事或獲得某物；2. 控制功能，即勸導某人按一定的方式行動；3. 報導功能，就是認識或解釋某事物；4. 表達功能，即表

示感情，或透過某種方式使自己為他人所理解；5.社會聯繫功能，即參與社會交際；6.減輕憂慮功能，即處理好某一問題，減少對某事物的憂慮；7.刺激功能，就是對感興趣的事物作出反應；8.明確角色功能，是指由於情況需要而扮演某種角色。

這些觀點雖有所不同，但都突顯了傳播的多樣性和複雜性。因此，在研究傳播功能時，需要考慮到不同的情境和目的，以充分理解其作用和意義。

二、文化多樣性角度

另外，從文化多樣性的角度來看，不同文化背景下的傳播模式及其差異性可以透過幾個具體例子來展示，這些例子反映了文化價值觀、溝通風格，以及非語言交流方式的多樣性。

(一) 高語境文化與低語境文化

高語境文化（如日本、中國和阿拉伯國家）中，傳播模式依賴於非語言線索和環境背景來傳達訊息。在這些文化中，交流往往間接、含蓄，並且需要對話者能夠讀懂對方的暗示或非言語行為。例如：日本的溝通非常注重敬語和委婉語，直接說「不」是不禮貌的，人們經常用模糊的表達方式來婉轉拒絕。

低語境文化（如美國、德國和瑞典）中，傳播更加直接、明確。在這些文化中，訊息主要透過言語本身來傳達，並且重視直接和精確的溝通方式。例如：在美國，表達自己的意見和直接的回饋被視為溝通的有效性。

(二) 個人主義與集體主義

個人主義文化（如美國和加拿大）強調個人自由和獨立性，傳播模式側重於個體的表達和自我實現。在這種文化中，個人傾向於公開表達自己的想法和感受，而且重視個人選擇和決策的自由。

集體主義文化（如印度、巴西和中國）則強調群體的和諧與共同利益。在這些文化中，傳播模式更多考慮到家庭、團體或組織的利益，個人的言行常常需要顧及群體的觀感和預期。這導致溝通時可能需要更多的圓滑和間接性，以維持群體的和諧。

(三) 非語言交流的文化差異

不同文化對於非語言交流的解讀也大相逕庭。例如：眼神接觸在西方文化中常常被視為坦誠和自信的表現，而在許多亞洲文化中，過度的眼神接觸可能被看作是不禮貌或具有挑釁的行為。身體接觸也有類似的文化差異，地中海和拉丁美洲國家的人可能更習慣於在公共場合進行擁抱和親吻，而北歐和東亞的人則可能更保守。

三、小結

這些例子說明，不同文化背景下的傳播模式和溝通方式存在顯著差異。瞭解這些差異對於跨文化溝通至關重要，有助於避免誤解和衝突，並促進更有效的交流。

本章總結

本章探討了人類傳播的本質與發展歷程。從嬰兒與母體的初步互動到當代豐富的溝通形式，傳播被視為透過語言、文字及非語言元素如肢體語言進行意義交流的活動。歷史上，從口語到文字、印刷到電子媒體，每種傳播技術的創新都深刻塑造了社會結構與資訊流通方式。網路與數位媒體的興起則進一步促進了全球資訊的即時交流，彰顯了傳播技術與人類文明進步的密切關聯。

最後透過對傳播基本元素的認識，為理解更複雜的傳播模式奠定基礎，接著下一章將探討傳播模式分析。

第 2 章 ▶▶▶

傳播模式

在當代社會中，傳播行為無處不在，其形式和模式日益多樣化。緊接著前一章介紹人類傳播的定義、發展歷史與傳播功能之後，本章將深入探討傳播的基本要素與過程，並進一步分析各種主要傳播模式的理論與實際應用。透過對不同傳播模式的剖析，我們可以更好地理解訊息如何在不同的媒介和文化環境中被傳遞、接收，並產生影響。

第一節　傳播基本要素與過程

在本節中，我們將探討傳播過程的基本要素與過程，並透過實例與理論分析來詳細理解傳播活動的結構與效應。

一、傳播的基本要素

傳播（communication）是指在人與人之間進行的符號交換活動，目的是為了影響他人。傳播的符號包括語言、文字、聲音、圖片等。傳播過程通常發生在特定的情境（context）中，涉及消息的發送與接收，並可能因噪音（noise）的干擾而產生訊息扭曲，同時伴隨著回饋（feedback）的交互作用。

亞里斯多德（Aristotle）最早提出了傳播的基本結構，包括發訊者、訊息與接收者三個要素。這個模式後來逐漸演化，納入了更多的元素，如訊息的來源（source）、符號訊息（message）、目的地或接收者（receiver），以及訊息的處理過程，包括編碼（encoding）與解碼（decoding）。

二、傳播過程的關鍵元素

在傳播過程中，訊息的編碼與解碼是基於雙方的共同經驗。若雙方的經驗重疊較多，傳播則更為順暢。此外，回饋在傳播中扮演了關鍵角色，它不僅有助於傳播者修正與調整訊息，也是瞭解訊息被接收與解釋情況的重要途徑。

傳播的管道（channel）指的是訊息傳遞的媒介，可以是直接的面對面交流，也可以是透過技術媒介如電視、廣播或網際網路。每種管道都有其特定的屬性與適用範圍，有效的管道選擇對於訊息的成功傳遞至關重要。

噪音是傳播過程中的干擾因素，可以源自外部環境，也可以是內部的心理或情感障礙。在數位化和全球化的當代，噪音的形式更為多樣，如訊息過載或技術失誤等，這些都可能對訊息的準確傳遞造成影響。

❋ 第二節　傳播主要模式

由於傳播模式很多，除了前面已經提過的之外，以下是至少十種從簡單到複雜的主要傳播模式的介紹：

一、拉斯威爾模式（The Lasswell Formula Model）

此一傳播模式於 1948 年由拉斯威爾（Harold Lasswell）提出，如圖 2-1 所示。

這是最基本的傳播模式，經常被描述為「誰（Who）對誰（Says

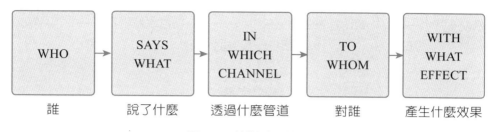

WHO	SAYS WHAT	IN WHICH CHANNEL	TO WHOM	WITH WHAT EFFECT
誰	說了什麼	透過什麼管道	對誰	產生什麼效果

圖 2-1　拉斯威爾模式

What）在什麼管道（In Which Channel）對誰（To Whom）造成了什麼效果（With What Effect）。」從拉斯威爾模式可知，它乃強調傳播活動的五個基本元素：傳播者、訊息、媒介、接收者和效果。這個模式主要用於分析傳播效果，適用於大眾傳播的研究。例如：在一場政治競選中，候選人透過電視廣告（媒介）發表演講（消息），目的是影響選民（接收者）的投票行為（效果）。這個模式幫助分析廣告的內容、選擇的媒介及其對特定受眾的影響。

　　此一傳播模式的優點，乃提供了清晰的架構來分析傳播過程中的五個核心要素，便於初學者理解，也適用於多種媒體和情境，尤其是大眾媒體研究。但是由於過於簡化，忽略了接收者的主動性和傳播環境中的互動性。同時，由於該模式是線性的，所以沒有考慮到回饋對傳播過程的影響。

二、山農—韋弗模式（Shannon-Weaver Model）

　　這個傳播模式於 1949 年由山農（Claude Shannon）與韋弗（Warren Weaver）所提出，如圖 2-2 所示。

　　這是訊息理論中的一個基本通訊模式，原本用於電信技術，但後來被應用於所有類型的傳播分析，強調傳播模式包括訊息來源、發送器、管道、噪聲來源、接收器和目的地。這個模式特別提到傳播過程中噪音的影響，即任何可能干擾訊息傳遞的因素。例如：山農—韋弗模式（Shannon-Weaver Model）在線上教學中，教師透過視訊會議軟體發送講座（訊

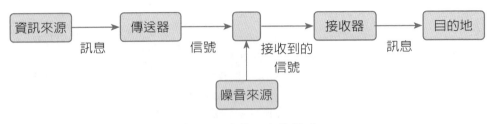

圖 2-2　山農－韋弗模式

息），但由於網路延遲或故障（噪音），學生可能接收到的訊息不完整或扭曲。

　　由上得知，該傳播模式的優點是：(一) 考慮噪音：首次引入噪音概念，考慮到在傳播過程中可能會影響消息傳遞的干擾。(二) 訊息傳遞的普遍性：模式可應用於技術通訊以及人際溝通。然而，該傳播模式也有其缺點，包括 (一) 技術偏重：原始模式主要用於電信，對人的情感和解釋多樣性的考量不足。(二) 忽略互動性：模式不涉及互動或循環的傳播過程。

三、貝魯模式（Berlo's SMCR Model）

　　這個模式是基於山農－韋弗模式發展而來，加入了更多關於傳播者和接收者的細節，是由貝魯（David Berlo）於 1960 年提出，如圖 2-3 所示。

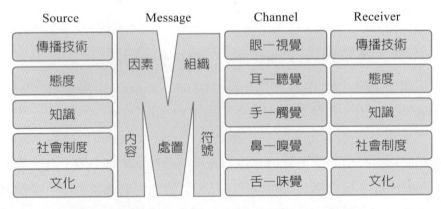

圖 2-3　貝魯（Berlo's SMCR Model）SMCR 傳播模式

此一傳播模式的重點是以 SMCR 代表 Source（來源）、Message（消息）、Channel（管道）、Receiver（接收者）。這個模式強調傳播者和接收者的溝通技巧、態度、知識和文化背景對傳播效果的影響。例如：某一公司培訓時，培訓師（傳播者）根據自己的技能和知識提供培訓內容（消息），透過 PPT（管道）向員工（接收者）介紹新的工作流程，效果受到員工的背景和接受能力的影響。

由上得知，該傳播模式的優點有：(一) 詳細分析傳播要素：詳細闡述傳播者和接收者的技能、態度、知識、社會文化背景對傳播效果的影響。(二) 強調技能和準備：強調有效溝通的必要條件，如準備和技能。然而，該模式也有其缺點，包括：(一) 依然是線性：儘管加入多個變數，模式仍然是基本的線性流程，缺乏回饋。(二) 缺乏動態互動性：沒有涵蓋即時回應或傳播過程中可能的變化。

四、奧斯古德—施蘭姆模式（Osgood-Schramm Circular Model）

這個傳播模式是由奧斯古德（Charles Osgood）和施蘭姆（Wilbur Schramm）於 1954 年提出，如圖 2-4 所示。

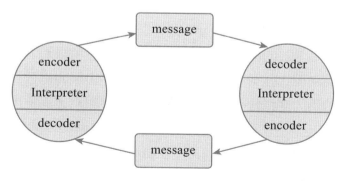

圖 2-4　奧斯古德—施蘭姆模式

這個模式描繪了傳播過程為一個持續的循環和互動過程，其特色是它挑戰了線性模式的觀點，強調傳播是一個雙向過程，其中發送者和接收者都是解碼器（decoding）和編碼器（encoding）的角色。例如：在某一工

作坊中，領導人員和團隊成員不斷交流想法（消息），透過討論（管道）來共同解決問題，角色之間的交互和回饋是持續的。

由於此一傳播模式強調傳播是循環且持續的互動過程，增加了模式的互動性。其次，在此模式中，傳播者和接收者的角色是可互換的，更接近真實世界的互動，以上是其兩個優點。然而，該傳播模式對於分析特定傳播效果來說可能過於複雜。同時，由於其具有循環和持續的互動特性，使得傳播效果難以量化，這兩者造成該傳播模式的缺點。

五、螺旋模式（Helical Model of Communication）

螺旋模式於 1967 年由丹斯（Frank E. Dance）提出，如圖 2-5。這個模式將傳播視爲一個隨時間進展不斷進化和擴展的過程，以下是一個實例說明。假設一個個體在其職業生涯的不同階段中與同事進行交流。在職業生涯初期，個體可能主要是接收訊息並學習新的職業技能。隨著時間的推移，此個體逐漸累積經驗並開始更多地與同事分享自己的知識和經驗。這個過程可以視爲一種螺旋狀的增長，而個體的溝通技能與內容隨時間而展開和加深，與他人的互動也逐漸增加，形成更廣泛的網絡和影響力。

值得注意的是，螺旋模式說明如何透過不斷的互動和經驗累積，其傳播過程可以擴展和深化。同時突顯隨時間變化的傳播動態，強調傳播是一個發展過程，這是它的優點。然而，螺旋模式也有其缺點，包括：(一) 重複性較低：螺旋模式強調溝通是一個動態、持續發展的過程，但它對於預測溝通結果提供的支持較少。模式沒有明確描述訊息如何重複或回到先前的狀態，可能使得分析特定溝通事件的結果和反饋變得困難。(二) 複雜性：由於螺旋模式考慮時間和環境因素對溝通過程的影響，這增加分析的複雜性。在實際應用中，確定哪些因素是影響溝通效果的關鍵，可能需要深入的研究和持續的觀察。(三) 普遍性問題：螺旋模式很好地解釋了個體知識和經驗如何隨時間演變影響溝通，但可能不太適用於所有類型的溝通場景，特別是那些需要快速決策和直接反應的情境。

最後，在使用螺旋模式進行溝通研究時，我們特別要注意這些局限

性，並根據具體情況調整分析框架和方法。

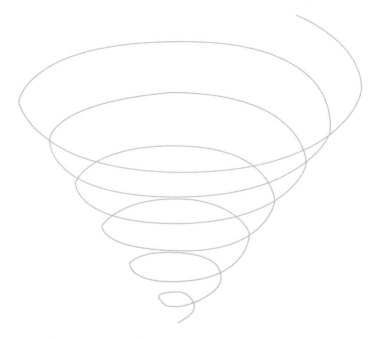

圖 2-5　丹斯的螺旋模式（Dance's Helical Model）

六、輻合模式（Convergence Model）

　　羅吉斯（Everett Rogers）和金塞得（D. Lawrence Kincaid）於 1981 年提出了輻合模式（Convergence Model），如圖 2-6。這個模式主要是為了解釋互動式媒體，如有線電視和 BBS 在互動傳播中的作用。由於此一傳播模式是在認知心理學和社會網絡理論的基礎上所提出，其強調傳播是參與者之間達到共識和理解的過程，因此，它主要聚焦於互動媒介和人際傳播的交互作用。

　　例如：在某一企業內部的一個項目管理系統中，團隊成員利用協作軟體（媒介），進行日常溝通和任務更新。團隊成員透過持續的訊息交流，包括即時聊天和視訊會議，共享資訊並對項目進度作出回饋。這種互動使團隊能夠逐漸達到對項目目標和策略的共同理解，這是一個典型的輻合過

程，其中互動和回饋起到核心作用。由上得知，輻合模式突顯了互動、共識建立和意義共創的重要性，強調傳播過程中的雙向性和互動性。同時，這個模式非常適合分析在技術支持的協作環境中的傳播過程，特別是在涉及持續互動和共同決策的情況。

綜上可知，該傳播模式的優點，乃強調傳播是一個動態的過程，其中訊息會隨著參與者間的互動而不斷變化，尤其強調回饋的重要性，以及透過交流達到理解的輻合過程，故特別適合分析新媒體環境下的互動傳播。然而，因該模式的複雜性可能使其應用於實際場景時顯得笨重，尤其是在需要快速決策的商業環境中。此外，該模式對於參與者間的互動和理解的達成，過於理想化，造成在現實的傳播中，往往更為雜亂和具有挑戰性。以上兩種現象是其兩項缺點。

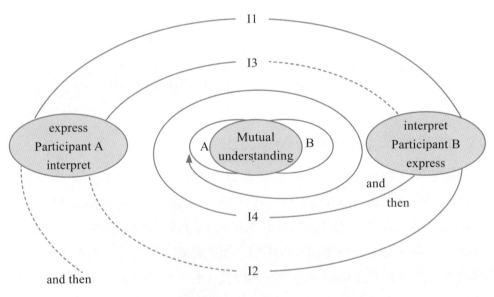

圖 2-6　輻合模式（Convergence Model）

這些模式各有焦點，但共同構成了我們理解與分析傳播活動的理論基礎。在實際應用中，這些理論模式不僅有助於設計有效的傳播策略，也有助於評估與改進傳播活動的成效。

透過對傳播基本要素與過程的深入分析，我們不僅可以更好地理解訊息是如何被創造、傳遞和接收的，還可以識別和克服傳播中的障礙，從而提高傳播的效率和效果。這些理論與模式為我們提供了強有力的工具，幫助我們在日益複雜的訊息時代中，有效地進行溝通與交流。

說到這裡，我們應該注意的是：第一，傳播所欲傳出之資料，必須是完整或明確的。第二，必須把這些資料所構成的音訊，是充分且正確地製成符碼，以變成可傳送的訊號。第三，必須克服干擾與競爭，迅速且正確地送出符碼，使之到達被傳播者。第四，被傳播者須將之正確還原為傳播者原來的「意思」。最後，要能處理還原的資訊，以產生對方預期的反應。

七、對於傳統傳播模式的批判

在當代的多元與快速變化的媒介環境中，傳統的傳播模式面臨著多種挑戰和局限性。以下是對一些經典傳播模式的批判，特別是在處理訊息過載、假訊息及媒介碎片化等問題時的不足：

(一) 傳播模式的過於線性

1. 案例：拉斯威爾的「誰（Who）向誰（Says What）在什麼管道（In Which Channel）對誰（To Whom）造成了什麼效果（With What Effect）」模式。

2. 批判：這個模式假定傳播是一個單向的從發送者到接收者的過程，忽略了接收者的主動性和多向交流的實際情況。在當今的社群媒體時代，接收者不僅是被動的訊息接收者，同時也是內容的創造者和擴散者。

(二) 缺乏對非線性互動的考慮

1. 案例：山農和韋弗的傳播模式。

2. 批判：這一模式基於電信傳輸的技術背景，專注於訊息的傳輸效率和訊息失真問題，未能有效涵蓋數位時代媒體使用者間的互動性和回饋

循環。

(三) 對訊息過載的處理不足

1. 挑戰：現代媒介用戶每天面臨大量訊息的轟炸，從而導致注意力分散和選擇困難，傳統模式未能提供解決方案。

2. 批判：大多數傳統模式無法解釋或處理訊息過濾和優先設定的過程，這在當前訊息充斥的環境中尤為重要。

(四) 對假訊息的應對策略缺失

1. 挑戰：假訊息的擴散對社會造成了重大影響，尤其是在政治和公共衛生領域。

2. 批判：傳統模式往往假定訊息的真實性和可靠性，忽略媒體生態中虛假和誤導性訊息的存在，以及其對公眾觀點形成的影響。

總之，雖然傳統的傳播模式在理解傳播過程方面提供基本框架，但它們在當今迅速變化的媒介環境中顯示出明顯的局限性。面對訊息過載和假訊息等問題，需要更加動態和多維的模式來反映媒體使用者之間的實際互動，以及媒體與社會之間的複雜關係。未來的傳播研究應當考慮到這些因素，發展出能夠更好地描述現代媒介環境的理論模式。

到了 70 年代末、80 年代初期，當進入網路時代後，傳播模式變得更加多元化和複雜，這主要是因為技術的快速進步和全球網際網路的普及，改變了訊息的流動方式。其中一個代表性的更新且複雜的傳播模式，就是網絡社會模式（Network Society Model），此模式主要是為了回應數位媒體和全球化對傳播環境的變化。

八、網絡社會模式（Network Society Model）

曼努埃爾·卡斯特爾斯（Manuel Castells）於 1996 年提出了網絡社會模式，認為當代社會的結構由動態的網絡組成，而不是靜態的結構。圖

2-7 網絡社會模式（Network Society Model）顯示了一個動態的網絡，其中每個用戶（如 User 1、User 2 等）相互間進行了多向互動，反映社群媒體環境下的傳播過程。

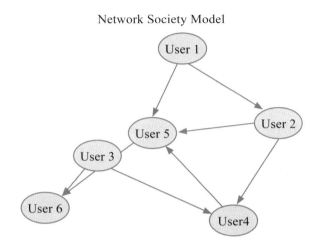

Network Society Model

圖 2-7　網絡社會模式（Network Society Model）

　　卡斯特爾斯的網絡社會模式認為，當代社會的結構由動態的網絡組成，而不是靜態的結構。傳播在此模式中被視為網絡中節點之間的互動，訊息流動不再是單一或雙向，而是多向且無所不在。

　　Twitter 作為社群媒體平台，提供了一個展示病毒式行銷的絕佳例子。2018 年，某品牌透過 Twitter 發起了一個挑戰活動，鼓勵用戶轉發並參與話題討論，該活動迅速傳播，達到了極大的曝光率。透過分析這一案例，我們可以探討拉斯威爾的傳播模式（傳播者→訊息→媒介→接收者）在社群媒體環境中的實際運作及其效果。

九、跨媒介敘事模式（Transmedia Storytelling Model）

　　這個模式由亨利‧詹金斯（Henry Jenkins）在 2006 年的著作《文化的融合》（*Convergence Culture*）中提出。

跨媒介敘事模式強調故事或訊息，如何透過多個媒介平台進行擴展和敘述。不同於傳統媒介將故事限制在單一平台（如電視或電影），跨媒介敘事涉及將故事的不同部分或角度分散到不同的媒介（如社群媒體、電子書、電子遊戲和網路視訊）上，以創造一個多層次、互動性更強的敘事體驗。

例如：迪士尼的《星球大戰》系列就是跨媒介敘事的一個成功例子。除了電影本身，故事也透過動畫、書籍、遊戲和主題公園等多種形式延展。這樣的跨媒介策略不僅豐富了《星球大戰》的宇宙，還成功吸引了不同興趣和年齡層的粉絲，創造了巨大的商業價值。跨媒介敘事模式的優點，包括觀眾可以在多個平台上與故事互動，增加了參與度和故事的吸引力，還允許品牌透過多種形式和管道與消費者建立更深層的聯繫。但缺點是，因為需要在多個平台上創建內容，增加了生產和協調的成本和複雜性；其次，如果管理不當，可能使故事變得支離破碎，降低觀眾的整體體驗。

十、社會媒體生態系統模式（Social Media Ecosystem Model）

這一模式是由多位學者在分析社會媒體對傳播學的影響時逐漸形成的一種理論框架，主要在 2010 年代初期被廣泛討論。社會媒體生態系統模式強調社會媒體不僅是訊息傳播的平台，更是一個生態系統，涉及多個利益相關者的互動。這個模式考慮到了技術、社會規範、市場動態和政策環境，對訊息流動和影響力擴散的影響。優點包括提供了整合視角、考慮多方面因素的影響，以及能夠解釋和適應快速變化的社會媒體環境。然而，由於模式涵蓋了廣泛的因素，因此相對複雜，難以用於具體分析。

例如：Facebook 的演算法改變如何影響新聞機構的內容發布和用戶的資訊消費就是一個例子。隨著 Facebook 優先展示來自親友的內容，一些新聞機構不得不調整他們的內容策略，以尋求與更多的用戶互動，保持可見度和影響力。

社會媒體生態系統模式的優點：(一) 全面性：提供了一個整合視角，

考慮了技術、文化和政策等多方面因素的影響。(二) 適應性強：能夠解釋和適應快速變化的社會媒體環境。而其缺點則因該模式涵蓋廣泛的因素而變得相對複雜，難以用於具體分析。

以上這些更新的傳播模式不僅提供新的理解和分析傳播過程的框架，而且也反映在數位化和全球化進程中傳播環境的快速變化。

十一、其他新形式的傳播模式

在現代的全球化和網絡化背景下，傳統傳播模式已經得到了顯著的擴展和創新，尤其是隨著新媒體和自媒體的興起。以下將進一步探討這些新形式傳播模式如何影響和塑造當代的傳播環境。

(一) 社群媒體的傳播模式

社群媒體改變了訊息的流動方式，從一對多到多對多。平台如 Facebook、Twitter、Instagram 等不僅允許用戶創建和分享內容，還使得訊息的擴散速度和範圍前所未有。這種傳播模式的特點是即時性、互動性和用戶生成的內容（UGC）。用戶不再是被動接收者，而是積極參與內容的創建、分享和評論。例如：一條病毒式的推文可以在幾小時內達到數百萬人，展示了社群媒體的強大影響力。

1. 行動通訊的普及：隨著智慧型手機和其他行動裝置的普及，傳播也變得更加個性化和隨時隨地。透過即時通訊應用如 WhatsApp、Telegram 或微信，人們可以即時交流訊息和媒體文件，這種傳播方式是高度個人化和加密的。此外，這些應用支持群組通訊，使得訊息可以在封閉或半封閉的群體中迅速傳播。

2. 內容聚合和個性化推薦：平台如 YouTube 和 Netflix 使用複雜的演算法來推薦個性化的內容，這在某種程度上重新定義了傳播模式。這些演算法根據用戶的觀看歷史、搜尋習慣和互動行為來預測他們可能感興趣的新內容，這種方式不僅增強用戶體驗，也加強平台對訊息流動的控制。

3. 人工智慧和自動化：人工智慧（AI）在傳播領域的應用日益增多，從自動化的新聞報導到個性化新聞摘要。例如：路透社使用 AI 來生成財經新聞報導，這樣可以快速而精確地向讀者提供市場動態。AI 也在社群媒體中用於識別和過濾不當內容，進一步影響訊息的過濾和呈現方式。

這些新的傳播技術和模式在全球化和網絡化的大背景下，不僅加速了訊息的流通，也提出了關於隱私、安全和訊息真實性的新挑戰。每種技術的發展都在重新塑造傳播的界線和可能性，使得傳播學的研究和實踐需要不斷適應新的技術現實。

十二、社群媒體傳播模式的網絡圖或模型

有關社群媒體的傳播模式，以下的網絡圖或模型說明可供參考：

(一) 多層網絡圖（Multilayer Network Diagrams）

該網絡圖（如圖 2-8）展示了不同層級（Layer 1 和 Layer 2）之間的節點互動，每個層級內部的節點都有連接，並且不同層級之間的節點也有交互連接。該網絡圖也展示了用戶之間的互動關係，如分享、評論和按讚等行為如何在網絡中流動。這些圖通常會在社交網絡分析軟體中生成，如

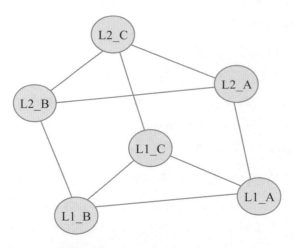

圖 2-8　多層網絡圖（Multilayer Network Diagrams）

Gephi 或 NodeXL。

(二) 訊息擴散模型（Information Diffusion Models）

這些模型（如圖 2-9）顯示訊息從訊息來源（Source）逐漸擴散到不同用戶的過程。箭頭表示訊息的傳播方向和途徑。這些模型也顯示訊息如何從一個用戶擴散到另一個用戶，並可能包括病毒式傳播的圖示。這類模型有助於理解話題或內容如何迅速在平台上傳播。

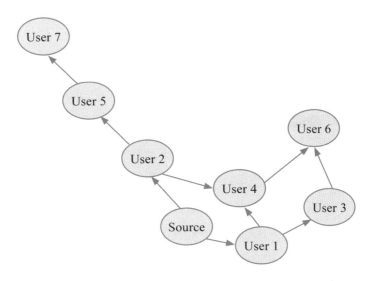

圖 2-9　訊息擴散模型（Information Diffusion Models）

(三) 用戶行為模型（User Behavior Models）

這些模型（如圖 2-10）展現了用戶在社群媒體上的典型行為（如：喜愛、分享與評論），這些行為從用戶（User A、B、C）到行為目標（如：喜愛、分享與評論）的過程。這些模型也描述用戶在社群媒體平台上的行為模式，包括：發文頻率、互動類型和內容偏好等。這些模型可以用來預測用戶未來的行為或反應。

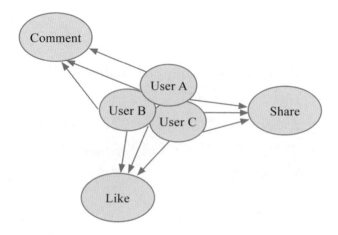

圖 2-10　用戶行為模型（User Behavior Models）

十三、網路社會傳播模式的特色

當我們談論網路社會傳播模式時，可將其分成四個主要方面來看。

首先，這種模式讓訊息的產生和傳播不再依賴於傳統的媒體機構，而是讓每個人都可以成為訊息的生產者和傳播者。例如：像 Twitter 這樣的社群媒體平台，讓用戶可以直接分享內容，與全球的人交流，不再需要經過傳統媒體的審核。

其次，由於網路的特性，訊息可以在全球範圍內迅速傳播，讓人們可以即時接收到來自各地的訊息，並且立即做出反應。舉個例子，Twitter 上的消息可以在瞬間傳播開來，讓我們在重大事件發生時能夠即時瞭解最新情況。

第三，現代網路傳播模式結合了各種不同的媒介形式，比如文字、圖片、影片和聲音，讓訊息更加豐富多元。舉個例子，Instagram 讓用戶可以分享各種形式的內容，從圖片到影片，再到直播，提供更多元的表達方式。

最後，這種模式強調用戶的參與和互動，讓人們不僅僅是訊息的消費者，還可以成為內容的創作者和分享者。比如，YouTube 讓用戶可以上傳自己的影片，並且透過評論和分享來參與互動。

總之，這種網路社會傳播模式有很多優點，比如靈活性和豐富性，但也存在著一些挑戰，比如訊息的真實性和數據安全。因此，在這個時代，我們需要特別注意保護用戶的隱私和數據安全，同時確保訊息的真實和品質，讓網路社會模式更好地造福我們的生活。

十四、小結

在分析傳播主要模式時，從簡單的拉斯威爾模式到複雜的網絡社會模式，各種模式顯示了傳播學的演進及其對不同傳播現象的解釋能力。這些模式不僅幫助我們理解訊息如何在社會各層面中流動和變形，也指出回饋和噪音在傳播過程中的重要角色。更進一步，這些傳播模式揭示了在當代數位化和全球化背景下，傳播活動的新趨勢和挑戰。

本章總結

透過對傳播模式的深入探討，我們不僅豐富了對傳播學理論的理解，也加深對當代傳播現象的洞察。從亞里斯多德的初步模型到複雜的跨媒介敘事和社會媒體生態系統模式，傳播模式的演進反映技術進步和社會變遷對人類溝通方式的深刻影響。未來的傳播學研究將需要持續適應這些變化，探索更有效的傳播策略，以應對日益複雜的全球訊息環境。

隨著本章就「傳播模式」的探討，與對傳播過程和模式的深入理解之後，下一章「傳播類型」將針對從內向傳播到網路傳播的多樣化傳播方式，探討它們在個人和社會層面上的具體應用與影響。

03

第 3 章 ▶▶▶

傳播類型

本章先依照傳播範圍的大小、傳播對象的多寡等，將傳播活動分類爲內向傳播、團體傳播、組織傳播、大眾傳播和網路傳播，這種分類可以由內向外、由小而大、由簡單到複雜、由人際到科技來區分。

❋ 第一節　內向傳播

一、內向傳播的主要特質

內向傳播（intro-personal communication）又稱自我傳播，是在人的個體思維中進行的傳播活動，是個人接收外部訊息並在思維系統中，將訊息處理的活動。它是自己對自己的傳播，訊息發出者和接受者都是同一個人。

訊息（informational sign）是傳播的要素，像聲音、手勢、文字、照片等。在內向傳播或自我傳播中，由一個參與者選出這些訊息，例如：一張舊情人照片。

當他將照片拿出來的時候，必有一個內在的活動同時發生，那就是照片裡面就是他的舊情人，這個人必先感到有一個傳播的理由，然後在他腦中才會發生一些傳播的過程，而

製造出訊息（informational sign），像是回憶中的喃喃自語。總之，內向傳播或自我傳播是在人的腦內、體內進行的。在這理解過程先是刺激的產生，接著對理解加以組織後，便賦予意義，而賦予意義的根據就是語言，如圖 3-1 所示。

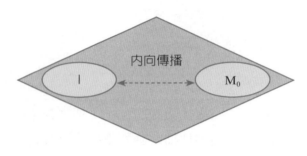

圖 3-1　內向傳播圖

　　至於內向傳播刺激的主要來源，則有公共的、私人的、非語文線索。內向傳播是將事物賦予意義的過程，因此由內向傳播的觀點來看，只要對刺激加以反應，賦予注意力，即會產生內向傳播。

二、內向傳播兩大理論

(一) 貝克・魏斯曼模式（Barker-Wiseman Model, 1967）

　　由外在刺激到內在刺激的過程，如圖 3-2 所示之內向傳播圖：外在刺激—內在回饋。前者如聲音、圖像、事件等；後者指其被個體轉化為內在的心理或情感反應，從而影響個人的思維、情感或行為。

(二) 博伊斯模式（Bois Model, 1966）

　　由語言關係來看內向傳播。人是一種語意反應器（semantic reactor），可以用三個齒輪（過去、現在、未來）。象徵時間對人類語意處理和反應的影響，並經由它們的互動來驅動個體內部的內向傳播過程，如圖 3-3 所示。

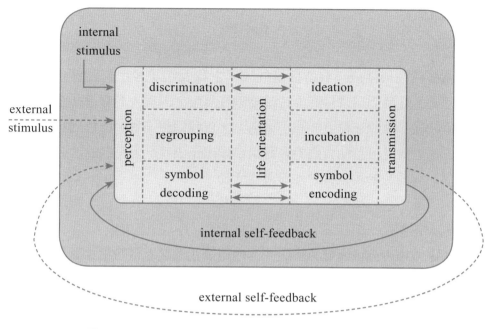

圖 3-2　貝克‧魏斯曼（Barker-Wiseman）内向傳播模式

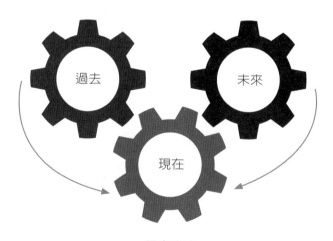

語意未來

語意反應器

圖 3-3　博伊斯（Bois）模式

三、小結

(一) 檢討

由於內在傳播或自我傳播是個人「主我」和「客我」之間進行有意義的互動，在我們日常生活中時時刻刻在發生，因爲人們每當一個人獨自自處的時候，常躲在自己的「小天地」，自我幻想一番，或自己對自己講話，它的好處是可幫助我們對客觀事務做出正確判斷，有助於求得心理平衡，進而有助於參與正當的外向傳播活動。

(二) 未來趨勢

未來傳播研究可能會更加關注內向傳播和個體思維的相互影響，特別是在數位化和科技進步的時代。隨著人們使用社群媒體、虛擬現實等新興科技進行內向傳播，研究者可能會探討這些工具如何塑造個體的思維和自我傳播的方式。

此外，隨著人工智慧和大數據技術的發展，可能會有更多的研究聚焦於分析個體的內向傳播數據，以瞭解人們的心理狀態、情感和價值觀。這將爲心理學、社會學和傳播學等領域，提供更多跨學科的合作機會。

另外，內向傳播的研究可能會更關注文化差異對於個體思維和自我傳播的影響。不同文化背景下，人們可能有不同的價值觀和傳播模式，這將對跨文化溝通和理解帶來挑戰，也是未來研究的一個重要方向。

總之，未來內向傳播研究可能會更加多元且跨學科，更深入地探討科技、文化和心理因素之間的互動關係，以更全面地理解個體的內向傳播行爲。

第二節 人際傳播

人際傳播是人類在社會交往中相互傳遞和交換知識、意見、情感等訊息的活動，這種交流形成了人與人之間互相認知、吸引和作用的社會關係

網絡。人際傳播分爲直接傳播和間接傳播兩種形式，其中直接傳播即面對面交流，間接傳播則透過現代傳播媒體進行，使得傳播不受距離限制。

　　人際傳播的特點包括面對面交往時，人的所有感官都可能參與其中，這使得訊息的回饋既迅速又豐富。此外，人際傳播的語言和符號系統包括語言表達和非語言動作如表情、姿態等，這些都豐富了傳播的效果。人際傳播既是個體間訊息的交換，也是相互影響的過程。

　　人際傳播按照交流方式，可分爲面對面傳播和非面對面傳播。面對面傳播，如對話、討論等，傳播雙方可以即時交流反應，便於深入理解和情感交融。而非面對面傳播則包括利用電子媒介，如電話、網路溝通等，適用於距離遠的情況。

　　在功能上，人際傳播在企業和組織中尤爲重要，它不僅能有效傳遞訊息、增強動機，還能快速獲得回饋，促進情感溝通，從而改善企業形象和促進內部協作。

　　人際傳播的關鍵因素，包括吸引力（attraction）、情境動機（contextual motivation）和個人對策略定位（individual versus strategic orientation），這些因素決定了人們如何開始和維持交流。例如：外貌、共同興趣或社會地位等，都可能影響人們的交往。

　　有效的人際傳播應具備積極的自我概念（positive self-concept）、自信、開放的心胸、同理心（empathy）和說服力，這些特質有助於提升傳播效果，加深人際關係。

　　展望未來，人際傳播將受到科技發展的影響。數位平台和社群媒體將使得人際交流更加即時和全球化，但同時也帶來隱私和訊息安全的挑戰。因此，未來的人際傳播需要在便利與風險之間找到平衡，同時培養跨文化交流和傳播技能，以應對快速變化的社會環境。

🌀 第三節　團體傳播

一、團體的定義

　　在每個人的一生中，都會花許多時間參與面對面的團體傳播。小團體（small group）通常包含 3-25 人，由於人數相對較少，每個人都有參與和互動的機會，例如：晚餐桌上的討論。大團體（larger group）則包含 25 人以上，是由少數人向多數人（受眾）進行傳播。

二、團體的種類

　　首先是原級團體（primary group），例如：家庭或親屬關係等。第二是次級團體（secondary group），它是指除了原級團體之外的其他任何團體，包括學習團體、生活團體、組織團體、委員會團體、社會團體、治療團體等。隨著成人後期，我們逐漸擴大參與不同類型的團體。

　　此外，一般的團體可以分類如下：

1. 學習團體（**learning group**）：如大學的委員會、課堂或研討會。
2. 生活團體（**living group**）：如室友、鄰居。
3. 組織團體（**organizational group**）：如行軍團體。
4. 委員會團體（**committee group**）：如公司董事會成員。
5. 社會團體（**social group**）：如派對的參與者。
6. 治療團體（**therapeutic group**）：如治療小組。
7. 儀式團體（**ritual group**）：如參與某種儀式的群體。
8. 偶然團體（**circumstantial group**）：如臨時聚集的群體。
9. 事件、儀式或公共傳播團體（**event, ceremony or public communication group**）：如電影觀眾、演講聽眾或音樂表演的觀眾。
10. 遊行、暴動、公共集會（**rally, riot, mob, public gathering**）：如參與暴動、遊行或公共集會的人群。

三、團體傳播的媒介

以下是團體傳播（group communication）媒介的說明：

(一) 電話會議（telephone conference calling）

同時將許多各方（parties）連結起來，但缺點是不易立即掌握與會者的非語言訊息。這種媒介方便快捷，可用於即時交流和討論。例如：在企業中，團隊成員分布在不同地點，可以透過電話會議進行項目討論和決策。然而，其缺點是不易立即蒐集到非語言的回饋，例如：肢體語言和面部表情。

(二) 電視電傳視訊（video teleconference）

提供部分或更多可看到的管道，但太昂貴。貝爾公司（Bell Company）將其作為影像電話會議系統（picture-phone meeting service）。

(三) 電腦電傳會議（computer teleconference）

透過電話線所連接的電腦終端機，將訊息做交換，亦即從終端機透過電腦線路到達中央電腦。電腦可儲存這些訊息，使個人可在任何時間使用電腦，參與其他團體會議。這種媒介在模擬面對面會議時非常有用，可以更好地傳達非語言訊息，例如：肢體語言和面部表情。然而，其成本較高，並且需要相應的設備和技術支援。一些大型企業或機構可能使用電腦電傳視訊進行重要的跨地區或跨國會議。

四、團體傳播的特徵

團體傳播有五個特徵，說明如下：

(一) 團體動機

團體中的傳播多半是為了讓團體能繼續前進，因此，團體傳播的焦點

多半集中在團體存在，以及成員動機上。而人際傳播（兩人之間的），則只是完成某些簡單且即時的目標。

團體傳播也可以像兩人之間的傳播一樣，變得個人化。這需要一種特殊的團體維繫方式，即使該團體成員的動機和目標各有不同，仍能保持有效的傳播，例如：在醫療團體中。

某些傳播方式是直接且顯而易見的，而其他團體內的相互傳播（mutual communication）則是潛在的。前者如在會議開始時先傳達會議議程，後者如老闆默默地不鼓勵某成員追求與團體目標相背的個人目標。

有許多不同類型的維持聲明（maintenance statement）引導著團體的互動。例如：提問題，然後澄清，或摘要已說過的話等。

(二) 順從壓力

並非人們無法表達他們與團體相左的意見，而是如果他們這樣做，便會感受到團體的壓力，進而可能使之順從其壓力（pressure to conform）。

(三) 危機轉移

團體似乎能提供一種「安全感」，使成員在團體所贊同的事上，願冒險去做，此現象即為危機轉移（risky shift）。因此，只要經過團體同意並支持，個人就不必負其責任。

(四) 腦力激盪

團體還有一種提升創造力的能力。它讓人們把心中的想法說出來，無論這些想法有多古怪，卻不加以衡量或排斥，甚至「全面的討論」。它立即提供一個目的，即「創造力」的鍛鍊，也就是「腦力激盪」（brainstorming）的過程。

(五) 領導

團體傳播也因領導形式的不同，而被深切地影響。中央集權的團體成

員不能完整而深入地表達其意見，民主團體則不同。

五、團體傳播產生效果的因素

造成團體傳播產生效果的因素，主要包括以下三點：

(一) 團體規範

團體規範是指成員對於行為應當如何的規則和期望的標準。這影響群體內的傳播活動，限制了意見分歧和爭論，確保群體決策的效率。對外訊息方面，團體規範可推動成員對訊息的接受，增強說服效果。如果外部訊息與群體規範不相容，可能阻礙成員接受對立觀點，降低說服效果。

(二) 團體的差異

團體成員之間存在差異，如經歷、態度、價值觀等，這直接影響團體傳播的效果。一般而言，團體成員的差異度越小，團體傳播效果越好；反之，則可能引發衝突，降低效果。例如：差異過大的團體可能在共同目標上產生分歧，影響傳播效果。

(三) 輿論領袖的影響力

輿論領袖是指在團體中能夠影響他人態度或改變其行為的個人。他們在團體傳播中擁有特殊地位，可以影響訊息的流通。輿論領袖通常在某一領域具有一定能力，且與團體成員有相似性。他們的影響力來自於對特定領域的知識和見解。認識輿論領袖的方法，包括「影響普遍的人」、「影響特殊的人」、「日常對談的人」和「自我任命」。

以上這三個因素共同塑造了團體傳播的動態，影響訊息的流通和說服效果。

六、團體領導

(一) 集權領導

集權領導（authoritarian leadership）也稱為領導者中心（leader centered）領導，因為團體的權利完全集中在領袖一人身上。傳播也是單向的，直接由領導者下達到參與者身上，是角色間的傳播，而非個人的（personal）。

(二) 團體中心領導

團體中心領導（group-centered leadership）也稱為民主領導（democratic leadership），因為每個成員都被邀請參與團體中的決策與活動。領導者負責協調而非指揮的責任，雖然不及集權領導有效率，但也較不依賴一個特定的人。

(三) 放任領導

放任領導（hands-off leadership）也稱 laissez-faire leadership，並不一定表示無領導人，如只是用來處理成員引起的問題，或用來負責任的。他很少有每天與成員接觸的需要，這會導致一個集團一事無成。這種領導制度只有在成員能自我指揮，或遇到一件不需要高度中央控制的工作時，才會成功。

七、互動模式的分析

(一) 互動過程分析

互動過程分析（interaction process analysis）係由貝爾（Robert Bales）提出，著有《互動過程分析》（*Interaction Process Analysis*）一書。這種分析法將每個人在一個討論中所提出的任何論點，依據十二個基本類型加以分類；也就是任何論點，短至一個簡短的回答，長至一個複雜的解釋，都在互動中有其功能。這十二種基本類型又分為四大類：

1. 正面的（**positive**）

(1) 似乎友善（seems friendly）：如一位參與者可能會說：「我認為你提出的建議很有道理，我同意這個觀點。」這種回應顯示了友善與支持。

(2) 戲劇化（dramatizes）：有時人們可能會透過戲劇化的方式表達他們的意見，以引起更多的注意和興趣。例如：一位參與者可能會以引人入勝的方式講述自己的觀點，以吸引聽眾的注意。

(3) 同意（agree）：當一個人表示同意時，他們可能會明確的表達對某人或某事的支持或認同。例如：一位參與者可能會說：「我完全同意你的觀點，我認為這是一個很好的主意。」

2. 負面的（**negative**）

(1) 不同意（disagree）：當一個人不同意某人或某事時，他們可能會以一種負面或反對的方式表達他們的觀點。例如：一位參與者可能會說：「我不同意你的觀點，我認為這個提議存在一些問題。」

(2) 感到緊張（seems tension）：有時候人們在討論中可能會感到緊張或不舒服，這會在他們的語氣或表情中表現出來。例如：一個人可能會在討論中感到壓力，表現出焦慮或不安的情緒。

(3) 似乎不友善（seems unfriendly）：有時候人們的語氣或態度，可能會給人一種不友善或敵意的感覺。例如：一位參與者可能會用尖酸刻薄的言語來回應另一個人的觀點，給人一種不友善的印象。

3. 企圖意識（**attempted awareness**）

(1) 給予建議（give suggestions）：當一個人提出建議時，他們可能會希望對解決問題或改善情況，提出一些具體的建議。例如：一位參與者可能會提出一些建議來改進一個計畫或方案。

(2) 給予意見（give opinions）：人們可能會提出自己的意見或看法，以便在討論中分享他們的觀點。例如：一位參與者可能會提出自己對某個問題的看法，並解釋為什麼他們持這種觀點。

(3) 給予資訊（give information）：有時候人們可能會提供一些相關的資訊或數據，以幫助解決問題或支持他們的觀點。例如：一位參與者可能會提供一些背景資訊或研究結果，以支持他們的主張。

4. 詢問（questions）

(1) 詢問資訊（ask for information）：當一個人需要更多的資訊或詳細資料時，他們可能會提出一些問題來瞭解更多。例如：一位參與者可能會詢問關於某個計畫的細節或執行細節。

(2) 詢問意見（ask for opinions）：人們可能會想知道其他人對某個問題或主題的看法，因此他們可能會提出一些問題來蒐集意見。例如：一位參與者可能會詢問其他人對某個提議的看法。

(3) 詢問建議（ask for suggestions）：有時候人們可能會需要一些建議或想法，以解決問題或面對挑戰。因此，他們可能會提出一些問題來尋求建議。例如：一位參與者可能會詢問其他人對解決特定問題的建議。

　　貝爾（Robert Bales）的這四種分析法在研究上非常有用，可研究討論的種類、參與者的類型、論題的類型，以及三者之混合，甚至還能找出舉行討論會的效果。當參與者皆以音訊（audio）連結進行電傳會議（tele-conferencing）時，貝爾的互動過程分析方法，可以更具體地捕捉參與者的語言交流模式、互動頻率、語氣及態度。由於音訊連結缺乏視覺輔助，參與者的語音表達更顯重要，諸如語調、停頓、話語順序等因素，成爲互動過程分析中更精細研究的核心。此外，此方式更能突顯「語音提示」在溝通中的作用，有助於議事討論中辨識潛在的意見領袖與溝通的障礙，進而使討論的結構和效率更爲清晰。

八、網絡分析

(一) 網絡的形式

1. 鍊形：乃將參與者列出，若有談話者，則在期間畫一條鍊狀般的線，如圖 3-4 所示。

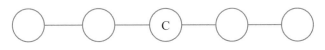

圖 3-4　鍊形

2. 星形：5 名成員與其他每個人都進行討論。找不出傳播的中心，其傳播地位相等，自由討論、情境愉快。這是現代組織的基礎，如圖 3-5 所示。

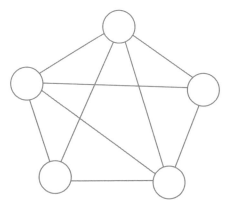

圖 3-5　星形

3. 環形：很少有此類例子，但確有一成員只與某些人交談的情形。若此形式中斷（不完全），則稱為「鍊形」，如圖 3-6 所示。

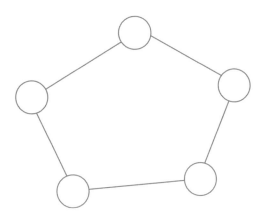

圖 3-6　環形

4.輪形：輻射性的，成員與整個團體（中心）進行傳播，老式的組織中很常見，如圖 3-7 所示。

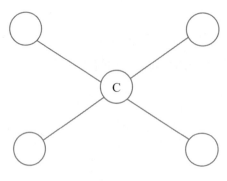

圖 3-7　輪形

(二) 特殊網絡組成要素

特殊網絡組成要素（special network elements）包括以下三點：

1.接受者關係（**receiver relationship**）：孤立 a（isolate a）是一個人，他不會與團體其他成員互動，除非透過特定的接受者關係，例如：與領導者之間的互動。

2.橋梁 **b**（**bridge b**）：這裡指外部橋梁，是指與其他群體保持聯繫，但主要與本群體成員進行傳播和互動。

3.橋梁 **c**（**bridge c**）：這裡指內部橋梁，是指連接兩個不同的群體或社交圈，促進跨群體互動的成員。這種連接通常是由個人之間的直接關係建立起來的。

這種網絡分析（network analysis）有助於探索互動模式，識別領導者和跟隨者之間的關係，以及參與度的擴展（the spread of participation），例如：孤立者和橋梁者之間的區別。透過瞭解這些特殊網站組成，我們可以更好地理解社交網絡的結構和功能，以及訊息在其中的傳播方式。

九、網絡分析未來趨勢

網絡分析和團體傳播是動態領域，可能受到技術、社會和文化變化的影響。未來可能的趨勢之一是更多組織和群體，將利用新興科技來進行傳播和協作。隨著科技的發展，視訊會議、社群媒體和即時通訊工具可能會在團隊和組織內的溝通中扮演更重要的角色，這也可能導致不同種類的網絡形式和互動模式。

此外，隨著全球化的發展，國際合作和跨文化溝通將變得更加重要。網絡分析可能會成為解析不同文化和地區之間互動的工具，以促進更有效的團隊合作。在未來，個人隱私和數據安全問題可能會更加突顯，對於線上網路中的資訊流動和互動方式提出更嚴格的要求。

總之，未來趨勢可能涉及更先進的科技應用、全球化的合作和更強調隱私保護的需求。然而，這僅僅是一些可能性，具體的發展仍然受到眾多因素的影響。

❋ 第四節　組織傳播

一、組織傳播的定義

組織傳播（organizational communication）是指在組織內部成員和機構之間進行的訊息交流和溝通活動，其目的是在組織內部促進聯繫，提高成員之間的信任與理解，以有效協調行動並達到組織內部的目標。

進一步而言，組織傳播是指組織所從事的訊息交流活動，包括內部和外部兩個方面。這兩方面對於組織的生存和發展至關重要。組織傳播的形式主要包括下行、上行和橫向傳播。在組織內部，傳播形式包括書面媒體、會議、電話、組織內公共媒體和電腦通訊系統等；而在組織外部，則主要利用大眾媒體和廣告等方式，其中包括公關宣傳、廣告宣傳和企業識別系統（CIS）宣傳。組織內部和外部的傳播互相影響，若組織的外部傳播得當，必然會促進內部成員之間的關係和交流。

二、組織傳播的類型

(一) 組織正式傳播

　　組織正式傳播以正式的形式進行，爲了工作而進行溝通，具有明確的組織目標。這包括多種方式，如文件、指令、座談會等。

(二) 組織非正式傳播

　　組織非正式傳播是指組織內不依照正式職位或工作流程進行的訊息傳播活動，更強調情感上的溝通行爲。各角色之間應注意情感聯繫，這種溝通方式有助於增進相互瞭解，避免或緩解人際衝突。

三、組織內部傳播的主要形式

　　以組織內部訊息溝通爲主要內容的組織傳播，從傳播方向和流通走向來看，主要有以下三種形式：

(一) 自上而下的傳播

　　這是從最高管理層向下傳播的過程，主要是發送指令，確保組織內部的統一和穩定；可透過文件、會議、指令等方式進行。

(二) 自下而上的傳播

　　自下層向上層傳播的過程，能夠及時向領導者反映實際工作中的問題，有助於領導者瞭解基層情況，調整組織方針；可透過報告、會議等方式進行。

(三) 橫向傳播

　　同層之間的訊息交流，例如：部門間、科室間的交流。這種橫向交流有助於協調關係，解決實際工作中的問題，同時也有助於建立組織成員之間的親密關係。

四、組織傳播的應用（從組織觀點）

(一) 組織即傳播

組織即傳播（organization as communication），強調組織在個體幕僚人員、委員會、部門或在管理角色上的個人之細節行為中，展現出其獨特的傳播生命。任何一個組織，都有一個整體的形象（image），因為組織知道自己是什麼、別人希望它是什麼。廣告詞就由此而來。因此可知，組織本身就是一個「傳播單位」，它也有譯碼、解碼和感受回饋的能力。

組織也有一些內在結構是屬於傳播系統的，這種組織中的內在傳播就是管理（management）。

(二) 管理結構

在組織中，與個人有關的，包括計畫、決策、指揮、激勵與評價，以促成組織運作。依整體而言，這些就是管理的傳播功能。管理的工作就是去控制與調和資源（人、原料、機械），使組織完成目標。

(三) 管理傳播階層

傳播階層（communication hierarchy）即指一個管理傳播的形式，它是向下通過組織各階層，但通常有向上的回饋。

在此層級下，責任是分配給不同階層的不同管理者的。

向下流通的傳播（the flow of order）：其過程或程序主要是協商（negotiation）或指示（instruction）。

向上流通的傳播：管理指令的接受、結果的報告、問題的澄清、信件和備忘錄，通常算是回饋的一種。

也有無法分辨向上或向下的傳播，例如：共同工作者之間的傳播。

(四) 網絡、正式與非正式

正式流通模式（formal flow pattern）：管理調查市場、評價資源、對

幕僚提出指揮，以達成組織目的。幕僚則向上提出回饋。水平的傳播則是協調幕僚與部門。

　　非正式網絡（informal networks）：來自不同個體工作人員之間幕僚人員的接近性、發展的通路，因為他們無法從正式的管道中獲得所需的資訊。

(五) 當和其他網絡比較的階層

　　組織的管理傳播者若有此層級（hierarchy）的順序，便會使傳播有效率。層級制越嚴格，領導權越集中，組織達成目標的效率越高。但是，組織中充滿了專業人才，嚴密的階層制就不易達成，例如：醫院。因為如此一來，才可方便其工作，他們相當有效率的自我管理。此外，現代科技組織亦是如此。它們雖有層級制，但發展部門卻是由專業人才領導管理，這叫「專案管理」（project management），扮演協調功能。

(六) 「傳播」組織內的傳播（communication within a "communication" organization）

　　比一般的傳播困難得多，如圖 3-8 所示。

五、組織傳播的功能

　　組織傳播在現代社會扮演著至關重要的角色。組織傳播的功能主要有三：

(一) 內部協調與外部聯繫

　　幾乎每個人都參與過某個組織，無論是國家機構還是群眾組織。這種傳播的功能包括了疏通組織內外的溝通管道、促進成員間的緊密關係，以及完成組織的任務等。它同時也是公共關係工作的一部分，透過良好的組織傳播可以促進組織成員對共同目標、利益、價值觀的認同，協同合作達成既定任務。

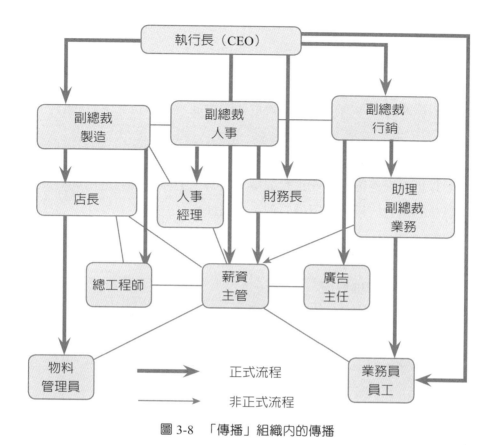

圖 3-8 「傳播」組織內的傳播

(二) 獲取目標訊息

組織傳播對於穩定組織、應對外部環境、內求團結、外求發展，維護與促進組織的生存和發展具有重要作用。透過組織傳播，成員可以相互交流思想、觀念、資訊、消息和情感，促進共同理解、相互配合。組織傳播的展開將直接影響組織的既定目標，達成其未來發展。

(三) 影響社會對組織的認知

組織傳播是組織活動的源泉，有效開展組織傳播活動，可以使組織內部機制正常運轉，並保持活力。同時，組織傳播作為組織關係的「黏合劑」，可以穩定內部成員、協調內外組織間的關係，使組織能夠適應不同

的環境，維持生存和發展。

　　總之，組織傳播在內部協調、外部聯繫、獲取目標訊息，以及影響社會對組織的認知等方面都發揮著重要的功能，目的是實現組織的各項目標。

　　未來，隨著科技和社會的不斷變化，組織傳播將更加強調多元化和靈活性，以更好地適應不斷變化的環境。同時，組織將更加重視員工參與和共享訊息的角色，以促進組織的創新和發展。

六、組織傳播的研究方法

(一) 科學與古典管理取徑

　　泰勒（Frederick W. Taylor）、費堯（Henri Fayol）、韋伯（Max Weber）提出古典管理理論，將傳播視為管理工具，強調正式的、與工作相關的，書面溝通，塑造冷漠、正式的氛圍，因此，傳播往往是單向的。

(二) 人際關係取徑

　　霍桑研究指出組織類似社會體系，員工參與工作受動機與人際因素影響。巴納德（Chester Barnard）強調社會心理因素對組織效能的影響，強調管理者的激勵功能與面對面的人際傳播。

(三) 人力資源取徑

　　馬斯洛（A. H. Maslow）的需求層級理論、麥克葛瑞格（McGregor, 1960）的 X 理論和 Y 理論，以及李克特（Likert, 1961）提出四個管理型態，都強調員工的動機、需求對組織的重要性。

(四) 文化取徑

　　文化可視為組織擁有的物件，或組織本身。組織文化需動態靈活，且需因應不同環境進行變革管理。學者 Pacanowksy 和 Donnell-Trujilloy 指

出組織文化的建構依賴於傳播與互動，是一種組織的過程。

(五) 批判取徑

批判理論認爲資本主義建立在勞工剝削上，工業化導致人性壓抑和異化。該取徑致力於解放被壓迫的團體，挑戰現存的權力結構，強調性別主義的影響。

🌺 第五節　大眾傳播

大眾傳播是現代社會中不可或缺的現象，它涉及眾多層面，包括媒體的選擇、傳播的特性、作爲公共過程以及商業活動的本質，並受到相應的法規影響。以下是對臺灣大眾傳播幾個主要方面的整理分析：

一、大眾傳播的四大特徵

(一) 廉價而快速的複製與傳播

隨著科技進步，特別是印刷術和網際網路的發展，媒體內容的複製與傳播變得更快速且成本更低。這使得從傳統的印刷媒體到數位平台的轉型，能夠讓訊息在短時間內達到廣泛的受眾。

(二) 組織來源的訊息

大眾傳播的訊息通常來自於具有組織化的來源，如新聞機構、廣播公司等，這些機構具備製造訊息與廣播的資源和能力。隨著新媒體的興起，個人和非傳統組織也能夠成爲訊息的提供者，影響了傳統媒體的生態。

(三) 大量且多樣的受眾

媒體的發展使其能夠觸及大量且多樣化的受眾。隨著媒體內容的多樣化和個性化，受眾群體更加細分，媒體也逐漸從大眾化轉向針對特定小眾

群體的方向發展。

(四) 經濟和政治結構中的角色

　　在自由市場社會中，大多數媒體機構是以盈利為導向（Profit-making）的商業實體。媒體不僅要滿足公眾需求，同時也需要追求利潤。此外，媒體在政治上扮演著監督和影響政府行為的角色，而在不同政治體制下，媒體的功能和自由度也各不相同。

二、大眾傳播作為公共過程

　　大眾傳播是一個包括媒體機構、公眾需求與互動的綜合公共過程（public process），如圖 3-9 所示。媒體在製作與分發內容時，需考慮到公眾的喜好和回饋，形成一個相互作用的生態系統。隨著數位技術的發展，媒體與公眾的互動更加直接和個性化，允許受眾在媒體內容創造中扮演更活躍的角色。

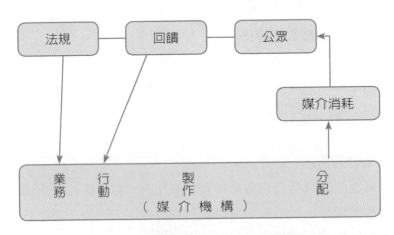

圖 3-9　大眾傳播作為一種「公共過程」

三、大眾傳播作為企業

　　作為商業實體的媒體需要在市場中競爭，其收入主要來自廣告和訂閱，如圖 3-10 所示。媒體機構必須平衡商業利益和公共責任，尤其在面

對市場和技術變遷時，需要不斷調整策略以維持競爭力和相關性。此外，法規也對媒體業的營運模式和內容有所約束，影響了媒體的結構和功能。

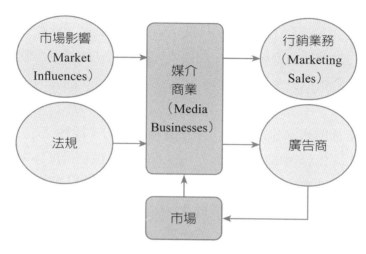

圖 3-10　大眾傳播作為企業

四、媒介的選擇

　　媒介的選擇是大眾傳播中的重要環節，不同的媒介擁有不同的傳播特性和受眾群。在數位時代，新興媒體如社交網絡、部落格（Blog）和線上影音平台等，因其互動性和即時性，越來越受到公眾的青睞。媒介的選擇不僅反映了技術的發展，也反映了社會的文化和溝通需求。

　　總之，大眾傳播是一個涉及多個層面的複雜現象，隨著社會的發展和科技的進步，其特徵和作用也在不斷變化。理解這些變化對於把握媒體的未來趨勢，以及其在社會中的角色至關重要。

五、大眾傳播的特色

(一) 科技的演變過程

　　1. 擴展地理範圍和穿透力：隨著全球化和網路化的興起，大眾傳播的地理範圍變得更廣泛，不再受限於地域和國界。透過網際網路和社交媒體等工具，訊息可以即時傳送到世界各地，並深入到人們的生活中。例如：

社群媒體平台如 Facebook 和 Twitter 已成為全球性的訊息傳播工具，允許用戶分享和傳播訊息，無論他們身在何處。

2.消息數量和傳送速度：網路化和人工智慧的發展，加速了消息的產生和傳播速度。隨著社群媒體和即時通訊應用的普及，新聞和訊息可以在短時間內迅速傳播到全球各地。例如：一則病毒式的社群媒體貼文或推文可以在幾小時內引發全球性的討論和關注。

(二) 大眾傳播的來源和目的地：傳播者和受眾的多樣性

隨著全球化和網路化，傳播者和受眾的多樣性變得更加突顯。不僅傳統媒體機構成為消息的來源，還有許多網路平台和個人媒體創作者參與到大眾傳播中。同時，受眾也具有更多元化的背景和興趣，需要訂製化和個性化的傳播內容。例如：網路上的部落格作者、YouTube 影片製作者和社群媒體名人等，都成為了新興的傳播者，他們的影響力和受眾群體可能比傳統媒體更廣泛和多樣化。

(三) 閱聽人對傳播者的回饋：即時性和互動性

網路化和社群媒體的興起，使得閱聽人能夠立即對傳播內容發表意見和回饋。這種即時性和互動性加強了傳播者和受眾之間的互動關係，並促進了更加開放和民主化的傳播環境。例如：社群媒體上的留言和分享功能讓受眾能夠直接參與到訊息的傳播和討論中，而不僅僅是被動地接受傳播者的訊息。

(四) 傳播組織和個人之間的關係：平等化的傳播權力

網路化和人工智慧的發展削弱了傳統媒體機構的壟斷地位，使得個人和小型媒體機構也有機會參與到大眾傳播中。這種平等化的傳播權力促進了更加多元和民主的訊息環境，並有助於防止訊息的單一化和壟斷化。例如：網路上的公民媒體平台和社區新聞網站等，提供了一個平台讓普通人可以分享和傳播訊息，並對社會事件進行報導和評論。

六、大眾傳播的進行與影響效果的因素

在大眾傳播進行過程中，社會情境是影響傳播的重要因素，包括系統解碼與譯碼行為、互動及社會情境。特別是在面對全球化、網路化與人工智慧的發展時，這些因素將更顯著地影響傳播的結果，其中包括個人特質、消息來源的信度、認知一致性、態度性質以及訊息多樣性等要素。

(一) 系統觀點

一個傳播系統或模式，乃基於一個理想化的假設描述，亦即：「什麼是傳播活動所必須發生的內容」。此一模式可表現或描述重要的內容，但卻刪去傳播上不必要的細節。

這些基於數理概念的模式，把傳播描述成類似一個資訊處理機的運作。當一個事件發生，於是消息來源或發訊人，把它轉成信號，再透過媒介，傳送給目的地或收訊人。

然而，在社會科學上，大多數的傳播模式都比「傳送（sending）—轉化（transmitting）—接收（receiving）」這種過程複雜。它們也涉及互動的因素、對訊息的回應，以及互動發生的情境。

尤其隨著網路和人工智慧技術的進步，傳播系統變得更加複雜和多樣化。例如：社群媒體平台如 Facebook 和 Twitter 提供了一個充滿互動性和即時性的傳播環境，使得訊息可以更快的速度傳播到全球各地。

(二) 解碼與譯碼行為（Decoding and Encoding Behavior）

人類的互動，至少是希望能維持個人對環境控制能力的持續。這種控制過程，包括對於特定翻譯符號功能的支持。在這部分中，有三種相關但仍有區別的形式的收發活動。第一，感知（perception）或解碼（decoding）；第二，認知（cognition）或解釋（interpretation）；第三，反應（response）或譯碼（encoding）。

在網路化的時代，人們經常需要面對大量的訊息，這需要他們具有更高的解碼和譯碼能力來理解和詮釋訊息。例如：人工智慧技術的應用使得個性化推薦系統能夠根據用戶的喜好和行為模式提供訂製化的內容，進而影響他們的看法和行為。

(三) 互動（Interaction）

互動是指「發訊人」（senders）和「收訊人」（receivers）之間的聯繫過程。這一過程涉及無數的影響因素，去改變可影響所有其他過程的運作力量，以產生獨特（unique）與完全的效果（total effects）。這些因素對於傳播的結果，有部分的決定力，其中最重要的因素有：個人個性偏好的因素（predisposition personality factors）、來源之信度（source credibility）、認知一致與否的情形（states of cognitive consistency or inconsistency）、態度的性質與角色（the nature and role of attitude），以及可供選擇的訊息的多樣性（selected message variable）。

網路化和社群媒體的興起，改變了傳播的互動方式。現在，人們可以更容易地參與和分享訊息，從而影響訊息的傳播和效果。例如：網路上的熱門話題和趨勢往往是由用戶生成的，透過分享和討論，這些話題可以迅速在社群媒體上傳播開來。

(四) 社會情境（Social Context）

這個情境（context）是由一個精心設計的傳統、習俗與規則所組成。這種傳播的潮流一直不停的變化，以使不斷擴大的社會環境，能對社會組織很有用，因此造成文化的傳遞。

然而，全球化和網路化使得不同文化和社會背景之間的交流，更加頻繁和緊密。這樣的社會情境促進了跨文化和跨國界的訊息交流和文化交流。例如：網路平台上的跨文化討論和合作活動，有助於增進不同地區和文化之間的理解和溝通。

以上這些例子顯示，大眾傳播在面對全球化、網路化和人工智慧之後，逐漸變得更加複雜和多樣化，但也為人們帶來了更多的機遇和挑戰。

七、未來趨勢與評論

影響大眾傳播未來發展趨勢的因素如下：

(一) 數位化轉型

未來大眾傳播將更加數位化，隨著科技的不斷發展，各種新興媒體平台將持續崛起。社群媒體、串流平台、虛擬實境等，將成為大眾傳播的主要工具。這可能改變傳統媒體模式，並提供更加個人化、互動性強的傳播體驗。

(二) 媒體多元化

未來大眾傳播將更加多元化，涵蓋更廣泛的主題、觀點和文化。這種多元化可能促使更多的公眾參與，並擴大訊息的傳播範圍，有助於建立更加開放、包容的社會氛圍。

(三) 數據分析和人工智慧

大數據分析和人工智慧技術將成為媒體和廣告業的主要工具，以更準確地瞭解受眾需求、預測趨勢，並提供個人化的內容。這可能引發一系列關於隱私和個人資料安全的議題，需要更嚴格的法規和倫理標準。

(四) 虛擬實境和擴增實境

虛擬實境（VR）和擴增實境（AR）技術，將為大眾傳播帶來全新的體驗。這種技術可以用於新聞報導、故事情節，提供更具沉浸感和參與感的內容，這同時也提出了與虛擬現實相關的道德和心理學挑戰。

(五) 公共參與和回饋

　　未來大眾傳播將更加注重公眾參與和回饋。透明度和開放性將成為媒體組織的重要特徵，並且社群媒體的興起使得公眾更容易參與到訊息的生產和分享中，這同時也可能引起更多關於訊息真實性和可信度的討論。

　　總之，未來大眾傳播將處於更加動態和變革的環境中，科技的不斷創新將帶來新的機遇和挑戰。同時，社會對於媒體的期望也將推動行業向更加開放、負責任和創新的方向發展。

❀ 第六節　網路傳播

一、網路傳播的定義

　　網路傳播是透過網際網路進行的人類訊息活動，將訊息以數位形式存儲在光碟、固態硬碟等儲存媒介上，並透過電腦或類似設備進行高速傳播。

二、網路傳播的基本形式

　　網路傳播有兩種形式：一種是與現有媒介相結合，產生網路電視、網路廣播、網路報刊等新媒體。另外一種是由組織或個人，利用網站、主頁、BBS 等網路工具，定期製作和發行新聞，形成新的訊息傳播載體。這些組織或個人也在網路上出版報紙或製作廣播電視節目。

　　由於網路具有人際傳播的互動性，受眾可以直接迅速地回饋訊息，發表意見，同時，受眾接受訊息時有很大的自由選擇度，可以主動選取自己感興趣的內容，而且，網路傳播突破了人際傳播一對一或一對多的局限，在總體上，它是一種多對多的網狀傳播。

三、網路傳播的特色

　　網路傳播具有多個特徵，其中之一是小眾化。網際網路的出現使得人們可以透過搜索引擎工具，輕鬆地找到所需的內容。互動性也是其特點之一，社群媒體如 Facebook、LINE、Instagram 等提供了人與人之間頻繁的互動平台。同時，網路傳播具有主動性，用戶不再被動接收訊息，而是更主動地參與網際網路的活動。

　　個性化是網路傳播的另一特點，企業透過訂製個性化 APP 軟體，提供用戶更貼近個人需求的服務。虛擬化方面，網路世界是虛擬的，並透過模擬系統、虛擬現實等技術提供增強用戶體驗的可能性。此外，網路傳播具有全球性，用戶可以在任何時間、地點點播自己喜愛的節目，並與全球用戶互動。

　　即時性與多樣性是社群媒體的特色，用戶可隨時選擇與已接受的對象進行即時、多樣性的溝通，包括留言、聊天、視訊交談等。

　　總之，網路傳播和一般的社會大眾媒體最顯著的不同是，社群媒體讓用戶在虛擬社區和享有更多的選擇權和編輯能力，自行集結成某種閱聽社群。社群媒體能夠以多種不同的形式來呈現，包括文本、圖像、音樂和影片。

四、網路傳播的優勢

　　網路傳播的優勢體現在諸多方面，茲分述如下：

　　首先，網路傳播使訊息變得更加多元化。透過運用 flash、多媒體等技術，網路訊息呈現出多樣而生動的形式，與傳統媒體相比，更具感官刺激和互動參與的欲望。這種多元化吸引了廣大用戶群體，使他們能夠在網路上閱讀內容並體驗豐富的感官刺激。網路訊息覆蓋了遊戲、時尚、服飾、汽車、音樂、體育、影視等多個產業，為受眾提供了強烈的娛樂體驗。此外，線上討論更加平等，任何人都可以參與，並在匿名的情況下發表意見，這為線上論壇的活躍提供了基礎。總之，網路傳播打破了時間和

地域的限制，使訊息能夠更加迅速地流通。

其次，網路新聞呈現出更立體的形式。基於網際網路的先進技術，網路新聞在內容、形式、結構等方面發揮了更好的效果。這種立體化的傳播方式是新聞傳播的一大進步。相較於傳統新聞，網路新聞提供了更豐富的訊息量和閱讀空間，透過內容的安排和結構的選擇，使新聞報導達到最佳狀態，方便讀者獲得更立體的認識。同時，讀者能夠即時給傳播者回饋，形成一種互動關係，進一步加深了新聞的傳播效果，且隨著網路技術的不斷發展，網路新聞將為讀者提供更為方便和快捷的訊息服務。

最後，網路傳播實現了訊息傳播的雙向互動。傳統媒體如報紙、廣播、電視在這方面相形見絀。網路傳播具有雙向互動的特點，使訊息傳播變得更加平等。網路用戶不僅可以平等地發布訊息，還能參與討論和爭論，這種互動性有助於形成更為公正和平等的交流環境。同時，網路傳播具有強大的輿論監督功能，對現有傳媒形成了有力的挑戰。這種互動式傳播不僅具有天然的民主性和自由號召力，還對傳統媒體形成了一種反叛和否定。

總之，網路傳播的優勢在於多元化的訊息呈現、立體的形式展示和雙向的互動性，這為我們提供了更加豐富、全面和自由的訊息體驗。

五、網路傳播的缺點

網路傳播的缺點有以下幾點，茲分述如下：

(一) 訊息不一致

網路上的訊息種類繁多，但很多都是零散、無系統的知識。經常上網的人喜歡利用簡訊功能，分享節日問候、脈脈情話和幽默笑話等內容。然而，這也引發了一些問題，如一些低俗或不適當的網路簡訊和惡作劇方式開始湧現。

(二) 匿名性和虛假訊息

與傳統媒體不同，網路傳播具有極大的匿名性，傳播者處於極端隱蔽的地位。這樣的情境刺激了人們在網路上傳播虛假訊息的欲望，導致網路充斥著許多虛假和不實的內容。此外，色情和暴力內容在網路上普遍存在，且對未成年人的保護意識較低，這對網路傳播的健康發展造成了嚴重傷害。

(三) 傳播效率低

網路傳播屬於「全管道」型的傳播方式，這種方式的傳播效率相對較低，容易浪費時間而難以取得理想效果。希望隨著網路傳播文化的發展，能改進這種情況。

(四) 虛擬世界的封閉性

當網路向人們展示外部多元世界的同時，卻也將人們封閉在電腦的虛擬世界中。有些人因上網變得開朗、外向，善於交際；但也有人迷戀電腦的虛幻世界，對現實產生厭惡感，對個人的身心發展極不利，甚至可能對社會造成危害。

(五) 即時通訊工具的局限性

即時通訊工具是網路傳播的重要途徑，但對個人發展並不利。這些工具中的「群組」功能，即以共同興趣或話題形成的小組，雖然方便專業研究和滿足個人需求，卻也同時形成了一種無形的樊籠，不利於個人全面發展。

六、成功的網路傳播條件

在成功的行銷網路傳播過程中，應該滿足以下條件：

(一) 有效途徑

網路傳播應該選擇一條有效的途徑來執行，包括傳統途徑和網路途徑。傳播的內容應該集中在消費者的興趣上，並清楚交代網站最重要的內容和消費者最感興趣的內容。網路途徑包括搜尋引擎優化、發布貼文、網路論壇和新聞討論區、廣告交換和友情連結等。

(二) 簡明表達

網路傳播應該透過簡明的方式表達傳播主張。傳播主張的正確表達是成功傳播的基礎，失真的傳播會影響整個過程。

(三) 技能一致

整合行銷傳播對行銷的重大意義在於傳播的整合。整合傳播技能是最簡單、最常見的方法之一，將各種傳播方式有機地組合運用，運用統一的策略和節奏作用於消費者的各種感官，達到訊息的有效傳遞。

(四) 持久執行

傳播定位應該是持久執行的。如果定位朝令夕改，消費者會對網站形象和品牌產生認知錯誤。成功的網站品牌通常有相對穩定的傳播定位，形成品牌忠誠。

(五) 區別品牌

網路傳播定位應該將品牌與競爭者的品牌區分開來。內容和服務品質是可以被競爭者仿效的，唯有品牌價值存在於消費者中是不可替代的。品牌形象的建立和品牌價值的轉換依賴於傳播。

(六) 瞭解行為

　　網路傳播的核心是瞭解消費者行為。加強互動性是瞭解消費者行為的最有效方式，運用得當可以產生立竿見影的效果。

　　總之，未來網路傳播將朝向更智慧、更個性化、更互動的方向發展。技術將持續推動傳播方式的創新，使用戶能夠更主動地參與和塑造他們的傳播環境。社交性、全球性和即時性也將是未來網路傳播的重要特徵。

第 4 章 ▶▶▶
傳播來源

　　本章將探討傳播來源的定義、類型和招募方式，包括傳統與新媒體之差異。傳播來源指發起傳播行為的個體或機構，如記者、新聞機構，甚至社群媒體影響者。傳統媒體重視專業背景與新聞敏感度，新媒體則偏向個人影響力和創意內容。隨著網路的發展，自媒體人透過社交平台直接與大眾互動，形成新的傳播模式。未來傳播來源將趨向更多元化與數位化，要求傳播者不斷適應新技術，確保訊息的正確傳遞。

第一節　傳播來源的定義與研究

一、傳播來源

(一) 傳播來源的定義

　　傳播來源指的是發起傳播行為的個人或機構，透過某種工具向他人發送訊息。對於大眾傳播，傳播來源可能是個人（如記者、編輯、主持人）或機構（如廣播電臺、電視臺、報社等）。傳播者的職能在於蒐集、處理和傳遞訊息。

(二) 傳播來源或傳播者是個人時

1.記者生涯及工作：傳統媒體招募記者主要關注應徵者的學術背景、專業技能、記者經驗、寫作能力、新聞敏感度等。網路時代，自媒體或「網紅」（key opinion leader, KOL）成為新的傳播來源。

2.新聞記者的背景：新聞記者的背景可以分為資訊蒐集者（如記者）、資訊處理者（如編輯）、管理者（如社長、主任、編輯）。過去的「技工」（如打字、排版）工作，現在多由記者和編輯自行完成。

二、傳播消息來源的招募

(一) 傳統媒體消息來源招募

1.新聞社或電視臺記者：許多傳統媒體機構如報社、電視臺等，會透過招募記者來填補自身的新聞採訪需求，記者需要具備相關的新聞專業背景和技能。

2.**CNN**、**BBC** 等媒體機構：國際知名的傳統媒體機構如 CNN、BBC 等，也會透過招聘增加記者，負責報導全球範圍內的新聞事件。

(二) 新媒體消息來源的招募

1.新媒體平台如 YouTube、Instagram、TikTok 等，成為傳播來源的新舞臺。這些平台上崛起了大量的自媒體創作者和「網紅」，他們透過吸引目光的內容，以及與粉絲的互動獲取影響力。

2.新媒體或網路媒體「網紅」的招募：主要關注應徵者在社群媒體上的影響力、粉絲數量、內容創作能力等。

此外，人工智慧技術的應用也在改變傳播來源的面貌。媒體公司和平台開始利用機器學習、自然語言處理等技術自動生成和編輯內容，這些人工智慧化工具提高了內容生產效率，並改變了傳播來源的工作方式和招募標準。

三、新媒體「網紅」招募的利弊

新興媒體時代的「網紅」招募，帶來了諸多利弊。

從利益方面來看，首先，這種工作具有彈性的時間安排，自媒體創作者可以根據自己的情況自由支配工作時間。其次，他們擁有高度的創作自由度，能夠自主決定內容的方向和形式。此外，透過與粉絲的直接互動，可以提高粉絲的忠誠度，建立更緊密的聯繫。

然而，與利益相對應的是一些弊端。首先，收入的穩定性受到廣告合作和粉絲支持的影響，可能會出現收入不穩定的情況。其次，網紅需要自行管理多方面的工作，包括內容製作、宣傳推廣，以及與粉絲的互動等，需要具備全方位的能力。

四、小結

傳播來源的定義涵蓋了所有提供新聞和資訊的個體和組織，包括官方和非官方來源。有效的傳播研究需要識別這些來源，並評估它們對傳播內容的影響。透過深入研究來源的性質和動機，可以更好地理解新聞報導背後的動力，以及其對公眾認知的塑造。

❋ 第二節　傳播消息來源

一、消息來源的性質

傳播消息來源指的是提供可以被轉化為新聞報導的訊息的個體或組織。這些來源依其正式性，可分為官方和非官方來源。官方來源如政府公報和企業新聞稿，通常被認為是可靠且權威的；非官方來源則包括目擊者、獨立專家或其他非正式的訊息管道，這些來源可能提供更原始或未經篩選的訊息。

(一) **當事人**（undertaker）：直接參與事件的個體或團體，他們提供的訊

息最接近事件本身。

(二) **舉事者**（promoter）：推動事件被廣泛關注的人或機構。

(三) **蒐集者**（assembler）：記者或新聞蒐集者，負責從各種來源蒐集訊息。

(四) **處理者**（processor）：包括編輯和其他新聞製作人員，他們對蒐集來的訊息進行整理、加工，最終形成可供發布的新聞內容。

二、消息來源的關係

消息來源的關係有多種形式，讓我們透過舉例以便更清楚理解。

首先是正式與非正式關係：舉例來說，一家新聞機構可能與政府部門建立了正式關係，透過公開的新聞發布會來取得消息。而非正式關係可能是某位記者與消息來源之間的私下聯繫，比如透過電話或電子郵件，並非公開進行。

其次是公開與非公開關係：例如：某個公司舉辦了一場公開的新產品發表會，媒體可以透過報導這場發表會來獲取訊息，這是一個公開的消息來源關係。相對地，一些政治家可能會與媒體進行非公開的背景交流，以進行政治策略上的討論，這屬於非公開的消息來源關係。

最後是長期與短期關係：舉個例子，一家報社可能與某位專家建立了長期合作關係，該專家定期向報社提供專業意見和評論。這是一個長期的消息來源關係，因為它建立在持續的互動和信任基礎上。相反地，某次特定事件發生後，媒體可能臨時聯繫了一位專家以獲取評論，這樣的關係可能僅限於短期的。

三、消息來源的功能與影響

消息來源不僅限於訊息的提供，它們還可以形塑話題的框架、影響公眾的看法和情緒。隨著數位媒體的興起，來自社交平台的非傳統消息來源顯著增多，記者和新聞機構需要快速調整其來源策略，以適應不斷變化的訊息環境。

(一) **接觸途徑**（channel）：隨著網路和數位技術的普及，記者可以透過電子郵件、社群媒體、視訊會議等多種管道與消息來源溝通。例如：記者可以透過Twitter直接與政府官員互動，或者透過LinkedIn與行業專家聯繫。

(二) **相互期望**（mutual expectation）：消息來源希望記者具有良好的社交技巧和可信度，而記者則希望消息來源能夠提供有利和可靠的資訊。隨著全球化和網路化的背景，這些期望也在不斷調整和轉變。

四、匿名消息來源

(一) **水門事件的「深喉嚨」**：匿名消息來源在揭露政府不法行爲時發揮了重要作用，如「水門事件」中的「深喉嚨」（deep throat）。然而，匿名消息來源也可能對報導的公平性和可信度產生負面影響。

(二) **匿名消息來源的缺點**：根據美國《肯塔基州路易斯威爾時郵報》（*Louisville Times and Courier Journal*）的《採訪守則》規定，匿名消息來源應該謹慎使用，並需要充分解釋和支持。

五、網路化的影響

(一) **社群媒體平台的興起**：社群媒體平台如Facebook、Twitter、Instagram等的興起，使得傳統媒體的地位受到挑戰，許多人更傾向於從社群媒體獲取新聞和資訊。

(二) **自媒體的興起**：自媒體平台如YouTube、Podcast等爲個人提供了發布內容和吸引觀眾的機會。許多自媒體創作者透過這些平台建立了自己的粉絲基礎，成爲了新聞和資訊的來源。

六、新媒體與自媒體的特點

(一) **去中心化**：新媒體和自媒體允許任何個體發布訊息，減少了訊息發布的門檻。

(二) **互動性**：觀眾可以直接對內容發表評論、參與討論，甚至影響內容的
創作方向。

(三) **即時性**：訊息可以在幾乎無任何延遲的情況下，被迅速發布和更新。

(四) **個性化和訂製化**：數據分析技術使新媒體能夠根據用戶的行為和偏
好，提供個性化的內容推薦。

(五) **競爭與合作**：新媒體和自媒體的興起對傳統媒體構成直接的競爭，迫
使後者創新其內容和傳播方式。

(六) **新聞標準和品質**：新媒體和自媒體提高了訊息的可及性，但其準確性
和可靠性常受質疑。

(七) **業界倫理**：隨著每個人都可以成為消息的發布者，新聞倫理的問題變
得更加複雜。

七、未來趨勢和意義

(一) **智慧技術的應用**：人工智慧和機器學習等技術的發展，使得傳統媒體
可以更加智慧化地管理和分析大量的資訊。

(二) **全球化的影響**：全球化使得新聞和資訊，可以更加容易地在不同國家
和地區之間流通和傳播。

(三) **新媒體和自媒體的改變**：新媒體和自媒體將繼續與傳統媒體形成互
補，共同推動訊息社會的發展。

八、小結

消息來源是新聞報導的核心，包括個人、政府機構、企業及其他組
織。瞭解不同類型的消息來源及其運作方式對於新聞工作者來說至關重
要，以確保他們能夠有效地蒐集、驗證，並呈現多元且準確的訊息。

❊ 第三節 社會控制

一、導言

　　控制研究關注訊息傳播中的權力動態和制約。傳播者的行為在社會體系中扮演著重要角色，其功能主要體現在社會控制和整合方面。帕森思（Talcott Parsons）於 1951 年出版的《社會體系》（*The Social System*）一書，明確指出社會體系由眾多行動者組成，這些行動者在相互交往中形成概念上的社會體系。為了保持社會體系的存續與發展，必須達成四個關鍵功能，即適應（adaptation）、目標達成（goal attainment）、整合（integration）和模式維持（latent pattern maintenance），簡稱 AGIL。這四個功能的發揮作用，且有助於控制社會中的衝突、脫序和離經叛道的行為，進而維持社會的穩定。

　　在這一框架下，控制研究關注訊息傳播中的權力動態和制約，強調傳播者在社會體系中的重要角色，特別體現在社會控制和整合方面。

二、微觀控制──守門人研究

(一) 控制分析

　　1. 微觀控制：微觀控制聚焦在訊息傳播內部的控制，包括媒介組織和個人（如記者、編輯、主持人、製作人等）對訊息的選擇、處理和製作。這個內部控制被稱為「守門」（gatekeeping），它是一個複雜的過程，決定著訊息產品的品質和傳播效果。

　　2. 宏觀控制：宏觀控制研究著眼於傳播制度和社會制度對於整個社會控制系統的影響。記者和編輯的束縛不僅來自媒體內部，更來自整個社會系統。

(二) 理論

　　控制研究最初受到帕森思的影響，他強調透過實施制裁來維持穩定。

制裁包括眞正的制裁和認知的制裁，而對歧異行爲的制裁則分爲明文規定和規範規定。懷特和布理德的守門人研究，則引入了對媒體內部控制的微觀分析，茲說明如下：

1. 懷特（David Manning White, 1950）守門人研究

懷特最早提出了「守門」的概念，將傳播者視爲守門人，負責對訊息流通進行篩選和過濾。他的研究顯示，守門人在新聞選擇中扮演著關鍵角色，其選擇受個人經驗和偏好影響。然而，懷特的研究偏重於守門人的個人權限，忽略了社會因素對其制約。其他批評還包括低估組織力量和過度強調個人觀點和預設立場。

2. 布理德的新聞室的社會控制（Warren Breed, 1955）

布理德的研究聚焦於新聞組織內部，探討報社的政治和社會結構對新聞製作的影響。根據他的研究，新聞室內存在著社會控制力量，影響新聞的製作過程和呈現形式。

三、宏觀控制──社會制度和傳播制度

(一) 社會制度決定傳播制度（社會制度的影響）

媒體制度的發展受到社會制度的決定性影響，在不同社會制度的背景下，媒體的運作方式、內容規範和功能定位，皆有所差異，形成了健全的媒介體系，成爲國家標誌的現象。不同國家的媒介制度因社會條件而異，資本主義國家多爲私有制，而社會主義國家則傾向公有制。即便在一些開發中國家，雖然社會制度不同，媒介仍然由國家擁有，政府對其實行嚴格的調控，與經濟水準和文化傳統密切相關。媒介的發展雖有內在規律，但媒介制度在很大程度上受到所處社會環境的制約。

不同的社會制度與國家傳播制度密切相關。《報業的四種理論》將新聞傳播制度分爲威權體制、自由媒體（libertarianism）、共產體制（communist）和社會責任論（social responsibility）四大類。這種劃分基於各國政治、經濟和社會等因素的不同，反映了傳播制度的多樣性。

(二) 政府機構的媒體管制方式

政府機構對傳播媒體實行多種管制方式，包括法律管制、經濟和政治的控制、新聞檢查，以及消息來源的控制。法律管制方面，各國憲法通常保障新聞自由，但也設有一些限制，如煽動叛亂罪法、誹謗法等，使傳播媒體難以言論自由。此外，政府透過經濟和政治手段對傳播媒體進行控制，如津貼、特權、廣告投放等，以確保其宣傳立場。新聞檢查方式在共產國家或獨裁國家較為普遍，以國家安全為藉口，實行壓迫新聞自由的方式。消息來源的控制包括「宣傳」和「禁止採訪」，透過對消息來源的掌控達到政治目的。

(三) 社會控制的限制

根據 Breed（1995）、Warner（1971）、Singleman（1972）研究發現，社會控制並非順利進行，受到多種因素的制約。存在既存的新聞倫理規範，記者擁有相對自由的思想，並可能與政策相對抗。當政策不明確時，記者有可能違背政策。主管不明瞭細節，記者可以利用專業知識來規避。大牌記者容易出軌，而新聞製作過程中的技巧性布局也是一種限制社會控制的手段。

四、小結

宏觀控制涉及社會制度、政府機構和社會控制的多個層面，這些層面相互交織，共同影響著傳播制度的運作。瞭解這些控制方式有助於深入理解不同國家和地區的傳播環境，以及新聞報導受到的各種制約。在這種多元的制度中，平衡言論自由和社會穩定成為一個重要議題，如何在控制的同時保障新聞的客觀性和公正性，是值得深入思考的問題。

✳ 第四節 對於新聞或消息來源的檢討

一、新聞弊端

新媒體與自媒體的出現改變了傳統的新聞生態,對於消息來源的重視程度產生了變化。

網紅通常以個人魅力或特定主題的內容吸引粉絲,專注於網路上製作娛樂性或資訊性的內容,而不一定對新聞或消息來源感興趣。這可能是因為網紅主要關注的是自身形象、品牌推廣及粉絲互動,而不是傳統新聞報導的客觀性和公共利益。

這種現象可能導致一些弊端,其中包括消息來源的不正確性和不可靠性。由於網紅通常沒有受過嚴格的新聞專業訓練,他們可能缺乏識別和驗證消息的能力,容易被不準確或具有偏見的消息所誤導。此外,他們可能更傾向於報導具有娛樂性或引人關注的話題,而忽略了一些重要的新聞事件或社會問題。

此外,2020 年美國總統大選期間發生訊息操作的現象,亦即在 2020 年美國總統選舉期間,多方利用社群媒體平台散播政治宣傳和誤導訊息,試圖影響選舉結果和公眾意見。這一事件突顯了在政治敏感時期,消息來源的眞實性和透明度對維護民主和公共信任的重要性。

二、傳播來源的倫理與責任

在現代新聞媒體中,追求即時報導和訊息的準確性是極其重要的。然而,這種追求不應該以犧牲新聞的公正性和眞實性為代價。傳播來源的倫理與責任,是確保新聞品質和媒體信譽的關鍵。

(一) 透明性

媒體應該明確揭示其新聞來源,讓公眾能夠瞭解訊息的起源和可能的偏見。透明性不僅增加了報導的可信度,還能讓觀眾對新聞背後的動機和

影響因素有所警覺。

(二) 查證事實

　　即使在追求報導速度的壓力下，保持對事實的嚴格查證仍然至關重要。媒體應該實施多重驗證流程，確保所有的報導準確無誤，避免散播未經證實的消息或謠言。

(三) 公正性

　　新聞機構應保持中立，努力提供平衡的視角，特別是在涉及爭議性或分歧較大的話題時。避免單方面的報導，應允許不同的聲音和意見得到公正的呈現。

(四) 尊重隱私

　　在追求揭露真相的過程中，必須尊重個人的隱私權。這包括在報導涉及敏感個人資料或影響到未成年人時，特別考慮其影響和後果。

(五) 責任承擔

　　當錯誤發生時，媒體必須主動承認並更正錯誤，這是建立和維護公眾信任的重要步驟。透明的錯誤更正機制和為報導失誤負責的態度，是媒體責任感的重要體現。

三、改進之道

　　要改善前述情況，一方面需要加強對網紅的培訓和教育，提高他們對新聞倫理和品質標準的認識。另一方面，需要建立更多具有專業背景和可靠性的新聞媒體，提供客觀、可信的新聞報導，引導公眾對消息來源的信任和重視。此外，政府和相關機構也可以透過制定法律、法規來規範網路媒體的行為，加強對媒體的監管，確保公眾利益和社會穩定。

四、小結

對於新聞或消息來源的檢視,顯示了媒體在選擇和呈現新聞時的動機和偏見。這些來源不僅為新聞提供內容,還塑造了公眾對事件的理解和反應。新聞機構的透明度、公正性和獨立性是確保新聞真實性和公正性的關鍵,需要持續進行評估和改進,以維護媒體的信譽和效能。

本章總結

傳播來源在媒體研究中占據著重要位置,它們不僅提供了新聞和訊息,還塑造了公眾對事件的理解和反應。這一章節探討了不同層面的傳播來源,從其定義和研究開始,深入探討了消息來源的類型和社會控制對其影響。最後,透過檢討新聞或消息來源的利弊,對其進行全面性評估,強調了傳播來源的透明性、公正性和責任性,以確保媒體真實性和公信力的重要性。

本章關注傳播來源,從個人到媒體如何成為訊息的發送者,並且分析不同消息來源的特點及其信譽,如何影響訊息接收,這些結論將導入下一章,探討傳播內容的形成與影響。

05

第 5 章▶▸▸

傳播內容

本章深入分析語言與符號在訊息傳遞中的核心作用，強調它們不僅是溝通工具，更是傳遞思想和意義的關鍵。訊息由多種符碼組成，包括文字、圖像和聲音等，並透過各種媒介傳播。此外，良好的訊息設計應吸引目標受眾，並遵循共同的語言及文化規範，以達成有效溝通。總之，語言和符號對個人學習及社會適應至關重要。

第一節 訊息的基本元素——語文

一、訊息的意義

傳播內容訊息是由一組符碼（code）聚集而成。符碼是用於傳達訊息的系統或慣例，可以是語言、符號、聲音或其他形式。傳播的內容主要就是訊息，包括符號、意義與語言。符號是指用來代表其他事物、概念或訊息的物件、詞語或圖像。意義是人們賦予符號的內容或概念，是符號表達和溝通的核心。本文將討論訊息的基本元素——語文，探討其在傳播中的應用和意義。

訊息和符號對於人類瞭解外界極為關鍵，包括社會訊息的獲取、環境感知和人際互動中的溝通。良好的訊息設計是成功傳播的關鍵，需要符合傳遞雙方的共同經驗，避免誤導或誤解。

二、符號的種類

符號分為自然符號和約定符號。自然符號如天然的現象，而約定符號是由人為約定的，如文字或圖像。符號具有兩層意義，包括明示義和隱含義、迷思和象徵。語言困擾主要源於語言的靜態性和有限性，可能導致溝通障礙。

意義的生成過程包括創造、表達和溝通三個階段。意義受個人情境、社會文化或社會情境、文字結構或文字的組合等因素影響。在傳播中，傳播者應避免籠統化或抽象化、兩極化或二分法、語言內涵取向、事實與推論的混淆、無意識的投射，以及刻板印象，或不當的指認等思考方式。

三、語言概念

(一) 語言世界和物理世界之間的關係

語言學者喬姆斯基（Avram Noam Chomsky）認為，人類天生具備某些語言能力，語言不是一生下來就像白紙，而是存在與生俱來的能力。他透過研究不同語言，找到了一些共同特質，支持他的觀點。沙皮爾（Edward Sapir）與沃爾夫（Benjamin Lee Whorf）提出了語言相對論，亦稱「沙皮爾‧沃爾夫假說」（Sapir-Whorf Hypothesis）認為語言能力是後天學習的結果，引發了一個關於語言影響資訊處理能力的爭論。然而，他們都認為語言是社會現況的指引，能夠主導我們的思考和過程。因此，語言不僅是解決傳播或思考問題的方法，更是塑造思維的工具。

語言不僅是社會發聲的媒介，還積極地影響思考方式。儘管有學者認為語言只是一種工具，符號本身無意義，但不可否認的是，符號與真實世界是相互影響的。人類擁有使用符號溝通的能力，這是其他動物所不具備的。換言之，人類不僅對物理符號有反應，還能運用自己創造的符號。

人類透過符號體系認識過去、領悟未來，深入瞭解人類和整個世界的萬象。這不僅是理性的成就，更是藉由語言、藝術和神話的符號世界跳脫物理世界的結果。人類擁有一套符號和傳播制度，除了能看見的現象外，對於事物的認識大多建立在觀念的發展上。語文、藝術、神話和宗教等符號形式使人們無法直接接觸真實，而導致困擾，因為事物的認知往往受到觀念和幻想的影響。

人類的符號能力與其他動物不同，使我們少有直接接觸或看見事物真相的經驗。這種「必要的罪惡」導致我們對事物的理解充滿了問題，因為我們實際上是透過符號來理解事物的。這種符號制度製造了各種觀念和虛幻，構建了我們對世界和事物的基本概念，形成了充滿「假象」的世界。

儘管這個所謂的假象世界充滿虛幻，但卻不全然是不真實的。語文到科學的數學和物理公式描述了相對理性的經驗，這不僅建立了一個語言的世界，還創造了文明的世界，這種符號功能使得人類的溝通和社會過程變得可能。意義的「具體化」是使人類溝通成為可能的必經過程，包括將思考和感受以具體的語言表達、透過語文與他人交換訊息以達到溝通目的，並使經驗交換最終匯聚為文明。

人類是獨特的社會動物，具有語言、藝術、神話、宗教、哲學和科學等能力，這使得社會組織和工作能力無與倫比。語言的過度膨脹、含混、籠統及社會文化的影響，成為傳播的障礙。

(二) 語言的分類

孩童學習語言的分類受到教導影響。每種語言對事物的分類方法因文化特色及生活習慣而異，從而影響單字意義的認知。

(三) 語言研究

1. **語意學**：探討符號和語言與所代表客體的關係。
2. **發聲學**：研究符號如何以聲音表達，著重發音系統和規則。
3. **文法**：探討符號之間的關係，對語意的影響不太明顯。

由於人們成長於不同語言體系，各自認知的世界不同，可能導致文化傳播的困難。

　　總之，語文作為訊息的基本元素，不僅在於語言的直接溝通中所扮演角色，更在於其背後所承載的文化和意義的傳遞。透過對符號的理解和應用，我們能夠更有效地進行跨文化溝通，增進相互理解，從而促進全球範圍內的協作與和諧。這要求我們不僅要學會使用語言，更要學會理解和尊重語言背後的文化和意義。

　　訊息的有效設計應引起目標受眾的注意，符合雙方的共同經驗，確保訊息能夠「傳」且「通」。此外，符號學的深入探討，特別是索緒爾（Ferdinand de Saussure）和皮爾斯（Charles Sanders Peirce）的理論，豐富了我們對語言符號如何在心理和社會層面上產生意義的理解。

四、小結

　　在探討訊息的基本元素──語文時，我們發現語言不僅是溝通的工具，它同時承載著豐富的符號和意義，形塑我們的認知與文化理解。訊息由符碼所構成，這些符碼可以是語言、符號或其他多種形式，依特定規則組合，傳達特定的觀念或思想。這些符號和意義，無論是在日常生活中的行人安全，還是在更廣泛的社會文化傳播中，都發揮著不可或缺的作用。

第二節　非語言訊息

一、定義與範疇

　　非語言訊息在人際溝通中扮演關鍵角色，人們透過聲音音調、表情、姿態等肢體語言進行互動。這些非語言元素豐富了溝通的深度與真實性。非語言訊息包括動作（gesture）、面部表情、姿勢、時間觀念與空間管理等類別，這些都對溝通效果有重要影響。文化背景影響非語言訊息的表達

與接收，瞭解並適應這些文化差異對有效的跨文化溝通至關重要。

非語言訊息（non-verbal message）不僅增加了語言溝通的豐富性，還能在無語言的情境下獨立傳遞訊息。例如：表情和手勢有時可完全取代語言表達某些簡單想法或情感。非語言訊息在展示情緒和建立關係方面，亦扮演不可替代的角色，如身體接觸和近距離的身體語言可加深人際聯繫。非語言訊息的可信度通常高於言語訊息，因其更直接反映個人的真實感受和意圖。

非語言訊息定義為透過肢體語言（body language）、音調、面部表情、姿態和手勢等多種方式傳達訊息，這些方式通常提供比語言更豐富、更精確的資訊。非語言傳播範疇包括行為、文化習俗、情緒表達等。

非語言訊息的解讀和使用在不同文化中各異，且在跨文化溝通中發揮關鍵作用，因此瞭解不同文化的非語言溝通方式對促進有效的跨文化交流至關重要。

二、分類與特性

非語言訊息的世界五彩繽紛，包括了豐富多樣的形式。首先，我們有行為符號（performance code）——這是一切動作和聲音的展演，就像是我們日常的手勢和語調。接著是人為符號（artifactual code），這涉及如何透過個人的服飾來展現自我身分和社會地位。媒介符號（mediatory code）則是透過影片或照片等媒介，來傳達訊息的一種方式。再來是時空符號（spatiotemporal code），它探索了我們與時間和空間的關係，比如怎樣的時間觀念或在空間中的互動方式。至於副語言（paralanguage），則包括了隨語言而來的音調、節奏及語速等非語言元素。

動作語言學（kinesics）深入探討身體動作、手勢和面部表情，而領域傳播（proxemics）則研究人們如何在空間中與他人交流。甚至一些學者也將旗語和交通號誌等「符號語言」納入非語文傳播的範疇，這些元素在 20 世紀 60 年代前後才開始受到廣泛重視。

非語言訊息的多種特性，例如：傳播性（communicative），使它們

能有效傳遞並強化訊息；情境依賴性（contextual）讓這些訊息的含義，隨著不同情境而變化；可信性（believable）則使非語言訊息成為反映真實感受的可靠來源；整體性（package）顯示非語言訊息通常是一系列行為的整合體。後設傳播性（meta-communicational）涉及非語言訊息在更廣泛的溝通和文化背景中的作用。這些特性不僅突顯了非語言訊息在人際溝通中的獨特性，也彰顯它在不同情境下多層次且複雜的影響力。

　　總之，非語言訊息在日常溝通中的重要性不容忽視。它們不僅豐富溝通的內容，提高訊息傳遞的效率，還有助於建立更緊密的人際關係。對非語言訊息的深入理解和適當使用，可以顯著提高溝通的有效性，尤其是在多文化的交流環境中。在日常生活和專業領域中，合理運用非語言訊息，可以更好地表達自己、理解他人，並促進有效的互動和理解。

三、非語言訊息的案例

　　以下這些案例來自不同的文化背景，以展示非語言溝通在全球範圍內的多樣性和重要性：

(一) 日本的鞠躬（Bow）

　　在日本，鞠躬是一種重要的非語言行為，用以表達尊敬、感謝、道歉或道別。鞠躬的深度和持續時間根據情境的正式程度而有所不同。例如：輕微的鞠躬可能用於日常的問候，而更深度的鞠躬則可能用於表達深切的歉意或尊敬。這種非語言行為在商業會議和公共場合中尤為重要，表明了對方的社會地位和情感狀態。

(二) 美國的眼神接觸

　　在美國和許多西方文化中，積極的眼神接觸通常被視為注意力、自信和誠信的標誌。例如：在求職面試時，堅定的眼神接觸可能被解讀為對職位的熱情和能力的自信。然而，過度的眼神接觸可能被認為是侵略性的，而缺乏眼神接觸則可能被視為缺乏信心或不誠實。

(三) 義大利的手勢

義大利文化中豐富的手勢使用是著名的，這些手勢可以表達一系列的情緒和語句。例如：將手指和拇指聚在一起向上擺動（通常稱爲「美味」的手勢），用來表示事物的優質或吸引力。在日常對話中有效地使用這些手勢可以增強言語訊息的表達，使溝通更生動、情感更豐富。

(四) 中東的接觸禁忌

在許多中東國家，與異性的身體接觸可能被嚴格限制，尤其是在公共場合。例如：即使是握手也可能需要根據性別和家庭規則的相容性來考慮。對於外國人來說，瞭解並尊重這些非語言的文化規範是建立信任和尊重的關鍵。

(五) 巴西的個人空間

在巴西，人們在社交互動中維持親近的個人空間，這與許多北歐和亞洲文化相比，可能顯得更爲親密。在巴西，朋友、同事之間經常會有親吻雙頰的行爲，即使是初次見面亦然。這種非語言溝通方式，強調了人際關係的溫暖和友好性。

以上這些案例說明了非語言訊息，如何在不同的文化背景下扮演溝通的關鍵角色。吾人若能瞭解並掌握這些非語言行爲的意義和適當的使用，對於成功的國際交流和多元文化互動至關重要。

四、小結

總之，非語言訊息是人際溝通中不可或缺的一部分，它們以多種形式存在，包括肢體語言、聲音的音調和節奏、面部表情，以及空間與時間的使用等。這些訊息豐富了溝通的內容，不僅增添了語言表達的深度，也提高了溝通的效果和效率。非語言訊息的理解和應用，對於促進有效的人際互動及跨文化交流具有關鍵意義。因此，深入瞭解各種非語言訊息的特性

和文化差異，並能靈活運用這些知識，在日常生活和專業場合中都能夠有效提升溝通品質和建立更緊密的人際關係。透過掌握非語言溝通的藝術，我們不僅能更好地表達自己，也能更準確地理解他人，從而促進更和諧與有成效的互動。

第三節　傳播內容的研究與分析

在探討傳播內容或訊息分析的多種方法和概念中，以下將簡單介紹十二個主要的理論與技術，包括：一、傳統理論；二、語意學；三、內容分析法；四、修辭學；五、符號學；六、框架理論；七、結構主義；八、敘事學；九、文類；十、言談分析；十一、再現；十二、女性主義。這些分析方法從傳統理論到女性主義，都具有其獨特的觀點和應用領域。

一、傳統理論

傳統傳播理論涉及多個因素，包括來源（source）、訊息（message）、管道（channel）、接收者（receiver）。傳統理論特別強調了傳播過程中的互動元素，如前饋（feedforward）和回饋（feedback）。這些理論通常集中在訊息如何被創造、傳達及接收，並探討如何透過說服（persuasion）手段影響接收者。

二、語意學

語意學（semantics, semiology）是研究語言如何傳達意義的學問。它分析了語言、符號，以及它們如何在與人和物的關聯中產生意義。語意學的研究有助於瞭解語言如何在不同文化和情境中，傳達相同或不同的訊息。

三、內容分析法

內容分析法（content analysis method）是一種系統的、客觀的研究方法，用於定量描述媒體內容的特徵。這種方法可以用來分析文本、圖像、語言等，並常用於媒體研究，以確定某些內容的存在與頻率。

四、修辭學

修辭學（rhetoric）是研究如何有效使用語言來說服或影響聽眾的學科。它涵蓋了不同的策略，如使用比喻、對比和重複等手法來增強語言的表達力和影響力。我們周遭存在著多種形式的文化產物，它們本質上都具有高度的修辭意味。例如：出版品、廣告、報紙、電視和廣播等，都善用修辭特色，引導觀眾以它們獨特的方式看待事物。這些都顯示修辭在現代社會中的普遍應用，影響著人們對訊息和觀念的理解。

五、符號學

符號學（semiotics）探討符號如何在社會和文化中產生意義。它研究的是符號系統，包括語言、圖像以及其他形式的符號如何被創造和理解，其主要目的在於解構符號，探討其多層次的意義與文化背景。

六、框架理論

框架理論探討如何透過不同的框架或角度，來解釋和理解訊息。在傳播中，框架化代表媒體對「真實」的限制，即被「框架化」。框架（framing）不僅是再現結果，更是轉換規則的操作，並引發偏見作為框架的結果。換句話說，媒體透過選擇特定的框架，來影響公眾對事件的看法和理解。

七、結構主義

結構主義（structuralism）是一種分析社會和文化現象的方法，強調

不同元素如何在一個整體結構中相互作用。它用於解析語言、神話和文化行為中的深層結構。

八、敘事學

敘事學（narratology）是研究故事和敘事結構的學科，它探討不同的敘事技巧如何影響故事的表達和接收，並專注於如何透過故事講述來影響接收者，這包括分析故事中的角色、情節和主題等元素。

九、文類

文類（genre）指的是大眾媒體內容的種類，如連續劇、脫口秀等，是一種風格或形式。文類理論探討不同類型的文本如何符合特定的公式或結構，並如何被觀眾所認知。這有助於分析媒體內容如何按照特定的風格和格式，來滿足觀眾的期待。

十、言談分析

言談分析（discourse analysis）是一種研究語言使用在實際交流中如何產生意義的方法。它涉及分析語言的社會、文化和心理層面，以及語言是如何在特定情境中使用來達到特定目的。

十一、再現

再現（representation）理論探討媒體是如何呈現現實世界，並如何透過符號和圖像來創造或再現意義。這包括分析媒體如何透過選擇性呈現事件，來塑造公眾對現實的理解。

十二、女性主義

女性主義（feminism）傳播研究關注性別如何在媒體中被呈現，以及這些呈現如何反映和塑造了社會中對性別的看法和期望，這包括分析媒體內容中的性別偏見和刻板印象。

經由以上分析，可以看出各種理論和方法，如何從不同角度分析媒體內容，提供了多樣化的視角和深入的見解，有助於更全面地理解和評估媒體傳播的複雜性。

十三、小結

本節深入探討了多種傳播內容分析方法，從傳統理論到女性主義。這些方法提供了多角度的分析工具，幫助我們全面理解傳播訊息。傳統理論闡述了基本元素和互動關係，語意學探討跨文化語言意義，內容分析法定量研究媒體內容。修辭學、符號學和框架理論，從藝術性、社會文化意義和媒體公眾認知進行分析。結構主義和敘事學聚焦深層結構和故事影響。女性主義挑戰性別刻板印象，推動性別平等。這些方法豐富了對媒體的評價，並強調批判性思維在媒體分析中的重要性。

本章總結

在本章中，我們深入研究了傳播內容的多個方面。首先，語文作為訊息的基本元素，不僅是溝通的工具，還蘊含著豐富的符號和意義，對於塑造我們的認知和文化理解至關重要。其次，非語言訊息在人際溝通中扮演著重要角色，包括肢體語言、聲音的音調和面部表情等，豐富了溝通內容，提高了效果和效率。最後，我們探討了多種傳播內容分析方法，從傳統理論到女性主義，這些方法提供了多角度的分析工具，幫助我們更全面地理解傳播訊息。綜上所述，我們深入研究了傳播內容的多個層面，豐富了我們對傳播的理解，強調了批判性思維在媒體分析中的重要性。

本章討論傳播內容的創建，包括語言和非語言訊息如何塑造公眾的知識與情感反應。本於這一理論基礎，下一章將進一步探討不同媒介如何傳播這些內容。

第 6 章 ▶▶▶

傳播媒介

　　本章「傳播媒介」深入探討了各種媒介的定義、功能與影響。從傳統的印刷媒體到現代的數位媒體，每類媒介不僅促進了訊息的流通，也形塑了社會的政治、經濟與文化面貌。書籍、報紙提供深度分析；電視與廣播迅速傳遞新聞；網際網路和社群媒體則強化了互動性與即時性。面對數位化挑戰，媒體業界正進行技術創新和策略調整，以維持其影響力與競爭力。

第一節　媒介性質

一、媒介的定義

　　媒介（media），作為訊息流動的載體，不僅包括人與人間交流的語言，也涵蓋了媒體如廣播電臺發射的電波等。這些媒體連結了傳播者與受眾，使得訊息得以在社會各層面流通，涉及政治、經濟、生活方式，乃至宗教信仰。在現代社會，大眾媒介的重要性日益突顯，它們不僅影響個人和集體的日常生活，甚至在某些方面超越了科學知識的影響。

二、媒體的種類及其功能

　　媒體的種類多樣，功能各異。傳統的印刷媒體如書籍、報紙和雜誌，提供深度分析和專題討論，適合廣泛的主題探索。廣播和電視則透過聲音和視覺元素，迅速傳遞新聞和娛樂內容。網際網路與社群媒體則革命性地增強了訊息的即時性和互動性，使得用戶能夠即時創造、分享內容。這些媒介不僅促進了訊息的快速流通，也豐富了公眾的娛樂和教育管道，並在塑造和引導公眾意見方面發揮了重要作用。

　　尤其是對於新興的數位媒體，青少年和老年人在技術接受度和使用模式上存在顯著差異，這些差異影響了媒介訊息的接收效果和心理影響。

　　例如：根據研究顯示，青少年因技術熟練度高，更容易從數位媒體獲得訊息，而老年人則可能因技術不熟悉而遇到障礙。這種差異要求媒體製作者在內容設計和傳遞方式上，考慮更加多元化的策略。

三、比較媒介性質的五種尺度

　　評估媒介的五個主要尺度——空間與時間、參與程度、速度、恆久性和威望——有助於深入理解各類媒介的特點和社會功能。例如：書籍在恆久性方面優於電視和廣播，而後者在速度和時效性方面則更具優勢。社群媒體等新型媒介在參與程度和即時反饋上獨占鰲頭，進一步促進了受眾的互動和參與。每種媒介的不同特性決定了其在現代社會中的適用場景和影響力，這些理解對於媒體工作者在選擇傳播策略時至關重要。透過分析這些尺度，可以更有效地利用各類媒介達到預期的傳播效果，並在多元化的媒介環境中找到各自的定位。

四、小結

　　探討媒介的本質不僅有助於我們理解訊息如何被製造和傳播，還揭示了媒介技術如何塑造社會結構和文化形態。媒介性質的分析顯示，不同的媒介具有不同的技術特性和社會影響力，這些特性決定了媒介的適用範

圍、互動方式，以及對公眾意識形態的影響，瞭解這些性質有助於媒體製作者和消費者更好地利用媒介進行有效的溝通。隨著數位技術的發展，媒介的界線越來越模糊，媒介融合成為趨勢，這要求從業者和學者對媒介性質進行不斷的重新評估和調整。

✳ 第二節　印刷媒體

一、印刷媒體的優勢

　　印刷媒體，包括書籍、雜誌和報紙，擁有多項獨特優勢。首先，它們賦予讀者控制閱讀的自由，讓讀者可以根據自己的時間和興趣安排閱讀速度和時間。例如：讀者可以選擇在任何時候開始或暫停閱讀一本書或雜誌。此外，印刷媒體的內容具有可重複閱讀的特性，讀者可以多次參考同一份資料，加深理解和記憶。再者，印刷媒體能夠提供深入詳盡的內容，適合探討複雜或專業的主題，滿足特定讀者群的需求。此外，印刷媒體因其深度和專業度往往擁有較高的威望，這有助於增強其在讀者心中的信賴度和影響力。例如：在美國某社區，一份專門針對老年人發行的月刊提供了健康、福利及活動訊息，幫助他們瞭解地方社群活動，並鼓勵他們參與社會生活，有效對抗孤獨感和社會隔離的問題。這家社區刊物，扮演好它在地區中的角色，受到當地居民的尊敬。

二、書籍的歷史與影響

　　書籍作為傳播知識和文化的重要工具，自古以來就在人類文明中扮演著核心角色。從中國的活字印刷到歐洲的古騰堡印刷術，書籍的生產和流通逐漸普及，極大地促進了知識的累積和傳播。到了 20 世紀，隨著出版業的專業化和技術的進步，書籍製作更為精細，市場也更加多元化。出版過程包括從作者創作到最終出版的多個階段，涵蓋了編輯、生產、行銷等

多個方面，形成了一個完整的出版作業體系。此外，數位技術的發展使得書籍製作和銷售更為便捷，也使作者與讀者之間的互動更加緊密。

三、雜誌的發展與轉型

　　雜誌作為印刷媒體的一部分，在臺灣經歷了從傳統印刷到數位化的轉型過程。1980 年代，臺灣的雜誌業開始從單一刊物向集團化管理轉變，目標讀者也從年輕人擴展到更廣泛的中壯年人口。隨著網際網路和數位媒體的興起，雜誌業面臨了新的挑戰和機遇。數位化不僅改變了雜誌的內容形式，增加了影像和聲音元素，也改變了其流通方式。此外，全球化趨勢使得一些本地雜誌逐漸融入國際市場，與全球雜誌品牌競爭。這一系列變化要求雜誌業者不斷創新和調整策略，以適應日新月異的市場環境和讀者需求。

四、書籍與雜誌的未來趨勢與評論

　　隨著科技進步和閱讀習慣的變遷，書籍與雜誌的未來趨勢顯示出數位化與個性化的重要性。首先，數位化不僅改變了人們的閱讀方式，也推動出版業向電子書籍和線上內容的轉型，以迎合現代讀者對便捷性和即時性的需求。同時，出版業正在逐步實現內容的專業化和個性化，以滿足各種特定興趣群體的需求。例如：專門針對攝影愛好者或科技迷的專題雜誌，這些產品能更精準地抓住目標讀者群。此外，跨界合作成為出版業的一大趨勢，書籍和雜誌出版商正透過與科技公司或文化創意產業的合作，創新內容和拓展銷售管道。社會議題的增多也使得出版內容更注重反映當前社會文化的多樣性，以及提升公眾對重要社會話題的關注和理解。此外，環保意識的提升驅使出版業在印刷和題材選擇上考慮更多的環保因素，以符合永續發展的要求。

　　在這樣的大背景下，臺灣出版市場的未來將面臨諸多挑戰與機會。數位化不僅帶來了新的商業模式，同時也迫使傳統出版業必須調整策略來應對市場需求的變化。例如：出版業需開發更多數位版書籍和增強與讀者互

動的線上平台，以增加市場競爭力。同時，出版內容的多樣化和專業化要求出版業能夠提供更加豐富、深入的專題探討，從而吸引特定讀者群。此外，社會議題和環保意識的提升，也為出版內容添加了新的角度，出版業可以透過這些話題展示其品牌價值和社會責任感。

　　國際上，如美國的 Random House 和英國的 Penguin Random House 都展示了如何透過技術創新和市場調整來應對未來變化。這些公司不僅加強了數位出版的力度，同時也在內容創新和市場行銷上進行了積極探索。例如：它們透過合作出版、特許出版等方式拓展市場，並利用社群媒體和線上平台加強與讀者的互動，以提升用戶體驗和讀者忠誠度。此外，面對全球化的競爭，這些出版巨頭也在不斷尋求跨國合作與擴展，以增強其在全球市場的影響力。

　　總之，書籍與雜誌的未來發展趨勢顯示出版業正在迅速變革中，數位化和內容的專業化將是未來發展的關鍵。出版業必須不斷創新，積極應對技術進步和市場需求的變化，以保持競爭力和影響力。同時，社會文化的多元化也為出版內容的深度和廣度提供了更大的發展空間。

五、報紙

(一) 報紙媒體的特色

　　報紙作為最早的大眾媒體之一，以其定期出版和廣泛覆蓋的特性，在新聞傳播領域占有不可替代的地位。儘管面對廣播和電視的競爭，報紙透過其獨有的版面設計和深入的文字報導，依然保持了一定的影響力。報紙的主要傳播方式是利用文字、圖片和色彩等視覺元素印刷在紙上，使其具有良好的保存性和便於反覆閱讀的特點。此外，報紙能夠提供詳盡的分析和專業的評論，滿足不同讀者的需求。為適應市場變化，報業已進行了多版化、綜合化及專業化的改革，同時探索國際化發展以及新的報紙形態，如社區報和免費報紙，以增加吸引力並提升讀者體驗。

(二) 報紙未來趨勢與評論

隨著數位技術的普及，報業面臨著前所未有的挑戰和轉型壓力。未來趨勢顯示，報業將朝向更多地域化和分眾化發展，以精確滿足讀者的地方性和個性化訊息需求。此外，爲適應讀者日益變化的閱讀習慣，報紙的內容形式和呈現方式也將進一步創新，比如融合更多數位元素和互動內容。這不僅能提升讀者的閱讀體驗，也有助於報紙在數位時代保持競爭力。然而，這些變革需要報紙在維持新聞專業性和深度的同時，也要不斷調整商業模式，探索新的盈利途徑。

(三) 世界著名報紙的因應措施

面對數位化挑戰，世界各地的著名報紙如《紐約時報》（*The New York Times*）、《華爾街日報》（*The Wall Street Journal*）、《金融時報》（*Financial Times*）、《衛報》（*The Guardian*）、《泰晤士報》（*The Times*）、《每日郵報》（*Daily Mail*）等，已經開始積極轉型，採取了一系列策略以適應新的市場需求。這些報紙大力發展數位版面，推出網路平台和行動應用，並透過訂閱模式來增加收入。同時，它們利用社群媒體擴大新聞的觸及和影響力，並透過高品質的內容創作來提升品牌價值和讀者忠誠度。此外，這些報紙還利用數據分析來優化內容推送和個性化服務，提高用戶參與度和滿意度。這些創新措施不僅幫助它們在競爭激烈的媒體市場中保持領先地位，也爲報紙行業的未來發展提供了可行的方向。

六、通訊社

(一) 通訊社的定義與發展

通訊社，又稱新聞服務，是一種專門從事新聞採訪、報導、傳播和供應的新聞媒體事業。這類媒體致力於提供高品質的新聞服務，以滿足顧客需求、推出新產品，並維持企業的盈利與品牌信譽。在全球範圍內，通訊社面臨著新聞自由、平衡報導的挑戰，並需與西方的新聞標準和所謂的「世界資訊新秩序」相適應，這些都影響著其發展方向和策略調整。

(二) 通訊社的特色

通訊社的新聞處理強調持續不斷的截稿，與一般媒體有所不同，其新聞生產速度較快。在編輯控制方面，通訊社通常只進行輕微的文本修改，保持報導的原始性和即時性。此外，通訊社需對所報導的新聞進行嚴格的篩選，考慮新聞的文化、政治或經濟相關性，以及新聞的國際重要性。通訊社的新聞具有視覺性強、保存性好、選擇性高等特點，適合傳遞深度訊息，並在行業中享有一定的權威性。

(三) 通訊社的未來趨勢與評論

未來，通訊社將面臨數位化轉型的壓力，需要強化其在數位媒體領域的存在和影響力。隨著數位技術的進步，通訊社將越來越多地運用社群媒體和行動應用，並逐步增加影音檔等多媒體內容，以吸引更廣泛的受眾。此外，通訊社需應對虛假訊息的挑戰，強化新聞的事實核查工作，保護品牌的信譽和專業形象。全球化也促使通訊社拓展國際業務，增強跨國新聞的覆蓋與報導深度。總之，通訊社必須在保持新聞專業性的同時，不斷創新並適應變化快速的媒體環境，以維持其在全球新聞行業中的競爭力。

(四) 國內、外因應實例

在臺灣，主要的新聞通訊社包括中央通訊社（CNA）、聯合新聞通訊社（UDN）、自由時報電子報及中時電子報等。面對數位化、內容多樣化和全球化的挑戰，這些機構進行了一系列應對措施。首先，他們強化了技術投資，提升數位平台的內容生產與分發能力，並發展如手機應用和電子報等新媒介，中央通訊社特別推出了 CNA 臺灣網和相關應用程式。在內容上，他們發展了包括文字、圖片、影音檔在內的多媒體新聞產品，豐富新聞報導和專題內容。針對虛假訊息問題，這些通訊社建立了嚴格的編輯審核機制以保證新聞的準確性和可信度。此外，他們也在拓展國際業務、加強與外國通訊社的合作，以推動臺灣新聞的國際化。

國際上，如美聯社（Associated Press）和彭博社（Bloomberg）在美國、路透社（Reuters）和英國廣播公司（BBC）新聞在英國、共同通訊社（Kyodo News）和 NHK 在日本、澳洲廣播公司（ABC），以及中國的新華社（Xinhua News Agency）等，都積極應對數位化挑戰。這些通訊社透過數位化轉型強化線上新聞服務，發展行動應用和影音平台，並致力於提供多樣化的新聞內容。例如：美聯社和彭博社重視全球化新聞網路的擴展，路透社和 BBC 新聞則加強了數位技術的應用，提供多種語言和多文化的報導。NHK 和共同通訊社重視線上新聞平台的建置，而澳洲廣播公司和新華社則在國際新聞報導及多語言服務上作出努力。這些機構的策略不僅包括技術創新，也涉及內容創作和全球合作，旨在提高其在全球媒體行業中的競爭力和影響力。

七、小結

印刷媒體，作為訊息傳播的傳統形式，長久以來扮演著知識儲存與文化傳承的重要角色。從早期的書籍、報紙到雜誌，印刷媒體以其可靠性和權威性，影響著公眾意見和社會價值觀。儘管數位化浪潮對其地位造成了挑戰，印刷媒體依然在某些領域保持其不可替代的重要性，尤其是在深度報導和專業分析上。為了適應新時代的需求，印刷媒體需要進一步融合新技術，發展新的商業模式，以維持其文化和商業的影響力。

第三節　電子媒體

一、電子媒體的發展

（一）廣播媒體

電子媒體的演進由來已久，起源於 1837 年的有線電報系統，隨後衍生出廣播、電影、收音機、電視等娛樂形式。20 世紀 20 年代的廣播和 30

年代的電視開啟了傳統媒體的革新。傳統廣播以其低成本、高覆蓋率、即時性和親和力等特點，形成了密切的受眾關係，而數位廣播則以更優質的音質、穩定的接收和豐富的附加資訊滿足了新的需求。這些媒體形式的演進不僅標誌著媒體的進步，也推動了整個社會資訊流通方式的變革。

廣播作為一種透過電子技術傳送聲音訊號的媒介，可以分為有線和無線兩種形式。1893 年，匈牙利人西奧多・普斯卡（Theodore Puskas）首次使用 700 多條電話線進行新聞廣播，開啟了有線廣播的先河。隨著無線電技術的發展，無線廣播在 20 世紀初迅速普及。廣播主要透過聲音符號、節目和傳輸方式進行訊息傳播，具有聽覺傳播、時效性強、廣泛覆蓋和參與性弱等特點。然而，由於其保存性差和選擇性有限，廣播傳播的內容需要適度避免過於抽象，同時增加參與性互動以提高受眾參與度。

相較 AM、FM 廣播，網路廣播優點包括抗干擾能力強、可遠距收聽、支持互動功能、提供多元資訊服務，但缺點為操作不方便、缺乏想像空間、普及率較低、公信力不足、仍受限於傳統內容，並且需要上網費用。近年，臺灣流行「播客」，趕上歐美影響趨勢。

(二) 電視媒體

1. 無線電視：電視媒體以其豐富多彩的節目內容，滿足了各類觀眾的需求，扮演著媒介中不可或缺的角色。電視的主要作用包括提供學習管道、加深對新聞和公共事務的理解、分析重要議題、豐富文化歷史知識，以及促進國際間的相互理解等。電視的傳播優勢在於強大的感染力、高購買力觀眾的覆蓋、兒童易接觸性、具體圖像呈現及快速的訊息傳播速度。

無線電視和有線電視是電視傳輸的兩大主要形式，其中無線電視依靠先進的電子技術傳輸圖像和聲音。無線電視以其便利性在家庭中占據重要地位，常常促使家庭成員共同收看，儘管它的保存性和選擇性相對較差。無線電視面臨的未來趨勢包括數位化轉型、跨平台整合、發展 OTT（Over-the-Top）服務、內容多元化，以及廣告模式的創新。

臺灣的無線電視業界如台視、中視、華視及公視等，已開始積極應對數位化和網路化的挑戰。這些業者正在進行數位化轉型，提供 OTT 服務，與有線及衛星電視業者合作，提供多元化的內容，並利用大數據技術對觀眾行為進行分析以提供個性化的內容推薦。這些措施旨在滿足消費者對於隨選內容的需求，擴大觀眾基礎，提高收視率。

　　在國際上，美國的無線電視業者如 ABC 電視網和 NBC 環球，已投資於 OTT 服務如 Disney+ 和 Peacock，以擴大其線上影音串流媒體市場的份額。英國的 BBC 和 ITV 通過自家的 OTT 平台 BBC iPlayer 和 ITV Hub，提供多樣化的節目內容。澳洲的 Seven Network 和 Nine Entertainment Co. 通過 7plus 和 9Now 等 OTT 服務滿足本土觀眾的需求。日本的 NHK 和 TBS 也在推動數位化轉型，開發線上觀看服務。中國的中央電視臺和騰訊視頻，則在提高節目內容的品質和多樣性的同時，開發自有的 OTT 平台，滿足觀眾對高解析度技術的需求。

　　這些措施展示了無線電視業者在應對數位化和網路化時代中的努力，旨在透過數位轉型、提供 OTT 服務、跨平台合作、多元化內容和個性化推薦等方式，以適應不斷變化的媒體環境和觀眾需求，保持競爭力。無線電視業界的這些應對策略不僅有助於擴大觀眾群體，也促進了媒體內容的創新和多樣性，提升了觀眾的觀看體驗。

　　2. 有線電視：臺灣有線電視在數位化浪潮中逐步升級，不斷提升服務品質與節目多樣性以滿足各類觀眾需求。近年來，業者引入高畫質（HD）節目、互動式內容和影音串流服務，顯著提升了觀眾的觀看體驗。除此之外，有線電視還提供視訊點播、自選頻道套餐和錄影功能，並推出智慧電視應用，讓觀眾能在多種裝置上隨時觀看節目，進一步提升便利性和滿意度。

　　然而，有線電視面臨來自 OTT 服務的挑戰，OTT 服務透過網路提供節目，無需傳統設備和訂閱，並以其豐富的內容選擇和靈活的觀看方式，吸引了大量觀眾。儘管如此，有線電視仍是臺灣家庭娛樂中不可或缺的一部分，業者則透過創新和多元化服務來維持市場競爭力。

臺灣的有線電視業者，包括台灣寬頻通訊、中嘉數位有線電視等，致力於提供豐富的節目選擇，如新聞、娛樂、文化等多元內容。業者還特別強調地方化服務，推出地方新聞和文化節目以增強地方連結。技術上，積極導入數位化，提供高畫質和互動式節目，以增強觀眾互動和視覺體驗。

　　在國際影響方面，臺灣的有線電視業受到美國的商業模式和日本的數位技術啟發顯著。美國的先進行銷策略和豐富的影視內容，提供了寶貴的參考，而日本的數位轉播技術也被廣泛應用於本地市場。此外，隨著中國和韓國影視內容的流行，臺灣有線電視，也開始引進這些地區的電視劇和購物節目，進一步豐富了節目內容和觀眾選擇。

　　總之，臺灣有線電視業在數位時代下正不斷創新與調整策略，從技術升級到內容多元化，力求在快速變化的媒體環境中保持競爭力。此外，國際合作和技術引進也是業者拓展視野、提升服務品質的重要途徑，以協助業者更好地滿足現代觀眾的多元需求。

　　電子媒體，包括電視、網際網路和社群媒體，對青少年的影響深遠，這影響既有正面也有負面。青少年是電子媒體使用最活躍的群體之一，他們的價值觀、社交行為和學習都受到電子媒體的顯著影響。

　　根據一項最新研究發現，青少年人格特質和使用社群媒體平台與憂鬱症狀有相關性，不太外向的青少年頻繁使用 Instagram 罹患憂鬱症狀較高。

　　這篇研究是在 2023 年 12 月發表於《青少年期刊》（*Journal of Ado-lescence*），由美國西維吉尼亞大學心理學家進行，調查 2018 年至 2020 年 237 名年齡約 15 歲美國青少年，探討他們使用社群媒體與憂鬱症狀相關性，同時將性別、自尊、人格特質，以及對社群媒體的負面反應等調節變項列入考量。

二、臺灣電子媒體的亂象

　　臺灣的電子媒體近年來面臨多種亂象，包括報導常失真、過度追逐收視率、報導偏頗、侵犯隱私，以及廣告不實等問題。這些問題不僅損害了公眾對媒體的信任，也影響了社會的整體訊息健康。例如：

(一) 過度追逐收視率和點閱率

例如：一些電視臺和網路媒體為了吸引觀眾，製作了大量的煽情或具有誤導性的標題和內容。又如：將一些普通事件以極端方式呈現，或刻意選擇邊緣化、爭議性強的話題。問題是這種做法可能導致公眾對重要新聞的忽視，並造成社會焦慮和分裂。

(二) 報導失真與不實訊息

例如：2018 年某電視臺在報導一則重大刑事案件時，未經證實地公開嫌疑人的身分和照片，事後發現報導有誤。這種做法不僅對當事人造成不可逆轉的傷害，也侵犯了其隱私權和名譽權。

令人擔憂的是，每當臺灣選舉期間，媒體亂象更為猖狂，尤其是假民調和假訊息的散布，已經成為公眾和政府關注的重點。這些行為不僅影響選舉的公正性，也損害了公眾對媒體的信任。在臺灣每逢選舉期間，常看到的媒體亂象是：

在假民調部分，例如：在某次選舉期間，有媒體發布了一份顯示某候選人支持率遠遠領先的民調，但後來發現該民調的抽樣方法和數據處理極不科學，甚至有操縱之嫌。這種假民調可能誤導選民，影響選舉結果，破壞選舉公平性。

在假訊息部分，例如：在某次選舉的高峰期，社群媒體上流傳一則關於某候選人的負面新聞，聲稱其涉及嚴重的貪汙醜聞。經核查後發現，這是一條完全捏造的假新聞。這種假訊息可以迅速在網路上擴散，對候選人的名譽造成嚴重損害，擾亂選舉秩序。

三、未來方向

電子媒體，特別是在數位環境中，面臨著數據隱私和訊息安全的重大挑戰。這些挑戰不僅涉及技術問題，還涉及法律、倫理和社會規範。以下將從幾個方面探討這些議題：

(一) 數據隱私

在電子媒體的使用中，數據隱私涉及保護個人訊息免受未經授權訪問和處理。隨著廣告技術和個性化服務的發展，用戶的瀏覽習慣、地理位置、購買偏好和社交網絡互動等數據被廣泛蒐集和分析，有時這種蒐集是在用戶不完全明白其後果的情況下進行的。例如：大型社群媒體平台如 Facebook 和 Google 透過追蹤用戶線上行為來提供訂製廣告，但這也引發了用戶對其個人訊息可能被濫用的擔憂。

(二) 訊息安全

訊息安全問題包括保護存儲和傳輸中的訊息，免受未經授權的訪問和破壞。電子媒體平台因其巨大的用戶數量，以及儲存大量敏感訊息的特性，而成為駭客的主要目標。例如：2018 年 Yahoo 的數據洩露事件，影響了數億用戶的個人訊息，突顯了電子媒體公司在保護用戶數據方面的挑戰。

(三) 社會影響

隱私和安全問題影響社會深遠，不僅影響個人用戶的信任度，也影響電子媒體公司的商業模式和盈利方式。缺乏對用戶隱私的保護會降低用戶對電子媒體平台的信任，進而影響其使用頻率和參與度。此外，隱私和安全問題也對法規政策造成影響，促使政府機構加強對電子媒體行業的監管，如歐盟的一般資料保護規則（GDPR）。

四、小結

隨著技術的進步，電子媒體迅速發展，改變了人們的生活方式和訊息消費習慣。電視和廣播作為主要的電子媒體形式，提供了視覺和聽覺的即時訊息，強化了傳播的廣度和即時性。近年來，隨著網際網路和行動裝置的普及，電子媒體展現出前所未有的動態性和互動性，推動了媒體內容和格式的創新。這不僅促進了訊息的快速流通，也使媒體用戶從被動接收

者，轉變為能夠主動參與和影響訊息的活躍參與者。

本章總結

　　本章精彩探討了傳播媒體的多樣性，像印刷媒體作為傳統形式，在知識傳承方面發揮著不可或缺的作用，雖然數位化浪潮帶來挑戰，但其深度報導和專業分析仍然不可取代。而電子媒體的蓬勃發展則為人們的生活方式和臺灣訊息消費方式帶來翻天覆地的變革，從傳統電視、廣播到網路和行動裝置，媒體的互動性，得到前所未有的提升，用戶也成為訊息流的主動參與者。總之，本章強調了媒體對社會文化的塑造、對公眾意識的影響及對媒體創新的推動，並呼籲從業者與學者持續調整和適應媒體環境的變化。

　　本章分析傳播媒體的特性及其對社會的影響，探討了從印刷媒體到數位媒體的演變過程。本章為理解傳播受眾的行為和反應提供了背景，並為下一章的受眾分析做了鋪墊。

第 1 章 ▶▶▶

傳播受眾

本章探討受眾在傳播過程中的基本概念、行為和動機。受眾，也稱為閱聽人或觀眾，隨著科技發展，其類型和接收方式日益多樣化。受眾行為受多種動機驅動，涵蓋生理和心理社會需求，且其訊息接收和處理過程具高度選擇性，受個人和社會文化因素影響。深入理解這些行為，對制定有效的傳播策略至關重要，且有助於提升傳播成效和受眾滿意度。

✳ 第一節　受眾與受眾行為

一、受眾的定義與類型

受眾（audience），即透過不同傳播媒介而接收訊息的人群，可以根據接收媒介的不同而分類為讀者、聽眾和觀眾。隨著技術的進步，受眾的類別也越來越多樣化，例如：線上平台的用戶、社群媒體的參與者等。

二、受眾行為與動機

受眾行為是受多種因素所影響的複雜心理和社會化過程，核心在於受眾的動機。動機可以分為生理性動機（如食

欲、睡眠）和心理社會性動機（如成就需求、社交需求）。

(一) **成就需求**（need for achievement, n-ACH）：心理學家麥克里蘭（D. McClelland）研究發現，一些人對於個人成就有更高的追求，這種需求驅動他們尋求挑戰和成功。

(二) **歸屬需求**（need for affiliation）：指人們對於與他人建立和維持正面關係的需求，這種需求驅使個體尋求社交互動和集體歸屬。

(三) **社會認可需求**（need for social approval）：個體希望獲得他人的認同和好評，這種需求影響他們的行爲和決策，使其更傾向於遵守社會規範。

(四) **攻擊性**（aggression）：分爲敵對攻擊（hostile aggression）和工具性攻擊（instrumental aggression）。敵對攻擊出於情緒，而工具性攻擊則是爲了達到特定目的。

三、影響受眾傳播行為的因素

受眾在接收和處理訊息時表現出的選擇性行爲，這種行爲受到個人背景、心理狀態和社會文化等因素的影響。例如：個人興趣、信念及文化差異，都會影響訊息的選擇和解讀。

最近的研究顯示，數位媒體使用呈現爆炸性增長，特別是在智慧型手機和社交平台的推動下。根據 Statista 2023 年數據，全球社群媒體用戶數已達到 44 億，占全球人口的 56%。這一趨勢顯示，數位媒體成爲人們日常生活中不可或缺的一部分，影響著他們的溝通方式、購物習慣及訊息獲取方式。

四、小結

本節深入探討了受眾在媒體生態系統中的基本行爲和動機。隨著數位技術的發展，受眾的行爲日益多樣化，他們不僅是訊息的接收者，也是內容的創造者和批評者。瞭解受眾的心理和社會需求，對於制定有效的傳播策略至關重要，有助於媒體機構提升受眾的參與度和滿意度。

✳ 第二節　受眾角色的轉變

一、受眾的主動參與

在當代媒體環境中，受眾的角色已從被動接收者轉變為積極參與者。他們不僅消費內容，還能透過評論、分享和創造內容來影響媒體生態。這種轉變表明，受眾在媒體互動中扮演著越來越重要的角色。

二、受眾在解讀傳播內容時的態度

根據霍爾（Hall, S.）的分類，受眾在解讀傳播內容時可能展現三種態度：

(一) **從優解讀**（dominant reading）：受眾按照傳播者的預期方式接受和理解訊息。

(二) **協商解讀**（negotiated reading）：受眾在接受訊息的同時，會根據自己的背景和經驗對內容做出一定的調整和解釋。

(三) **對立解讀**（oppositional reading）：受眾完全拒絕傳播內容，並以自己的方式重新解釋訊息。

三、受眾接收分析理論

1970 年代起，接收分析理論強調了受眾在媒介互動過程中的主動創造角色。這一理論認為受眾不僅是訊息的接收者，更是意義的創造者。他們根據自己的經驗和文化背景來解讀媒體文本，顯示出受眾在媒體傳播過程中的關鍵地位。

隨著媒體形態的演進，特別是社群媒體的興起，受眾的角色從被動接收者轉變為能夠主動創造內容的參與者。近年來，出於品牌廣告和行銷目的而使用使用者生成內容的情況急劇增加。不僅新的網路購物趨勢不斷出現，消費者對侵入性行銷技術的厭惡也與日俱增。許多廣告商和企業正在轉向「使用者生成內容」（UGC）來與客戶互動。這種互動性和參與感

加強了受眾與媒體之間的連結，也推動了網絡社區的發展。

四、大眾傳播的內容類型分析

在廣告傳播中，受眾的態度直接影響廣告的接受度和效果。受眾根據自己的需求和期望選擇媒介，並對媒體內容進行主動解讀。這種互動過程不僅塑造了受眾的媒體經驗，也反過來影響了媒體的策略和內容設計。

透過對每個部分的細節和結構進行清晰的解釋和區分，可以更清楚地理解受眾的多樣性，以及他們在現代傳播環境中的複雜行為和動機。

五、廣告案例分析

以下是一個關於前述廣告傳播，對不同類型受眾影響的實際案例分析：

Nike 的 "Just Do It" 廣告系列是一個典型的案例，用來分析其如何影響不同類型的受眾。這個系列始於 1988 年，目的是激勵每個人無論年齡、性別或運動能力為何，都去突破自我。

(一) 受眾類型分析

1. 年輕運動愛好者

(1) 行為與動機：這類受眾通常對健康和健身持開放態度，追求個人最佳表現。

(2) 廣告影響：Nike 的廣告中展示了多元化的運動人物，從專業運動員到日常愛好者，激勵他們追求卓越，增強自我效能感。

(3) 實例：例如 Nike 與籃球明星勒布朗‧詹姆斯（LeBron James）合作的廣告，極大地激勵了年輕人投身籃球運動，並嘗試模仿他的成功。

2. 中年非運動型人群

(1) 行為與動機：這類受眾可能由於工作和家庭壓力，對於體育活動不是很活躍。

(2) 廣告影響：廣告中強調「任何人都能做到」，鼓勵這些受眾打破常規，開始輕量級的運動如步行或慢跑。

(3) 實例：Nike 廣告中常見的中年人參與馬拉松的畫面，提供了強大的視覺動力，讓這部分受眾感受到運動的普及性和可接近性。

3. 專業運動員

(1) 行為與動機：這部分受眾尋求的是性能和專業的運動裝備，以提升競技表現。

(2) 廣告影響：廣告強調 Nike 產品的創新科技和對提高運動性能的貢獻，吸引專業運動員的注意。

(3) 實例：Nike 針對跑步鞋的廣告，展示了其氣墊科技如何幫助運動員改善競技表現，這種訊息直接對專業運動員產生吸引力。

六、小結

Nike 的 "Just Do It" 廣告系列，成功地針對不同受眾群體，傳達了激勵和動力的訊息。透過展示來自各行各業人士的真實故事，廣告不僅增強了品牌與消費者的情感聯繫，也促進了產品的市場滲透。這一策略不僅提高了消費者的品牌忠誠度，也擴大了其市場範圍，使得 Nike 能夠觸及更廣泛的潛在客戶層。

❋ 第三節　受眾的媒體參與研究

一、緒論

傳播受眾媒體參與研究是傳播學領域的一個重要分支，旨在探討受眾於媒體使用和互動過程中的角色、行為、態度，以及對媒體內容的反應。以下是關於這一領域的概述：

(一) 沿革

傳播受眾媒體參與研究在 20 世紀中期開始興起，隨著傳播技術的發展和媒體環境的變遷，逐漸成為傳播學的重要研究領域，其發展歷程受到心理學、社會學、傳播學等多個學科的影響。

(二) 主要內容

研究主要關注受眾在媒體使用過程中的行為模式、心理反應、態度形成等方面的特徵，具體內容包括媒體使用習慣、資訊選擇、訊息處理、媒體效能感、媒體滿意度等。

(三) 主要理論

研究涉及的主要理論包括傳播效果理論、社會認知理論、使用與滿足理論、認知加工理論等，這些理論試圖解釋受眾如何接受、理解、記憶和反饋媒體內容，以及這些過程對其行為和態度的影響。

(四) 代表人物

在這一領域有許多知名學者和研究者，例如：威爾伯·施蘭姆（Wilbur Schramm）、伊莫吉·伍迪（Emory S. Bogardus）、約瑟夫·卡佩爾（Joseph T. Klapper）等，他們的研究對該領域的發展貢獻良多。

(五) 發展及其研究特色

隨著傳播技術和媒體形式的不斷更新，傳播受眾媒體參與研究也在不斷發展。近年來，隨著社群媒體的興起和訊息技術的發展，研究者開始關注網路媒體受眾的特點和行為。

根據 Nielsen 2023 年的研究報告，平均每位成年網民每天在社群媒體上花費近 2.5 小時。這種高度的參與不僅反映了數位媒體在日常生活中的滲透程度，也暗示了受眾在資訊消費和分享方面的行為模式正在迅速變化。

二、跨文化和跨國比較研究

　　此外，跨文化和跨國比較研究也成為該領域的一個焦點，以探討不同文化背景下受眾對媒體的反應和行為有何差異。

(一) **多元視角**：全球化媒體對不同文化背景受眾行為的影響與差異分析。不同文化背景下的受眾行為差異表現在多個層面，包括媒體消費習慣、對廣告的接受度，以及對訊息的解讀方式。例如：西方國家的受眾可能更傾向於主動尋求媒體內容並批判性地消費訊息，而亞洲國家的受眾則可能更重視社群的共識和媒體的權威性。這些差異對全球化媒體的策略有深遠的影響。

(二) 全球化媒體如Netflix和YouTube等透過提供跨國界、多語種的內容，影響了本土受眾的消費行為和期待。這些平台的演算法推薦系統，根據用戶的觀看習慣而推薦內容，這不僅改變了本土觀眾的媒體消費模式，也促使本土媒體公司必須創新內容和服務，以滿足觀眾的多樣化需求。此外，全球化媒體的普及也帶來文化同質化的擔憂，可能削弱本土文化的獨特性和影響力。

　　總而言之，研究傳播受眾媒體參與，有助於深入瞭解媒體對人們觀點、態度和行為的影響，並提供媒體發展和管理的參考。

　　尤其在社群媒體普及的今日，使得人們能與全球各地的人建立聯繫，無論在哪個領域，都促進了人與人之間的交流。如果你在社群媒體上參與，你的受眾很可能會更加瞭解你的業務。

三、受眾媒體參與研究在未來趨勢

　　未來的受眾媒體參與研究將朝著多元方法論的應用方向發展，這包括量化和質性方法的結合，以全面理解受眾對媒體的使用和滿足。同時，隨著全球化的發展，跨文化比較研究，將變得更加重要，這有助於我們更好地理解文化差異對媒體參與的影響。此外，隨著技術的不斷進步，新興媒體形式的出現將為受眾研究帶來新的挑戰和機遇，例如：社群媒體、虛擬

實境等。

　　另一方面，未來的受眾研究可能更加強調跨學科的合作。這意味著涉及心理學、社會學、文化研究等多個領域的跨學科研究，將變得更為普遍，以獲得更深入的理解。同時，隨著大數據和人工智慧技術的進步，未來的研究，可能會更加依賴數據分析和機器學習，來處理龐大的媒體使用數據，從中發現更深層次的模式和趨勢。這些發展將為我們更深入地瞭解受眾媒體參與行為和動機，提供新的視角和方法。

　　總之，未來的傳播受眾媒體參與研究將會更加多元化、跨文化和技術化，這將為我們提供更全面、深入的理解，並有助於指導媒體實踐和政策制定。

四、使用與滿足理論

　　使用與滿足理論是傳播學中重要的研究領域，探討了受眾如何利用媒體來滿足自身需求。這一理論強調了媒體在滿足受眾需求方面的功能，並採用了實證主義的研究方法。

　　1974 年，Jay G. Blumler 和 Elihu Katz 提出了「使用與滿足」概念，將焦點轉移到了受眾如何運用媒體的研究。從社會滿足和心理需求的角度出發，這一理論將傳播研究的重心從媒體轉向了受眾。使用與滿足理論的研究方法，主要包括個案調查、大規模調查和詳細面談。

　　研究者 Herzog 提出了一系列問題，來瞭解受眾如何利用媒體以滿足自身需求。此外，在廣播的使用與滿足方面的研究發現，許多聽眾透過參與劇情、情感釋放等方式感到滿足。

　　Bernard Berelson 的研究表明，報紙不僅提供理性的功能，也滿足了多種不同類型。

五、實例分析

　　社群媒體作為一種新興的互動平台，對提升受眾參與度具有重要作用。透過分析網站流量、確定目標受眾，以及發布針對性的內容，可以有

效提高參與度和互動。此外，在使用與滿足理論指導下，媒體機構可以清楚地理解受眾需求，制定相應的內容策略，以滿足受眾的多樣化需求，同時也為媒體實踐和政策制定提供科學依據。

六、使用與滿足理論的未來趨勢和評論

　　未來使用與滿足理論的研究將進一步多元化與深入，關注新興媒體如社群媒體、串流媒體及其跨平台使用行為。研究將更深入探討受眾的心理層面，包括情感、動機與認知，以理解受眾如何透過媒體滿足需求。此外，隨著全球化，跨文化研究將增多，以深入理解不同文化背景下的媒體使用行為。技術進步如人工智慧和虛擬實境將被納入研究範疇，探討它們對受眾媒體行為的影響。大數據的應用將幫助揭示受眾行為的隱藏模式，以便更精確地預測和理解受眾行為，為媒體實踐和政策制定提供有力的支持和指導。

七、受眾知的權利

(一) 定義

　　受眾「知的權利」，指的是受眾對於資訊和知識的權利，包括獲取、接受、探索和分享資訊的權利。這個概念強調了受眾對於真實和客觀訊息的需求，以及對於各種觀點與意見的接觸和理解。受眾應該有權利自由地獲取多元化的資訊，以便形成自己的觀點和判斷，並參與社會討論。

(二) 臺灣受眾知的權利

　　臺灣大眾傳播業者如何保障受眾知的權利？

　　臺灣的大眾傳播業者通常會採取多種措施來保障受眾的知的權利，以確保他們可以獲得準確、多元、客觀的資訊。

　　1. 提供多元的資訊來源：大眾傳播業者會努力提供來自不同來源和觀點的新聞和資訊，確保受眾可以獲得多元的觀點和資訊來源，從而自行判斷和思考。

2. 強化新聞倫理和專業標準：媒體機構會制定和遵守新聞倫理準則，確保新聞報導的客觀、公正和準確性。他們會加強新聞工作者的專業訓練，提高其新聞報導的品質和可信度。

3. 採用事實核查和證據支持：為了避免傳播虛假訊息，大眾傳播業者會採用事實核查和依據證據的報導方式，確保所提供的資訊是真實可靠的。

4. 提供公眾參與平台：一些媒體機構會提供公眾參與平台，讓受眾可以參與新聞報導的討論和評論，促進公眾的知識交流和討論。

5. 支持數位素養教育：一些媒體機構會積極支持數位素養教育，提高受眾對於數位資訊的理解和分辨能力，從而更好地保障他們的知的權利。

這些措施有助於確保臺灣的大眾傳播業者能夠充分尊重受眾的知的權利，並提供高品質、可信賴的媒體內容。

受眾「知的權利」的相關規定可以包括以下方面：

1. 言論自由：受眾應該有權利自由表達自己的觀點和意見，以及訪問和接受各種訊息，而不受到不合理的干擾或限制。

2. 新聞自由：新聞機構和媒體應該有權利自由地報導新聞和事件，並保持獨立和客觀，不受到政府或其他利益團體的干預。

3. 資訊透明度：政府和機構應該向公眾提供開放透明的訊息，包括政府政策、行政決策、公共服務等，以保障受眾對於公共事務的知情權。

4. 資訊多元性：受眾應該有權利獲取多元化的訊息和觀點，包括不同政治立場、文化背景、社會階層等，以確保受眾能夠全面瞭解事件和議題。

5. 資訊準確性和可靠性：媒體應該有責任提供準確和可靠的訊息，並避免散播虛假、誤導或不實的訊息，以保障受眾的知的權利。

(三) 受眾「知的權利」的重要法規內容

以下是臺灣和美國在受眾的知的權利方面的重要法規內容：

1. 臺灣

(1) 言論自由：《中華民國憲法》第 11 條規定「人民有言論、講學、著作及出版之自由」，保障了受眾的言論自由權利。

(2) 資訊透明度：《政府資訊公開法》確保了公民對政府訊息的知情權，規定政府應主動公開相關訊息，並提供公民申請資訊的途徑。

(3) 資訊多元性：《廣播電視法》對媒體業者的節目製作和播出進行管理，要求媒體提供多元的節目內容和觀點。

(4) 資訊準確性和可靠性：《公平交易法》、《消費者保護法》規定了對廣告內容的準確性和可靠性要求，禁止虛假廣告和誤導性宣傳。

2. 美國

(1) 言論自由：美國憲法第一修正案確保了言論自由和新聞自由，禁止國會透過法律限制言論自由，並保護新聞機構的獨立性。

(2) 資訊透明度：《政府資訊公開法》要求政府機構主動公開相關訊息，並提供公民申請資訊的途徑。

(3) 資訊多元性：美國聯邦通訊委員會（FCC）監管廣播和電視行業，要求媒體提供與公眾有關的多元觀點。

(4) 資訊準確性和可靠性：聯邦貿易委員會（FTC）對廣告內容進行監管，要求廣告內容準確和可靠。

至於英國、澳洲、日本的相關法規內容也與上述類似，保障了受眾的知的權利，但具體細節可能有所不同。

(四) 實際做法

在臺灣，媒體普遍遵守受眾的知的權利，透過提供多元化的新聞報導、言論自由的平台，以及公開透明的資訊來保障受眾的知的權利。例如：新聞機構會盡力提供客觀、公正、準確的報導，並在必要時提供深度分析和專題報導，以滿足受眾對於不同主題的知識需求。

在美國、英國、澳洲和日本等國家，媒體也致力於保障受眾的知的權利。例如：在美國，新聞媒體通常會遵循新聞專業標準和道德準則，確保

報導的客觀性和準確性，同時提供不同立場和觀點的報導，讓受眾得以全面瞭解事件背後的脈絡。在英國、澳洲和日本等國家，媒體也會透過提供多元化的新聞內容和言論平台，保障受眾的知的權利，讓他們能夠自由地獲取訊息並參與公共討論。

八、小結

本節分析了受眾對不同媒體平台的使用情況及其參與模式。根據數據顯示，隨著新媒體的興起，特別是行動裝置和社交網絡的普及，受眾的媒體消費行為顯著變化。媒體機構需利用這些現象的觀察，來優化內容分發策略，滿足受眾的多樣化需求。

✴ 第四節　受眾訊息回饋

一、受眾的核心角色

在現代媒介環境中，受眾扮演著核心的角色，他們不僅接收訊息，更會對訊息進行再加工並傳播出去，這對整個傳播過程產生了決定性的影響。隨著科技進步和全球化的加速，媒體機構需要深入瞭解受眾的需求並適應其變化，以保持傳播的有效性和廣泛性。

二、受眾調查的重要性

為了更有效地服務受眾並提升傳播品質，媒體透過多種方式進行受眾行為調查，例如：面對面訪談、問卷調查及網路互動等，來蒐集受眾的回饋。在社群媒體時代，受眾的回饋方式也變得更加多樣和即時。例如：透過按讚、分享、評論等互動功能，受眾不僅可以表達自己對內容的喜好和不滿，還可以影響其他人的觀點和媒體的內容生產。這種即時反饋機制使得媒體製作方能夠更精準地把握受眾需求，快速調整傳播策略。這些調查

有助於評估傳播成效，提供決策依據，並支持媒體內容的發展與市場策略的調整。

三、民意調查的功能

另一方面，民意調查作為一種蒐集公眾對政治、社會議題意見的重要工具，通常由專業機構進行，透過網路或書面方式對代表性樣本進行調查。這些調查不僅影響政策和選舉策略，也促進市場與社會科學研究的發展。在數位時代，民意調查的範圍和互動性得到顯著提升，但同時也帶來新的挑戰，如數據的可靠性與代表性問題。

四、數位媒體時代的受眾研究

隨著網路和數位媒體的發展，受眾調查和民意調查面臨新的機會和挑戰。數位化提供了更多即時數據蒐集的途徑，增強了調查的效率和精確性。媒體和決策者需要適應這些變化，利用新工具深入瞭解受眾需求和社會輿論，以優化媒體內容和服務。

這些調查工具在當代的網路媒體和新媒體環境中扮演著至關重要的角色，幫助媒體和決策者更好地理解受眾需求和形塑社會輿論，同時也需要不斷調整和優化以應對快速變化的媒介環境。

五、受眾調查與民意調查

(一) 受眾調查

受眾調查和民意調查在當代的網路媒體、新媒體時代中，扮演著核心角色。這些調查主要透過各種形式進行，如面對面訪談、線上問卷、電話調查等，目的在於評估傳播活動的影響、為提供策略決策支持並檢驗內容的有效性。隨著社交平台和數位技術的普及，受眾調查變得更加多元，能夠即時反映受眾的意見與反饋。

(二) 民意調查

另一方面，民意調查則聚焦於蒐集公眾對於政治、社會和政策議題的看法，通常透過數據抽樣和問卷設計來進行，結果直接影響政策制定和市場策略。這種調查因網際網路的發展而更為快捷和廣泛，提高了互動性和參與度。

在新興媒體快速發展的環境下，受眾調查與民意調查面臨新挑戰和機遇，如大數據的利用提升了調查的效率和精確性。然而，研究者需留意調查結果的可靠性，並針對不同媒介特點進行調整和優化。這些工具在現代媒體環境中，仍然是瞭解受眾需求和形塑社會輿論的重要手段。

六、技術進展的影響

隨著人工智慧（AI）和機器學習（ML）技術的進步，媒體公司正在革新其對受眾行為的預測和互動策略。這些技術允許媒體公司從大量數據中提取洞見，以更精確地定位受眾並提供個性化的內容。

(一) **預測模型**：AI和ML可以分析受眾的觀看歷史、互動數據和搜尋習慣，從而預測他們未來可能感興趣的內容類型。例如：Netflix使用機器學習演算法來預測哪些新播出的節目，最可能受到特定受眾群體的歡迎。

(二) **個性化推薦**：利用機器學習技術，媒體平台能夠根據每個用戶的獨特喜好提供個性化的內容推薦。這不僅增加了用戶的參與度，也提高了內容的觀看率。

(三) **內容優化**：AI工具能夠協助內容創作者根據受眾反饋（如評論、按讚和分享等）自動調整和優化內容，這意味著內容能夠更快速地調整以符合市場需求。

(四) **廣告定位**：AI技術使得廣告商能夠更準確地定位其廣告受眾，透過分析用戶的網路行為和消費模式來提供訂製化的廣告，從而提高廣告的轉化率。

這些技術的進步不僅提高了媒體公司的營運效率，也提升了消費者的媒體消費體驗，但同時也帶來了對隱私侵犯和數據安全的潛在風險。因此，媒體公司必須在利用這些先進技術提升服務的同時，確保遵守相關的隱私保護法律和道德規範。

七、小結

本節討論了受眾如何透過各種方式提供回饋，進而影響媒體內容和形式。在網際網路和社群媒體時代，受眾的回饋既迅速且多樣，對媒體產品的影響力日益增強。媒體製作者必須認真對待這些回饋，將其作為改進和創新的重要資源。

本章總結

隨著數位媒體和新媒體的迅猛發展，受眾特質也迎來了顯著的變革。這些新興媒介，如網路媒體、自媒體、社群媒體等，不僅提供了更為豐富多元的媒體體驗，還在形塑受眾的消費行為和態度上，發揮了重要作用。

透過本章的探討，我們得到了對當代媒體受眾行為和角色的深刻理解。隨著媒體形態的快速變化，受眾的行為也在不斷進化。媒體機構需要持續研究這些變化，以便更好地與受眾互動，並有效地傳遞訊息。這不僅有助於提升媒體產品的吸引力，還能加深受眾的參與和忠誠度。

本章聚焦於傳播受眾，探討他們如何接收、解析及回應不同媒介的訊息。這種對受眾行為的理解，有助於分析傳播效果，也正好為下一章的傳播效果主題鋪墊。

第 8 章 ▶▶▶

傳播效果

本章概述了大眾傳播效果研究的四大階段：首先是媒介
萬能效果論，認為媒體對大眾有直接且巨大影響；其次是媒
介效果有限論，指出媒介影響受多種社會心理因素制約；接
著是媒介中度效果論，探討媒介如何形塑公眾議程與知識架
構；最後進入傳播效果研究匯流時期，強調媒介、社會結構
及個體間的交互作用，並探討數位媒體的影響，顯示出對媒
介影響理解的演進，從單一效果評估到複雜的社會互動分析。

❋ 第一節 大眾傳播效果研究第一階段：媒介萬能效果論

大眾傳播效果研究（mass communication effects re-
search）是當代媒體研究的一個重要領域。自 1930 年代至今，
經歷四個主要階段：第一階段（1930 年代至 1950 年代）探討
媒介萬能效果論（hypodermic needle theory / magic bullet the-
ory）、第二階段（1950 年代至 1960 年代）強調媒介效果有限
論（limited effects theory）、第三階段（1960 年代後期起至
1980 年代）著重媒介中度效果論（moderate effects theory）、

第四階段（1970 年代末期至今）是傳播效果研究匯流時期（convergence era of communication effects research）。

　　早期研究主要基於功能論（Functional Theory），強調了媒體對閱聽人的影響與效果，認為媒體對個人和社會均有直接或間接的改變作用。這些研究傾向於探討個體或集體如何在短期或長期內受到媒體的影響，包括態度和行為的變化，並強調了適當研究方法的必要性。

　　自 20 世紀 30 年代開始，傳播效果研究經歷了數個階段的發展。最初階段認為媒體擁有幾乎無限的影響力，能夠形塑公眾的觀點和行為。這一時期，研究者利用行為學派（Behaviorism）的理論來分析媒介的影響力，並借助於佛洛伊德學說（Freudian Theory）和其他理論，來解釋媒體如何改變個人的態度和行為。例如：納粹德國的宣傳機器就是一個展示媒體力量的例子，它透過貶低猶太人的形象來操控公眾情緒。

　　然而，隨著時間的推移，這種「媒介萬能」的觀點受到質疑。研究發現，閱聽人並非完全被動，他們在接收媒體訊息時，會根據自己的經驗和背景進行篩選和解釋。哈佛大學心理學家鮑爾（Bauer R. A.）提出了「頑固的閱聽人」（obstinate audience）理論，強調閱聽人的主動性和選擇性，指出閱聽人在媒介傳播過程中扮演著更為主動的角色。

　　總之，大眾傳播的效果研究從最初的媒介萬能論逐步過渡並認識到閱聽人的主動性。這一轉變促進了對媒介與文化、社會互動關係更深入的探討，並激發了對傳播研究方法和理論的不斷革新與發展。前述傳播研究自 1930 年代至今可歸納為四大階段，其中第二階段涵蓋了 1950 年代至 1960 年代，被稱為「媒介效果有限論時期」。

✴ 第二節 第二階段：媒介效果有限論

一、前言

前述傳播研究自 1930 年代至今可歸納爲四大階段，其中第二階段涵蓋了 1950 年代至 1960 年代，被稱爲「媒介效果有限論時期」（Limited Effects Theory Era）。

50 年代美國社會秩序逐漸從混亂中恢復，媒介對社會的影響力減弱，導致人們感受到傳播媒介的效果有限。因此，學者們開始思考傳播媒介未能達到預期效果的原因。他們發現，傳播媒介無法將受眾視爲被動的靶子，因爲傳播訊息必須經過多重「過濾」和「緩衝體」（buffer）。

這個時期的研究將傳播的「緩衝體」歸納爲三類：個人人格的差異、團體範疇（如人口特徵），以及社會關係（如意見領袖、團體規範、人際網絡）。

主要理論包括拉查斯斐（Paul F. Lazarsfeld）的兩級傳播（two-step flow of communication）、羅吉斯（Everett Rogers）的創新傳播（diffusion of innovations）、賀夫蘭（Carl Hovland）的耶魯研究（Yale Studie）。拉查斯斐的兩級傳播理論強調訊息先到達意見領袖，再由他們影響其他人。這打破了「媒介效果萬能論」的觀念，集中注意力於意見領袖的角色。

二、兩級傳播

兩級傳播理論的研究有如下四個發現：第一，意見領袖具有社會經濟地位較高、教育程度較高等特徵。第二，人際傳播比大眾傳播更有效，尤其在政治、購物和娛樂方面。第三，初級團體的人際傳播有助於成員在意見和行動上保持高度同質性。第四，不同媒介在人們決策過程中扮演不同角色。

然而，兩級傳播理論也受到批評，指出意見領袖與非意見領袖只是程度上的差異，人際傳播不一定是兩級，意見領袖可能也從其他傳播媒介獲

得訊息。這使得研究者更加關注資訊系統理論的發展，同時促使了大量關於閱聽人行為的研究，尤其是媒介與各種活動的研究和創新傳播的探討。

在 1950 年代到 1960 年代，隨著第二次世界大戰後的冷戰時代，美國經歷了劇烈的社會技術變革，對創新和人際組織的需求日益增加。在這樣的背景下，哥倫比亞大學的學者們提出了「兩級傳播理論」（two-step flow theory）。此外，俄勒岡州的社會學者羅吉斯（E. Rogers）和蕭梅克（F. Shoemaker）等人開始深入研究創新的傳播過程，這一研究方向後來被稱為「創新傳播」。

三、創新傳播

創新傳播理論關注的核心是新事物或思想在社會中的採納過程，這一過程通常包括認知、興趣、試用、評估、採納等階段，形成一個典型的 S 曲線。在這個傳播過程中，早期階段大眾媒體的影響較大，而在後期則更多依賴於人際溝通的影響。

羅吉斯和蕭梅克在 1955 年發表的《創新傳播》（*Diffusion of Innovation*）一書中，以美國農民採用新品種玉蜀黍為例，闡述了創新事物的採納過程。書中提到，新事物的採納條件包括相對利益（relative advantage）、相容性（compatibility）、複雜性（complexity）、可觀察性（observability）等因素，這些因素影響著創新的快速傳播和廣泛採納。按照這一理論，個人或團體採納新事物的過程大致分為以下五個步驟：知悉、說服、決定、操作、確認。

四、耶魯研究

耶魯研究（Yale Studies）源於 1942 年 12 月 7 日日本對珍珠港（Pearl Harbor）的襲擊，引爆了第二次世界大戰。在戰爭期間，美國陸軍總司令馬歇爾（General Marshall）發現士兵缺乏對戰爭目的的理解，因此尋求好萊塢導演的協助製作戰爭紀錄片。賀夫蘭（Carl Hovland）在耶魯大學啟動了「傳播與態度變遷」計畫（"Communication and Attitude Change"

Project），旨在找到人際間維持和平的方法，以促進社會和諧。

　　賀夫蘭的理論基於學習理論（learning theory），認為有效的傳播需經歷四個過程：注意、瞭解、接受、保持。他的研究發現指出，短時間的告知能改變態度，但對長時間的影響有限。耶魯研究使用實驗室方法探究傳播對態度改變的影響，並透過一系列實驗設計強調某些主要因素的影響。對於這項研究的評價分歧，部分批評認為其實驗情境脫離實際狀況，未能充分考慮社會其他層面的影響。

五、小結

　　媒介效果有限論時期，涵蓋了 1950 年代至 1960 年代，是傳播研究的重要階段之一。在這一時期，學者們逐漸認識到傳播媒介的影響力有限，開始關注傳播訊息如何被接收、理解和影響的過程。兩級傳播理論、創新傳播理論，以及耶魯研究是這一時期的主要理論，它們分別從不同角度探討了傳播的機制和影響因素。儘管這些理論各有其局限性和批評，但它們為後續傳播研究提供了重要的基礎，對我們理解傳播現象和應用傳播理論具有深遠的影響。

✤ 第三節　第三階段：媒介中度效果論

　　20 世紀 60 年代後期起，傳播學界轉向探索大眾傳播的更全面影響，開始關注知識鴻溝理論、議題設定理論及涵化理論等新的研究方向，這些理論指出，大眾傳播在受眾的認知和行為上具有中等程度的影響力，並非僅有限的效果。

一、知識鴻溝理論

　　1960 年代後期，知識鴻溝理論（knowledge gap theory）由提契納（Phillip Tichenor）、杜那荷（George Donohue）和歐尼（Clarice Olien）

等教授提出。該理論指出，社會高社經地位者比低社經地位者更快獲得資訊，導致知識的不平等，這種不均衡受到傳播技巧、資訊存量等因素的影響。

二、議題設定理論

議題設定理論（agenda-setting theory）源自柯恩（Bernard Cohen）的研究，指出大眾媒體能夠影響人們對特定話題的關注程度，塑造公眾對事件的重要性認知；亦即媒體所塑造的認知環境，將會引導公眾，賦予事件重要性。

三、涵化理論

涵化理論（cultivation theory）由葛伯納（George Gerbner）等學者提出，研究發現長時間觀看電視會使人們對社會現實有一致的、扭曲的看法，尤其是在暴力和犯罪的頻率上。

這三個理論各有其研究重點和貢獻，共同反映了學界對於媒介影響力範圍和深度的逐步認識。這些理論豐富了媒介效果的研究，對理解媒介與社會互動提供了重要視角，儘管遭遇批評，但仍對理解大眾媒體如何塑造公眾認知和行為具有重要價值，並持續引導著後續的媒介效果研究。

四、小結

本節介紹了媒介中度效果論的三個重要理論：知識鴻溝理論、議題設定理論和涵化理論。這些理論開啟了對大眾傳播更全面影響的探索，揭示了媒體對受眾認知和行為的中等程度影響。儘管存在一些批評，但這些理論為理解媒介與社會互動提供了重要視角，並對後續的研究產生指導作用。

第四階段：傳播效果研究匯流時期

　　自 1970 年代末期至今，傳播研究進入了匯流時期，呈現跨學科整合的新局面。此時期的研究不僅聚焦於媒介的認知效果，還結合了行為科學與人文學科的進展，強調綜合的研究方法。尤其隨著現代社會對「社會關係」的研究興趣增加，「網路分析」成為重要的研究方向，突顯了閱聽人在社會網絡中的地位，並指出閱聽人不是被動接受者，而是多重社會網絡中的積極參與者。這一時期的研究認為，由於社會網絡的存在，媒介的影響力受到人際關係強弱的調節。

　　1970 年代末期，傳播研究亦開始探討媒介如何對「真實的社會建構」（social construction of reality）產生影響。學者們認為，媒介不僅能夠塑造媒體真實與社會真實之間的差異，還能深刻影響社會公眾的認知。因此，傳播研究應從閱聽大眾、社會結構和媒體三者的交互作用來進行全面考量。

　　在這一階段，主要理論包括諾爾紐曼（Elisabeth Noelle-Neumann）的「沉默螺旋理論」（spiral of silence theory），以及狄佛爾（M. L. De-Fleur）與博羅奇（S. Ball-Rokeach）的「媒介依賴理論」（media dependency theory）。

一、沉默螺旋理論

　　1974 年，諾爾紐曼（Elisabeth Noelle-Neumann）提出了沉默螺旋理論，這一理論源於對西德大選的事後分析，發現媒體對民意具有顯著影響。理論假設認為，人們因害怕被孤立，往往選擇在公開討論中沉默自己與多數意見不符的觀點，這導致了一種看似多數的觀點得到強化的現象。此理論突破了之前的研究，將媒介效果的研究範疇從短期、顯性效果轉向了長期、隱性的社會認知影響。

二、媒介依賴理論

1976 年，狄佛爾（M. L. DeFleur）與博羅奇（S. Ball-Rokeach）提出媒介依賴理論（media dependency theory），強調在現代社會中，公眾對媒介的依賴程度非常高，尤其是在訊息需求迫切時。這一理論認為，閱聽人、媒介和社會三者形成了一個相互依賴的關係，這種依賴關係直接影響媒介的效果。在社會結構不穩定或變遷時，媒介的影響力增強；反之，在社會穩定時，其影響力相對減弱。這一理論將媒介研究的視野，從單一媒介效果擴展到社會結構和歷史背景的綜合分析。

這兩大理論不僅深化了學者對媒介影響的理解，也標誌著傳播效果研究的轉向，從對媒介影響力的簡單判斷，到探討媒介與社會結構、個體行為的複雜互動。儘管這些理論各有其批評，例如：沉默螺旋理論（spiral of silence theory）被批評過度強調害怕孤立的心理作用，而忽略了其他可能的社會行為動力；媒介依賴理論則可能被看作過度強調媒介的獨立性。然而，這些理論無疑提供了寶貴的視角，促進了對傳播現象更全面深入的研究。

三、小結

傳播效果研究在第四階段進入了匯流時期，此時研究呈現跨學科整合的新面貌。跳脫了以往僅關注媒介對個體的直接影響，學者們開始結合行為科學和人文學科的方法，全面探索媒介的多元效果。這一時期特別強調了網絡分析的重要性，突顯了閱聽人在社會網絡中的積極參與和主動性。同時，對「社會建構現實」的探討也成為研究的重點，強調了媒介如何影響公眾對現實的認知。在這一階段，沉默螺旋理論和媒介依賴理論（media dependency theory）成為主要的研究模型。沉默螺旋理論突破了以往短期、顯性效果的研究範疇，將焦點轉向了長期、隱性的社會認知影響。而媒介依賴理論則將研究視野，擴展到社會結構和歷史背景的綜合分

析。儘管這些理論受到了批評，但它們爲理解媒介與社會互動，提供了重要的視角和工具，豐富了傳播學的理論體系，並引領後續研究的方向。

第五節 美國行政研究與歐陸批判研究

一、美國行政研究

(一) 美國行政研究的理由

美國行政研究（American Administrative Research）發展至今，主要集中於傳播與政治、經濟的相互作用，特別是商業利益與自由資本主義政治的關聯。自 1970 年代末期以來，學界不僅加深了媒介對認知和行爲影響的探討，還結合了行爲科學與人文學科，形成綜合互補的研究趨勢。當代傳播研究強調閱聽人嵌入於社會網絡中的角色，並指出人際關係限制了媒介的影響力。此外，研究者也探討了媒介在建構社會現實中的作用，並認識到閱聽人具備主動性和選擇性。在此基礎上，從傳播、社會與閱聽人的互動關係全面評估傳播效果成爲主流。同時，自 1960 年代以來，隨著美國政府機構如衛生總署和國家科學基金會的資助，傳播效果的實證研究，尤其是在說服、行爲修正和資訊社會化影響力等方面得到了強化。

(二) 美國行政研究的歷史背景

美國行政研究的起源可以追溯到兩次世界大戰之間與戰後時期，當時的國際局勢驅動了對傳播與大眾媒體的深入研究。大眾媒體被視爲影響公眾意見、說服群眾支持戰爭或和平政策的有效工具。因此，傳播學研究逐漸聚焦於傳播效果，特別是如何利用大眾媒體來改變態度、塑造社會行爲和鞏固國家政策。

美國政府機構在這一時期的參與，也促進了傳播學的發展。從 1960
年代開始，美國政府部門如衛生總署（U.S. Surgeon General）和國家科學
基金會（National Science Foundation）等，開始資助有關新聞傳播和電視
效果的實證研究，這些研究探索了媒體如何影響大眾健康、教育、政治參
與等方面的行為和態度。

(三) 傳播與政治、經濟相互作用的重要性

美國行政研究在傳播學中強調傳播與政治、經濟之間的密切關係，特
別是商業利益和自由資本主義政治的結合。美國的媒體產業在自由市場的
驅動下，依賴廣告收入來支持其營運，這使得媒體在選擇報導內容時必須
考慮商業贊助商的需求。因此，傳播效果不僅是大眾接受訊息的過程，更
是商業力量和政治勢力共同塑造的結果。

這種相互作用可以在以下幾個方面體現出來：

1. 政治傳播中的商業利益

在美國，政治活動和選舉過程與媒體的結合非常緊密。政黨和候選
人利用媒體進行宣傳，塑造公眾對其政策和形象的認知。在這過程中，商
業利益成為關鍵驅動力，因為媒體必須依賴廣告收入來維持營運，而政治
廣告則成為選舉季節中重要的收入來源之一。例如：2016 年美國總統選
舉期間，候選人和政黨投入了大量資金在電視和數位廣告上，這顯示出媒
體、商業利益和政治之間的緊密聯繫。

2. 媒體與經濟政策的相互影響

自由資本主義政治下，媒體不僅是政治訊息的傳播者，還在影響經濟
政策方面發揮著作用。許多經濟政策的推動，如減稅、放鬆管制等，都會
透過媒體傳達給公眾，並塑造他們的態度。例如：2008 年金融危機後，
媒體在傳播政府的經濟刺激計畫和貨幣政策方面發揮了重要作用，這些政
策的推行需要公眾的理解和支持，媒體的傳播效果在其中產生了關鍵作
用。

(四) 美國行政研究在傳播學中的重要性與影響

美國行政研究（American Administrative Research）在傳播學中具有深遠的影響，尤其在傳播與政治、經濟相互作用的探討中扮演了關鍵角色。這一領域的研究透過實證方法分析傳播效果，特別強調商業利益和自由資本主義政治的結合。隨著現代社會中傳播技術的發展，美國行政研究的視角和方法逐漸成為解釋大眾傳播如何影響政治決策、經濟行為和社會意識的主流框架。下文將進行詳細解釋，並透過具體案例展示美國行政研究在傳播學中的重要性和影響。

(五) 實證研究在傳播效果分析中的應用

美國行政研究強調透過實證研究來分析傳播效果，這一方法學在傳播學中產生了深遠的影響。實證研究依賴系統的數據蒐集和統計分析，以驗證媒體內容對大眾行為和態度的具體影響。這種方法有助於將傳播學從理論探討轉向具體的效果驗證，並且提供了有關媒體如何在社會中發揮作用的實證依據。

1. 媒介依賴理論

實證研究的典型應用可見於媒介依賴理論（Media Dependency Theory）。該理論提出，大眾對媒體的依賴程度與其對媒體內容的接受和影響程度相關。當人們在某一特定時期或情境下，如選舉或災難期間，更多依賴媒體獲取訊息時，媒體對其認知與行為的影響也會更大。

例如：2001 年 911 恐怖襲擊事件後，大眾媒體在傳遞有關襲擊背景、政府回應，以及國家安全政策方面的訊息發揮了重要作用。實證研究表明，在危機事件期間，民眾對媒體資訊的依賴性急劇上升，並且此一依賴性進一步影響了他們對美國政府反恐政策的支持程度。

2. 議程設定理論（Agenda-Setting Theory）

美國行政研究還在實證研究的基礎上，推動了議程設定理論的發展。該理論強調媒體在設定公共議程時所發揮的作用，即媒體決定哪些議題應該引起公眾的關注。這一理論基於實證研究的結果，透過分析新聞報導的

頻率和內容，證明媒體可以影響公眾對於哪些問題最為重要的看法。

　　一個典型的例子是氣候變遷議題的報導。實證研究顯示，媒體對氣候變遷議題的報導頻率直接影響了公眾對該議題的重視程度。當媒體更多關注氣候變遷問題時，公眾和政策制定者也會將其放在更高的優先順序上，此進一步促使政府和企業採取應對措施。

(六) 商業利益與自由資本主義政治的結合

　　美國行政研究在傳播學中的一個關鍵概念是商業利益與自由資本主義政治的結合。在自由市場經濟中，媒體機構作為營利性組織，必須透過吸引觀眾和廣告收入來維持其營運。因此，媒體內容的選擇、製作和傳播往往受到商業利益的影響，而這種影響進一步體現了資本主義政治的特性。

(七) 媒體的商品化

　　在商業化的媒體環境中，媒體內容被視為一種商品，必須根據市場需求進行調整。媒體機構在選擇報導內容時，往往會優先考慮能夠吸引廣告商和提高收視率的議題。例如：在美國的新聞報導中，娛樂新聞、名人八卦與體育賽事等內容往往占據了大量篇幅，這是因為此類內容能夠吸引更多的觀眾和廣告投資，從而帶來更高的商業利益。

(八) 商業利益與新聞獨立性的張力

　　在商業利益的驅動下，媒體在報導時往往面臨商業贊助商的壓力，這可能影響新聞的獨立性。實證研究表明，當涉及到與贊助商利益相關的議題時，媒體可能會選擇淡化報導或迴避某些敏感問題，以避免與商業利益發生衝突。例如：在涉及大型跨國公司的負面新聞時，媒體機構可能會因為這些公司的廣告收入而避免進行深入報導。

(九) 實證研究的挑戰與未來發展

　　儘管美國行政研究在傳播學中取得了顯著的成果，特別是在實證研究

方面，但它也面臨著一些挑戰。首先，實證研究依賴大量的數據和資源，這對於小型媒體機構和學術機構來說可能造成負擔。其次，傳播效果的多樣性和複雜性使得單一的研究方法難以全面解釋媒體對大眾的影響。傳播行為往往受到文化背景、社會結構、政治環境等多重因素的影響，因此僅僅依賴實證研究數據可能無法充分考量這些因素。

此外，隨著社群媒體和數位平台的興起，傳統的傳播理論和研究方法面臨挑戰。美國行政研究長期以來集中於大眾媒體的傳播效果，如報紙、廣播和電視等，但現代的傳播環境已經發生了巨大的變化。網際網路與社群媒體讓訊息的傳播更加去中心化和多元化，閱聽人不再只是被動的接受者，他們也成為了訊息的創造者和傳播者，這一點要求傳播學研究方法必須進一步適應和變革。

(十) 實證研究的未來發展方向

在面對這些挑戰的同時，美國行政研究的實證方法仍然具備重要的價值，並且隨著數位時代的發展，有一些潛在的發展方向。

1. 大數據和人工智慧的應用

現代數位技術使得研究者能夠蒐集到更多有關閱聽人行為的數據。大數據技術可以用來分析海量的用戶行為數據，深入瞭解閱聽人如何在不同平台上接收和反應媒體內容。人工智慧技術也可以應用於傳播效果的研究，例如：透過自動化分析社群媒體的內容、評論和互動來理解大眾的態度變化。

例如：在選舉傳播中，研究者可以透過大數據技術分析社群媒體平台上的選民行為，如推特上的推文數量、內容情緒分析等，來預測選民對某位候選人的支持度和政策傾向。

2. 跨平台的傳播研究

傳統的傳播研究往往聚焦於單一媒介，但現代閱聽人則透過多種數位平台獲取訊息。因此，未來的實證研究需要進一步探討多平台之間的訊息交互影響，分析閱聽人在不同平台之間如何轉換，以及如何在這些平台中

塑造其意見和行為。

例如：研究者可以探討當新聞事件發生時，閱聽人如何在電視、社交媒體、網路新聞等不同平台上獲取訊息，並進一步分析這些平台如何影響他們的意見和決策過程。

3. 社會影響的多層次分析

傳播效果不僅影響個體行為，也對整個社會結構產生廣泛的影響。未來的實證研究可以透過社會網絡分析（Social Network Analysis）等方法，研究媒體在不同社會群體中的影響力，並探討不同社會層次的傳播模式和效果。

例如：研究者可以透過分析社交網絡中的影響者（influencers），研究他們在推廣某些觀點或產品時，如何影響其追隨者的行為和態度，並進一步分析這種影響是否會延伸至更大的社會範圍。

(十一) 小結

美國行政研究在傳播學中的重要性和影響，主要體現在它對傳播與政治、經濟相互作用的探討，特別是商業利益和自由資本主義政治的結合。透過實證研究，這一領域為理解媒體在現代社會中的作用提供了堅實的數據支持和理論框架。無論是議程設定理論、媒介依賴理論，還是媒體商品化的現象，都揭示了傳播與社會、政治、經濟之間的複雜互動。

隨著數位時代的到來，傳播學研究必須面對新的挑戰和機遇。大數據、人工智慧和社群媒體的發展改變了傳播效果的範疇和形式，但也為實證研究提供了更豐富的資料來源。未來的研究將需要更加靈活與多元的方法來適應不斷變化的傳播環境，但美國行政研究所建立的實證框架仍將是此一過程中的重要基礎。

透過進一步結合技術進步與跨學科的方法，美國行政研究不僅將繼續在傳播學中發揮重要作用，還將在幫助我們理解現代社會的傳播結構、政治動力和經濟運行機制方面提供更多洞見。

二、歐陸批判研究

(一) 歐陸批判研究的理由

　　歐陸批判研究（European Critical Research）起源於 20 世紀初期，尤其是在社會動盪、政治經濟危機及第一次世界大戰和法西斯主義興起的背景下。該研究致力於對資本主義制度的批判，尤其是關注資本主義社會中人際關係的不平等和意識形態的操控。不同於美國行政研究強調的實證分析，歐陸批判研究從全體主義視角出發，透過對社會結構的深刻批判，揭示資本主義體系如何利用文化工業、教育等機制來強化其統治地位，並扭曲大眾的社會認知。批判理論家如法蘭克福學派的學者指出，資本主義不僅在經濟層面剝削勞動者，還透過文化和媒體進行意識形態操控，使社會不平等現象得以延續。

(二) 歐陸批判研究的歷史背景

　　歐陸批判研究的發展受到馬克思主義思想的深刻影響，特別是在 20 世紀早期的歐洲，經濟蕭條、戰爭與社會危機的加劇促使學者們探討資本主義制度的內在問題。法蘭克福學派在此一背景下產生，成為批判理論的代表。此一學派的學者認為，資本主義透過文化工業的發展，使大眾沉迷於消費主義、娛樂文化，從而削弱了對社會不平等的反抗意識。此一理論強調，現代社會的意識形態操控遠遠超越了經濟層面的剝削，它透過媒體、教育等途徑對大眾的思想進行深層次的塑造，鞏固了資本主義的統治基礎。

(三) 人際關係的不平等與文化工業的影響

　　批判理論指出，資本主義社會中的不平等不僅來自經濟層面的剝削，還深深根植於人際關係的權力不對等。資本擁有者透過控制生產資料，不斷加強工人對其的依賴，這種依賴體現在各個方面，包括勞動力市場的剝削與工作場域中的不平等。此外，資本主義透過文化工業，將消費主義、

競爭和個人成功的觀念灌輸給大眾，使人們無意識地接受現行社會秩序，進一步強化了不平等。

1. 工作場域中的不平等

在資本主義下，工作場域成為了剝削最顯著的場所，工人階級被迫出售勞動力，而資本家則掌控生產資料並獲取利潤。歐陸批判研究強調，此一勞資關係並非平等的契約關係，而是以權力不對等為基礎，工人缺乏對自己勞動成果的控制權，進一步鞏固了不平等的社會結構。

2. 文化工業的影響

法蘭克福學派的學者提出，文化工業透過電影、音樂、廣告等形式，向大眾灌輸資本主義價值觀，特別是消費主義、競爭和個人主義，這些價值觀進一步削弱了大眾對社會不公的批判性思考。這種娛樂產品不僅是商品，也成為意識形態的傳播工具，無形中鞏固了資本主義的統治。

(四) 教育與意識形態的再生產

除了文化工業，教育系統也是資本主義意識形態再生產的重要工具。歐陸批判研究認為，學校透過課堂教學和教材，將資本主義的價值觀內化給學生，使他們相信社會階層的上升完全依賴個人的努力，並忽視了背後的社會結構性障礙。批判理論提倡透過教育改革，培養學生的批判性思維，幫助他們認識到社會中的不平等，並挑戰現行的社會秩序。

(五) 全體主義視角與多重研究設計

歐陸批判研究採取全體主義的取向，強調不僅要關注個體的行為與態度變化，還要分析社會結構對個體行為的深遠影響。這種視角要求研究者將個體行為置於更大的社會背景中進行解釋，並結合多種研究設計，如定量研究和定性研究的結合，以全面理解資本主義社會的運作機制。

(六) 歐陸批判研究的應用與發展

　　歐陸批判研究的核心目標在於揭露資本主義制度下的社會不平等，並促進社會變革。隨著全球化和數位資本主義的興起，批判理論的應用範圍擴展到新的領域，如跨國勞動剝削、數位平台的數據操控等。數位資本主義的發展使得個人數據成為新的資本形式，社群媒體平台利用演算法操控用戶行為，加深了對消費主義的依賴。這一切都要求批判理論進一步適應新的社會現實，並透過多元化的研究方法，探討全球資本主義對社會的深遠影響。

(七) 小結

　　歐陸批判研究在傳播學中具有重要地位，透過深刻批判資本主義制度中的不平等和意識形態操控，它為揭示現代社會中的權力結構提供了豐富的理論基礎。隨著社會的發展，批判理論面臨著全球化和數位資本主義的挑戰，但它仍然在揭露全球資本主義不平等和推動社會變革中發揮關鍵作用。未來的研究需要以更加靈活和跨學科的方式，應對不斷變化的社會環境，並進一步推動社會正義與平等的實現。

結論

　　本節探討了美國行政研究與歐陸批判研究在傳播學中的重要性與影響。美國行政研究側重於傳播與政治、經濟的相互作用，特別強調商業利益和自由資本主義政治的結合，並透過實證研究來分析傳播效果。歐陸批判研究則源於社會動盪背景下，強調資本主義下人際關係的不平等和意識形態的操控，透過全體主義取向和多重研究設計來進行社會批判。兩者各具特色，共同為傳播學的理論基礎和研究方法提供了寶貴的資源，並促進了對媒體效果和社會影響的全面理解。

🌑 第六節　最新傳播效果研究

　　最新的傳播效果研究表明，數位化媒體和社群媒體已經澈底改變了傳播的格局，對訊息的接收與傳播效果產生了深遠的影響。以下是主要的研究成果概述：

一、研究成果

(一) 個人化和多元化的傳播環境

　　數位媒體和社交平台的崛起打破了傳統媒體的壟斷，讓每個人都能制定自己獨特的訊息來源，形成了更加個人化和多元化的傳播環境。

(二) 社群媒體的影響力

　　社群媒體已成為主流訊息交流平台，不僅改變了訊息傳遞方式，還促進了全球範圍內的社會互動和意見表達。

(三) 訊息過濾與選擇性接觸

　　用戶能夠選擇性地接觸與自己觀點一致的內容，這在強化個人信念的同時，也造成了「回聲室效應」（Echo Chamber Effect），其乃指固執己見，只接受支持自身觀點的資訊，排斥異議，導致思想封閉與觀點極化，限制了多元觀點的流通。

(四) 虛假訊息和誤導性內容

　　社群媒體的即時傳播性使得虛假訊息和誤導性內容能迅速擴散，對公眾信任和社會穩定構成挑戰。

(五) 社群媒體對公眾議題與政治參與的影響

　　社交平台不僅塑造了公眾的議題設定，還大力推動了政治參與和社會運動，成為促進社會變革的關鍵驅動力。

二、主要論述

在數位媒體和社群媒體對傳播效果的影響方面，有幾位國際上比較知名的學者以其研究和論述而聞名：

(一) 克雷・薛基（Clay Shirky）

薛基是一位知名的數位媒體學者，他在《鄉民都來了：無組織的組織力量》（*Here Comes Everybody: The Power of Organizing Without Organizations*）等著作中，探討了社群媒體對社會組織和集體行動的影響。他認為社群媒體的興起改變了人們的組織形式和行動方式，從而影響了社會的運作和結構。例如：他描述當源源不斷的伊朗新聞傳向世界各地之時，臉書（Facebook）、推特（Twitter）與 TXTs 如何幫助世界公民接收到受壓迫的難民所需傳達的真正新聞，而不需透過監督者的發布（通常都是非常簡短的發布訊息）。這種由下而上的新聞模式，正在改變現存的政治狀況。

(二) 伊萊・帕里瑟（Eli Pariser）

帕里瑟在其著作《過濾泡沫：網路向你隱瞞了什麼》（*The Filter Bubble: What the Internet Is Hiding from You*）一書中提出了「過濾氣泡」（filter bubble）的概念，指出數位媒體為用戶提供了個性化的訊息篩選，使得用戶更容易曝露在與自己觀點一致的訊息之中，從而導致訊息的片面性和偏見。所謂「過濾氣泡」（filter bubble），又稱為同溫層、個人化資料過濾、篩選小圈圈、資訊繭房（information cocoons）等，是一種網站針對個人化搜尋而提供篩選後內容的結果。網站內嵌的演算法會透過使用者的地區、先前活動紀錄或是搜尋結果，給予使用者想要的或是觀點一致的結果。這種結果可能會導致使用者越來越看不到他們不同意的觀點或資訊，使得認知過於單向，並處於他們的文化、意識形態氣泡之中。

(三) 雪利・特克爾（Sherry Turkle）

特克爾是一位美國社會學家。她是麻省理工學院（MIT）科學與技術社會研究計畫（Program in Science, Technology, and Society, STS）的Abby Rockefeller Mauzé 的教授，她是專注於研究科技對社會和人類關係影響的學者。她在《*Alone Together: Why We Expect More from Technology and Less from Each Other*》一書中，探討了科技和社群媒體對人際關係和社會互動的影響，提出了許多引人深思的觀點和見解。她曾經是最早的網路樂觀主義者，她當年對虛擬社群中「身分認同」的研究，先知式地預言了日後「角色扮演遊戲」的榮景。

但 20 年後，特克爾卻成了一位悲觀主義者，在她網路三部曲的終章《一起的孤寂》（*Alone Together*）一書中，特克爾指出：人們寧願在網路上按讚串聯，卻無法在真實世界中結交朋友；餐桌上的家人各自看著自己的手機，並不交談，要對話也是透過即時通訊軟體打字，並不動口溝通。這樣的數位時代，是內蘊悲劇的福音，還是刺激反思的觸媒？

這些學者的研究和論述為我們深入瞭解數位媒體和社群媒體對傳播效果的影響，提供了寶貴的參考。他們的工作突顯了數位時代下媒體環境的變遷對社會、政治、文化等方面帶來的深刻影響，並促使我們更加關注和理解這些變化對個人和社會的影響。

三、小結

最新的傳播效果研究，突顯了數位化媒體和社群媒體對傳播環境的巨大影響。從個人化和多元化的傳播環境，到社群媒體的影響力，再到訊息過濾和選擇性接觸，以及虛假訊息和誤導性內容的問題，這些研究成果突顯了新媒體時代帶來的挑戰和機遇。此外，著名學者如克雷・薛基（Clay Shirky）、伊萊・帕里瑟（Eli Pariser）和雪利・特克爾（Sherry Turkle）的研究提供了深入的理解和洞察，幫助我們更好地理解了數位媒體和社群媒體，對傳播效果的影響。總之，這些研究為我們提供了重要的參考，促使我們更深入地思考，以及理解媒體環境的變化對個人和社會的

影響。

本章總結

　　傳播效果研究從早期的媒介萬能效果論，經歷了媒介效果有限論和媒介中度效果論的發展，逐步走向多元化和綜合化的匯流時期。美國行政研究和歐陸批判研究分別從不同角度對傳播效果進行了深入探討，而最新的數位媒體和社群媒體研究則揭示了現代傳播環境的複雜性和多樣性。整體而言，這一系列的研究不僅豐富了傳播效果理論，也為我們理解和應對當代媒體環境的挑戰提供了寶貴的見解和工具。

　　本章探討傳播的效果，從早期的媒介萬能效果理論／「子彈理論」（magic bullet theory），到後現代的複雜「相互影響」模型，例如：「兩級傳播理論」（two-step flow theory）。這些理論幫助我們，瞭解全球化與科技如何重新定義訊息流，並引領至下一章的全球傳播討論。

第 9 章 ▶▶▶

國家發展與傳播全球化

　　本章第一部分深入探討國家發展的理論與模式，如現代化理論、社會進步論和發展與依賴理論，分析政治、經濟與文化互動如何推動國家，從傳統走向現代化。此外，還討論了全球化對國家發展的影響，以及其在國際變遷中的策略。第二部分則著重於傳播全球化，探討全球傳播網路如何在不同層面影響社會結構與文化認同，並分析新科技在全球化中的角色，以及文化同質化與多樣性的緊張關係。

✺ 第一節　現代化理論的沿革

　　1945 年，第二次大戰後的現代化理論，是對「自由流通」學說的一種補充，它的觀點是國際傳播是現代化過程和所謂「第三世界」發展的關鍵。現代化理論產生於這樣一種觀念，即國際大眾傳播能用於傳播關於現代化訊息，並將西方的經濟和政治方式，傳達給第三世界新獨立的國家。後來被稱爲「現代化」和「發展理論」的傳播學研究，便是基於這樣一個信念。

一、發展理論（Development Theory）

(一) 現代性的涵義

發展理論起源於現代化（modernization）觀念。在討論現代化之前，我們先界定「現代性」（modernity）一詞。根據社會學者蔡文輝的解釋，現代性包含兩方面：社會結構特質（特殊化、互賴性、普遍性倫理、集權化與民主化）和現代人的人格特質（接受新經驗、應對變遷、意見增長、有效率、注重工藝效能等）。

綜觀兩者，現代性彷彿深受西方社會影響，被視為西方的特徵。艾嘉斯達特（Shmuel N. Eisenstadt）指出，現代性源自歐洲一系列歷史發展，發展理論因此建基於西方文明。

(二) 現代化的意涵

從「現代性」的涵義再說明「現代化」的意義時，我們便很自然脫口而出，所謂「現代化」，便是與西化（westernization）、歐化（occidentalizing）、美化（Americanization）等，視為同義詞，而有的則以工業化（industrialization）、經濟發展（economic growth or development），甚至科技化（technologization）代之，以示客觀。

根據 James O'Connell 教授的解釋，廣義而言，任何社會在整體結構、科技知識、人際互動、個人態度等方面的轉變，被視為現代化，如唐初的日本漢化。

狹義而言，現代化特指受到西方科技與工業主義（Western Technology and Industrialism）影響的傳統社會，在轉型過程中邁向經濟發展與工業化。現代化至少被普遍接受為一種演進過程。

因此，現代化指的，至少有一點為大家所接受，是一種「過程」（process）。也就是說從某種社會特徵或狀況，變成為開發中社會特徵或狀況的路徑。

(三) 社會進步論

社會進步論起源於歐洲，由 16 至 18 世紀的許多思想家，如英國的培根（Francis Bacon）、義大利的維果（Giambattista Vico）、法國的笛卡爾（René Descartes）、杜戈特（Anne Robert Jacques Turgot）、布典（Jean Bodin）、孔多策（Marquis de Condorcet）、聖西門（Comte de Saint-Simon）等人提出。他們認為，社會可以透過科學和理性來實現進步，改善社會的結構和功能。

到了 1960 年代，西方工業國家經歷繁榮，社會進步（social progress）的理念強調經濟、政治和社會的持續增長，並將進步視為必然。美國在這期間因馬歇爾計畫的支持，在多方面成為領導者。

同時，社會學家將社會進化分為三個階段：傳統、過渡和現代，認為現代化標誌著社會從農業基礎向工業和都市化的轉變。學者如孔德（Auguste Comte）、史賓賽（Herbert Spencer）、涂爾幹（Émile Durkheim）等，各自從不同角度闡述了社會由低級向高級發展的理論，強調了從機械性連帶（mechanical solidarity）向有機性連帶（organic solidarity）轉變的過程中，社會結構和功能的進化。

然而，到了 19 世紀，社會進步論受到達爾文（Charles Robert Darwin）的生物演化論影響，社會進步論達到高潮，但逐漸受到批評，尤其在全球化背景下，單一的現代化模式受到質疑。學者尼爾貝特（Robert Nisbet）指出，社會進化論應更關注社會結構的多樣性。

發展典範中，1950 年代至 1960 年代，「發展」被視為經濟增長和現代化的目標。羅吉斯（Everett Rogers）認為發展是社會變遷的一種形式，目標是提高國家收入和生活水平。

勒納（Daniel Lerner）和施蘭姆（Wilbur Schramm）的研究，也強調媒體在國際傳播和發展中的重要性。施蘭姆在《農民的現代化：傳播的影響力》（*Modernization Among Peasants: The Impact of Communication*）一書中列舉發展的特點，如低國民收入、低生產力、小規模商業、高文盲率等。

美國麻省理工學院教授勒納（Daniel Lerner）是早期現代化理論支持者之一，他的研究在 1950 年代調查土耳其、約旦、伊朗，發現媒體接觸有助於從傳統社會轉向現代社會。當時擔任美國史丹佛大學傳播學系主任的施蘭姆（Wilbur Schramm）則強調大眾傳播是通向更廣世界的橋梁，可將新思想、新模式傳播到發展中國家，提高人民期望值。

施蘭姆則是在其著《大眾媒介與國家發展》（*Mass Media and National Development*）一書中，將「發展中」（developing）與「未開發」（underdeveloped）國家，定義為：「每年資本收入為 300 美元，或少於 300 美元的國家」。

除經濟觀點外，社會和心理學家也對「發展」提供獨到見解。例如：赫斯里茲（Bert F. Hoselitz）、羅斯陶（Walt Rostow）、麥克里蘭（David C. McClelland）和海根（Everett Hagen）等人，他們的理論強調個人動機和社會組織對經濟發展的影響，提供了從不同角度觀察社會發展的框架。

總之，發展和社會進步的理解，需要從多元的文化和歷史角度進行研究和評估，這有助於我們更全面地理解不同國家的發展道路，同時也揭示了傳統理論的局限性和批評。

二、依賴理論（Dependency Theory）

(一) 依賴理論的派別與主張

依賴理論雖然存在多個分派，但共同的基本觀念是認為「發展」（development）和「低度發展」（underdevelopment）是全球資本主義體系的一部分，存在相互依賴的結構。有關前述理論的主張，綜合各家學說，可分為以下幾種：

依賴理論主要包含三個派別，這些派別對拉丁美洲的低度發展問題提出不同見解：

第一派，以 ECLA 的學者，如商寇（Osvaldo Sunkel）和費塔杜（Celso Furtado）等為代表，強調結構因素對低度發展的影響。他們批評傳統經濟理論未能解釋拉丁美洲的低度發展，認為核心國家的消費模式灌輸是造

成國家依賴和低度發展的主因。

第二派，以山度士（Theotonio dos Santos）與法蘭克（Andre Gurder Frank）等為代表，提出「都會一衛星」（metropolis-satellites）的觀點，強調發展國家（developed countries）和低度發展國家之間的不平等關係。他們建構出一種都會和衛星的關係，認為都會是交易和剝削的中心，而衛星則是被剝削的邊緣地區。

第三派，以卡多索（Fernando Cardoso）等學者為主，提出「綜合依賴的發展」（associated dependent development）的觀念，認為依賴並不一定阻礙發展，而是依賴國家可以透過合理利用外來資本實現發展。他們強調依賴情境會因為本土利益、政府作為和階級分合的影響而產生變遷，不同國家的政治與經濟互動會影響發展結果。

從上得知，依賴理論提供了多元的觀點，探討了經濟、政治和社會結構對低度發展的影響。不同的派別強調不同的因素，使理論更加豐富和多元。

(二) 現代化理論與依賴理論之比較

現代化理論與依賴理論，兩者之間雖然有許多相互對立的論點，茲綜合學者的看法（潘家慶，1983：60；龐建國，1993：196-200），如表 9.1 所示。

表 9.1　現代化理論與依賴理論比較

	現代化理論	依賴理論
盛行時期	1950 與 1960 年代	1970 年代
發源地	美國	拉丁美洲
思想遠源	涂爾幹與韋伯	馬克斯與列寧
思想進源	Parsons 與發展進化論	Barban 與 Prebish
理論架構	依美方經驗制定出來	從發展中國家個別歷史體驗而歸納出來

表 9.1　（續）

	現代化理論	依賴理論
分析單位	以國家為單位	跳出國家範圍，分析發展中國家與發展先進國家之關係
分析內容	從心理層面探究低度發展的原因	發展中國家的落後，是由於先進國家的剝削
國家發展的本質	先進國家與落後國家相同	先進國家與落後國家不同
國家發展的軌跡	單線進化的	雙軌互斥的
阻礙發展的因素	落後國家既有的社會結構與文化傳統	資本主義世界體系的束縛、依賴的情境
先進國家對落後國家的影響	有利或無害於發展的	有害於發展的
國家發展策略	努力學習吸收兩方國家的技術制度和觀念，歡迎外資企業	自力更生，進行階級革命、採取社會主義發展路線
對未來的態度	充滿希望、只要努力便會有成果	充滿悲觀、保持與先進國家之距離，以策安全

資料來源：作者整理。

三、現代化理論和依賴理論的優缺點

　　現代化理論和依賴理論從不同角度探討社會發展和全球不平等，彼此對立卻也互補。現代化理論起源於美國和西歐，認為社會能透過科技進步和工業化從傳統走向現代，推崇教育和技術創新。相對的，依賴理論起源於拉丁美洲，批評現代化理論忽略了國際結構的不平等，認為發展中國家的停滯是因為對發達國家的依賴。

　　現代化理論把發展視為自主的內生過程，認為所有國家均會經歷相似的發展階段；依賴理論則認為發展是由外部控制的，發展中國家往往被困在一個發展的陷阱裡。現代化理論為內部政策提供指南，如推進教育和工

業化；而依賴理論強調外部策略，主張減少對外部資源的依賴，尋求更公平的全球經濟秩序。

優點方面，現代化理論提供清晰的發展藍圖，重視教育和技術創新；依賴理論則突出國際因素的影響，強調全球結構制約。然而，現代化理論有時過於理想化，忽視了文化和地域差異；依賴理論則可能過於悲觀，忽略了國內政策的改革潛力。

這兩種理論提供了豐富的見解，幫助我們從多角度評估不同國家在全球化時代的發展策略和潛力。理解它們的對立和互補，對於全面評估全球發展策略至關重要。

四、現代化理論案例分析

讓我們來看看幾個引人注目的國家發展案例，它們清楚展示了現代化理論和依賴理論在實際應用中的效果。

首先，南韓從 1960 年代開始推行以重工業和出口為主的發展策略，迅速從以農業為主的國家轉型成為一個先進的高科技工業國家。在南韓政府的主導下，吸引了大量外國投資，並建立起了如現代汽車和三星電子等全球知名企業。令人驚訝的是，從 1960 年代初的 GDP 只有 100 美元左右，到了 2018 年，南韓的 GDP 已經增長到近 3 萬美元。

再來看看新加坡，這個自 1965 年獨立以來，政府就積極推動製造業、服務業和金融業的現代化政策。這些政策不僅推動了經濟發展，還使新加坡的教育系統和法規體系得到現代化，最終使其成為全球最重要的金融中心之一。令人注目的是，新加坡從一個區域性的商業中心，轉變為全球第四大金融中心。

在拉丁美洲，許多國家如阿根廷和巴西曾在 20 世紀中期經歷經濟衰退和外債危機，主要是因為過度依賴外國技術和資本。這些國家的經濟高度依賴出口原材料，例如：石油和礦產，使它們極易受到國際市場價格波動的影響。1980 年代的拉丁美洲債務危機迫使國際貨幣基金組織和世界銀行介入，要求這些國家實施結構調整計畫。

非洲的例子則是一種資源詛咒的情況。許多資源豐富的非洲國家，如奈及利亞和剛果民主共和國，其豐富的自然資源並未能帶來預期的經濟繁榮，反而導致了政治腐敗和資源掠奪。奈及利亞，雖然是世界主要的石油出口國之一，但其人均 GDP 和人類發展指數仍然偏低。

　　這些案例不僅加深了我們對現代化理論和依賴理論的理解，也顯示了這些理論在不同國家和地區的適用性和限制。透過具體的經濟表現和發展結果，這些理論為我們提供了一個框架，用以解釋各國發展差異。同時，這也展現了在全球化背景下，各國如何在自身條件和國際影響因素之間，尋找平衡和發展的方式。

五、歐洲批判理論概覽

(一) 時代背景

　　在 20 世紀 50 和 60 年代，大眾媒體快速崛起，美國晚間新聞吸引了大量關注。當時的社會充滿動盪，從社會抗議到種族衝突再到學生運動，這些事件都讓媒體的政治角色受到廣泛討論。這個時期，批判研究開始流行，學者們開始質疑舊有的行為主義，尋找新的理論視角。

(二) 批判理論與法蘭克福學派

　　1.起源：批判理論源於 1930 至 1970 年間的法蘭克福學派（Frankfurt School, 1930-1970），由阿多諾（Theodor W. Adorno）和霍克海默（Max Horkheimer）等人領銜，這一學派試圖將馬克思主義與當代問題相結合，超越傳統理論的限制。哈伯瑪斯（Jürgen Habermas）從 1970 年代至今，則持續發展這一理論。

　　2.核心假設：批判理論認為現代科學的實證主義忽略了價值問題，導致文化的異化和資本主義社會的問題加劇。學者們利用批判理論分析資本主義社會的各種制度，批評現代文化越來越商業化，人們逐漸失去了追求價值的能力。

3.理論貢獻與批評：早期的法蘭克福學派批評大眾文化削弱了文化價值，但被批評缺乏具體的改革方案。哈伯瑪斯後來強調透過溝通促進社會改革，提出了溝通行動理論。然而，哈伯瑪斯的理論被批評為範圍過廣，缺乏對歷史和社會衝突的充分解釋。

總之，歐洲批判研究提供了一個深刻分析現代社會結構和文化動力的視角。透過持續的理論創新和批判，這一研究領域將繼續在解釋社會變遷和指導社會行動中發揮關鍵作用。

六、歐洲批判研究的分析

探索歐洲的批判研究，我們發現三大關鍵分析路線：結構主義途徑（structural approach）、政治經濟學途徑（political economy approach），以及文化研究（cultural studies）。這些方法不僅看待媒介作為意識形態的代言人，而且揭示了媒介如何在社會中施展影響力，推動理性化社會的發展。

首先，結構主義途徑把文化視為國家意識形態的工具，透過文化來維護階級權力。知名理論家如阿圖賽（Louis Althusser）和葛蘭西（Antonio Gramsci）認為，文化不只是被動地反映經濟狀況，而是積極地參與社會的形塑過程。特別是 Gramsci 的「文化霸權」理論，強調了經濟以外文化和意識形態的權力作用。

接著，政治經濟學途徑專注於國家和經濟之間的互動。學者如波蘭札斯（Nicos Poulantzas）認為，國家在維護資本主義體制中具有一定的獨立性，透過管理社會的階級利益來保持穩定。這一途徑突顯了國家不只是經濟利益的代理，同時透過意識形態影響社會觀念。

最後，文化研究途徑，始於英國伯明罕大學的霍爾（Stuart Hall）和威廉斯（Raymond Williams）等學者的工作，強調媒介是社會關係和政治議題的形塑者。文化研究挑戰觀眾被動接受訊息的觀點，強調觀眾在解讀過程中的主動性，探討他們如何根據自己的社會背景來解碼訊息。

總之，這些批判理論提供了獨特的視角和方法，幫助我們深入理解當代社會的複雜現象，特別是在權力、文化和經濟相互作用的背景下。這些分析工具不僅豐富了我們對社會結構和個人行為的認識，也促進了對社會變革的理解。

七、世界體系理論

　　以下是世界體系理論的歷程：

(一) 從哪裡來？

　　在 70 年代，美國社會學家華勒斯坦（Immanuel Wallerstein）提出了世界體系理論，這理論用來解釋資本主義是如何影響全球的，馬克思和列寧也曾提到，資本主義能夠跨越國界，重新塑造世界。

(二) 進化如何？

　　二戰後，亞洲和非洲的許多國家雖然獨立了，但經濟上的不平等和政治問題依然嚴重。華勒斯坦發展了這個理論，揭示資本主義的根源，指出現代資本主義始於西歐，並形成了一個由核心和邊陲國家組成的依賴體系。

(三) 主要觀點為何？

　　世界體系理論認為，我們應該將全球資本主義看作一個整體，不應只著眼於個別國家。面對經濟危機和政治挑戰，全球資本主義需要由強國來維持秩序。

(四) 影響有多大？

　　這個理論不僅加深了我們對全球經濟和政治互動的理解，還促進了對全球化及其影響的廣泛討論，包括強調全球政治力量的重塑和激發了全球反全球化運動。

這個理論展示了全球結構，是如何塑造各國的經濟和政治命運，並且挑戰了我們對國際關係的傳統看法。隨著全球化的深入，它提供了理解和應對全球問題的新視角。

八、小結

　　隨著技術進步和全球經濟環境的持續變化，現代化理論需要進一步整合新興的社會科技現象，如數位化、人工智慧的應用以及氣候變化對社會結構的影響。未來的研究可以探索這些因素如何重新塑造國家的發展路徑，以及這些變化如何影響不同文化和經濟體系之間的互動。

　　現代化理論的未來發展應更加注重跨學科的方法，結合經濟學、社會學、文化研究和環境科學等多領域的知識，以更全面地理解和預測全球化時代各國的發展態勢。這將有助於形成一個更加靈活和包容的理論框架，能夠適應不斷變化的全球環境。

❀ 第二節　科技理論與社會變遷

一、科技理論

　　科技理論認為大規模科技變革必然引發某些社會領域的轉變。這些時代性科技發明，如蒸氣機、火車、電腦等，會觸發相關領域的改革，但這些改革通常僅限於特定領域，並非涉及所有部門或整個社會。科技理論解釋社會變遷的必要條件，但無法涵蓋充分條件。不同領域的科技發展速度不一，可能導致文化差距，即文化失調。社會需要調適以避免持續的失調，否則可能引發社會不穩定。後工業社會的到來，使科技在塑造社會和文化秩序方面發揮重要作用，例如：麥克魯漢（Marshall McLuhan）的「傳統科技決定論」（traditional technological determinism）主張科技是社會變遷的主要驅動力。

二、後工業社會

　　1973 年，貝爾（Daniel Bell）提出「後工業社會」（The Post Indus-
trial Society）概念，主要強調經濟轉向服務型，產業結構由藍領逐漸轉爲
白領，技術由傳統機器轉向「知識技術」，即以電腦爲核心的問題解決系
統。在後工業社會中，「軸心原則」（axial principles）成爲改革和政策
的主要依據，強調「理論知識」的重要性。理論上預測，未來社會中「科
技階級」將取代「資本階級」，成爲主要統治階級。

三、全球化與社會變遷

　　全球化不僅在經濟領域互相依存，同樣影響媒體。儘管全球化對國際
傳播的影響仍有爭議，新科技已實現全球連結。社會學觀點認爲文化至關
重要。季登斯將全球化（globalization）視爲現代化擴散，延伸至單一國
家體系、全球資本主義、軍事秩序和國際勞動力分工。全球化強調普同性
大於差異性，各國朝向「聚合」，形成統一的「世界社會」。

　　英國社會學家季登斯（Anthony Giddens）將全球化的面向，分爲四
個制度：世界資本主義經濟、民族國家體系、世界軍事秩序與國際勞動分
工，如圖 9.1 所示。

圖 9.1　全球化的面向

資料來源：Giddens, 1990b: 71.

　　自二戰後，國際社會發生劇變，尤其在 1970 年代，第三世界國家感
受到長期依賴美、蘇經濟支援的影響，因此呼籲在聯合國大會中重建「國
際經濟新秩序」（New International Economic Order, 1974）及「世界資訊

新秩序」（New World Information Order）以期抵制新形態的帝國主義——「媒介帝國主義」（media imperialism）。在拉丁美洲學者法蘭克等人批評西方資本主義為新帝國主義的背景下，聯合國教科文組織於 1980 年發布了「麥克布萊德報告」（MacBride Report），正式名稱為「多種聲音，一個世界」（Many Voices, One World），指出了國際新聞流通體系對開發中國家的偏見和不公平現象。全球化導致西方，特別是美國在音樂、出版、印刷、廣播、電影和多媒體所有權（ownership）的集中，強大地塑造其他國家的文化，被第三世界批評為「文化帝國主義」（cultural imperialism），引發本土文化保衛戰。全球性傳播高度階層化（highly stratified），只有擁有豐富資源的跨國公司能從中獲益。

(一) 全球化的統計數據

以下是全球化最新進展和一些相關的統計數據：

1. 數位全球化加速：數位技術如網際網路和社群媒體正在推動世界各地的文化、社會和經濟互動，使全球更加緊密連接。

2. 網路普及達新高：根據世界銀行 2022 年的數據，超過 60% 的全球人口已能夠上網，這是個前所未有的里程碑。

3. 全球化與永續發展：聯合國的永續發展目標（SDGs）正與全球化戰略緊密結合，特別是在提升發展中國家的經濟地位方面。

4. 永續進步但挑戰繼續：聯合國 2023 年的報告顯示，雖然許多發展中國家在達成永續目標上取得進展，但資源短缺和氣候變化依然是大問題。

(二) 經濟全球化的新動態

至於經濟全球化的新動態如下：

1. 貿易戰帶來新挑戰：近年來美中之間的貿易戰對全球供應鏈產生了重大影響，尤其是在保護主義的崛起背景下。

2. **2024 年的貿易政策調整**：隨著全球貿易環境變化，各國正在重新審視自己的貿易策略，以強化本土產業的競爭力。

3. 全球經濟的不均衡復甦：在疫情之後，全球經濟逐漸復甦，但低收入國家的恢復速度仍然較慢。

4. 全球經濟增長預測：國際貨幣基金組織（IMF）2024 年預計全球經濟將保持在 3.2% 左右的增長，但全球經濟仍面臨多重挑戰。

這些最新趨勢和數據不僅展示了全球化的當前狀態，也指出了未來發展中的一些機遇與挑戰。

(三) 社會文化全球化的影響

1. 文化同質化與多樣性：討論全球媒體如何促進文化產品的國際流通，同時也引發了對文化同質化的擔憂。

2. 文化案例：考察流行音樂和電影如何在全球範圍內標準化，同時保留地方特色。

(四) 移民和跨文化交流

分析移民對接收國和原籍國文化的雙向影響。根據國際移民組織（IOM）2023 年的報告，全球移民人數達到了 2.7 億，是 1990 年的兩倍。

透過前述資訊，使得我們將更能深入地探討國家發展和全球傳播的動態，並提供有用的洞察力來理解當今世界的複雜互動，這些最新資料可幫助讀者瞭解全球化在當前世界的作用和影響。

對於全球化與世界文化發展，存在樂觀主義和悲觀主義觀點。樂觀者認為全球化能克服語言和文化障礙，實現人權理想，形成新的「全球文化」；而悲觀者則視之為文化侵略。這兩個觀點過於簡化，因為未理解文化形成、產生和其他文化的交流，以及作為交流行為的結構和變化的過程。

全球化是否繼續向前發展？並以何種形式繼續向前發展？如果吾人將前述交流的工具性，擴大解釋為全球「網路」，以及可隨意利用和擴建的「訊息高速公路」，同時，文化全球化取決於文化力量對比的發展，與交流力量對比基本一致，這顯示出傳播事業也隨著「全球化」轉變。

四、傳播事業的轉變

傳播事業正在經歷顯著的轉變，首要變革來自於科技的革新。科技方面的變革包括信號從類比轉向數位、傳輸方式從同步轉向非同步、傳輸器的多元化、裝備智慧化、品質提升，以及傳播方向由單向播放轉向雙向互動。其次，顧客的角色由被動的聽眾／觀眾轉變為主動的使用者，並由純消費者漸漸轉為資訊生產者或設計者。

地點方面，傳播活動不再僅限於家庭，而是任何地方都能進行。在本質方面，掌控權逐漸轉移到顧客手中，節目時間表不再受限於黃金時段，資金來源由廣告轉向直接來自客戶，廣告風格由誇張轉向講究內容，節目設計趨向資訊性，製作成本降低，產業從大眾傳播媒體轉向分子式媒體（molecular media），經營面由穩定轉向多變，成功的條件從完善的管理轉向有遠見的領導。

值得注意的是，數位化的發展使電腦業、通訊業和資訊內容業之間的分界模糊，同時也使得從事不同行業的數位、文字、聲音、音響、影像、視訊和影片等領域的工作者之間的區別變得模糊不清。

五、小結

科技的進步與社會變遷之間的關係，顯示了科技如何推動社會結構的轉型和文化的發展。從工業革命到訊息時代，科技創新不斷地重新定義人類的生活方式和交流方式，同時也帶來了新的社會挑戰和倫理問題。對這些變遷的研究不僅加深了我們對科技影響的理解，也促進了對未來科技政策和社會調整策略的思考。

✵ 第三節 後現代主義與後現代社會

一、後現代主義（Postmodernism）

人類在時間長河中，不可否認所生活的空間經歷了「社會變遷」，從古老的農業社會轉向工業社會，再到如今的資訊社會。

傳統的農業社會以天為食，務農為生，對自然資源開發有限，環保問題相對簡單。社會重心放在家庭，人際互動以私人和情感為主，信任建立於家族和長老的權威，呈現階級式的忠誠，道德倫理是社會穩定的基石。

現代社會從 17、18 世紀的啟蒙運動開始，強調理性和效率，被視為現代性的特點。進入現代工業社會後，人們紛紛離開鄉村，進入都市追尋工作機會，社會迎來高度發展動能，注重資源開發，核心價值是經濟成長，以工業化生產為手段，透過科技將物質和效率極大化，媒體效應也深入社會體系，與經濟並重，高舉現代化的大旗。

然而，約在 1930、1940 年代，一種與現代主義不同的觀點崛起，強調人類認知的不穩定性和社會的混沌複雜性，即「後現代主義」。後現代主義（postmodernism）的傾向，包括：1.多重不確定性（indeterminacies）：解構。2.普遍內存性（immanences）：人們運用自己創造的象徵記號構建宇宙，虛構與現實交融。

「後現代」一詞最早出現在 1934 年西班牙作家奧尼斯（Cangas de Onis）的著作中，用以描述現代主義內部的反動力量。然而，後現代主義（postmodernism）的崛起更是在 1960 年代之後，逐漸模糊了傳統的界線，開始在哲學、建築學等領域嶄露頭角。

在哲學上，法國的解構主義成為能夠精確描述後現代主義的思潮。它反對整體觀念，強調異質性、特殊性和唯一性。後現代主義這個術語在哲學上模糊而具爭議，可能指涉女性主義、解構主義、後殖民主義等多種觀點。

1960 年代以來，受到後現代主義思潮影響，人類學領域崛起了反思人類學（reflective anthropology）、實驗民族誌（experimental ethnography）、新民族誌（new ethnography）。這些思潮強調文化人類學的研究應該主動反思知識建構和書寫論述的過程，並透過民族誌的書寫方式讓讀者理解和批評。這一派學者稱為「後現代主義人類學」。70 年代末至 80 年代中，後現代主義概念逐漸變得更具整合性和包容性。

　　總之，後現代主義代表著一種與傳統觀念相異的文化現象，尤其在哲學、建築學、人類學等領域展現出多元且複雜的特點。

二、後現代主義的特質

　　後現代主義既是一種藝術創造實踐，也是一種具有深刻影響的理論傾向，後現代主義包含多方面的內涵，其特質由「去中心」化，化為碎片感、無自我意識、歷史意識消除、複製與挪用等方面，分述如下：

　　首先，它強調「去中心」化，拋棄了傳統價值中視為有價的特質，如深度、連續性、原創性等。其次，後現代主義表現為碎片感，將傳統中心視為任意的、空洞的符碼。再者，後現代主義無自我意識，主張「作者已死」（the death of author），使作品成為文本，由讀者參與再創造。此外，後現代主義消除了歷史的作用，追求多元、直接和具體。在方法上，藝術形式如偶發藝術、環境藝術、大地藝術，以及各種行為和表演藝術，去差異化，消除了藝術和觀眾、藝術客體和世界之間的邊界。

　　最後，後現代主義反對現代主義美學，採用拼貼和挪用、反諷和嘲弄消費和景觀社會，同時組合傳統和民間風格，打破了現代主義所強調的原則性、革新性、純粹性和形式性。

　　總之，後現代主義帶來了許多新的觀點和可能性，同時也引發了對於文化、藝術和社會結構的批評。評價後現代主義的未來可能因人而異，端視個人價值觀和對於文化、藝術的期望。

三、小結

　　後現代主義作爲對現代主義的回應和反思，提出了對傳統價值觀、藝術、歷史與文化理解的多元和批判性觀點。這一理論框架強調文化和社會的碎片化、多樣性以及流動性，挑戰了固有的權威與結構，並對身分、眞理和權力的社會建構提出質疑。後現代主義的討論不僅豐富了我們對當代社會變遷的認識，也對處理全球化下的文化和政治問題提供了新的視角。

本章總結

　　綜上所述，本章強調了全球化背景下，傳播與國家發展的緊密連結，以及這些連結如何在不斷變化的全球政治經濟環境中，塑造國家的內部和外部動態。透過對這些複雜現象的學術剖析，本章不僅提供了理論的深入理解，也指明了未來研究和政策制定的方向。

　　本章檢視全球化對傳播的影響，特別是如何將技術，推動到國際間的文化交流與經濟活動。最後，也探討了媒體如何形塑全球議題，爲下一章的數位傳播技術的討論提供背景。

第 10 章 ▶▶▶

數位時代的傳播科技

　　本章分析數位科技如何透過二進位系統轉換、傳輸和處理訊息，從而顯著提升通訊品質和效率，並減少失真與干擾。從摩斯電碼到高階數位音頻的演進，不僅推動了多媒體的普及，也使媒體和日常工具如電視和收音機數位化，豐富了人們的訊息接收和娛樂方式。此外，數位科技還促進了遠距教學和醫療的發展，展現其在現代社會的核心地位。

✵ 第一節　數位科技

　　自從人類開發數位技術，製造出電腦及其周邊設備以來，由於它能用來替代人力，因而可快速、輕鬆又精確地完成文書、會計、計算等瑣碎的紙上作業。因此，數位科技很快地被普遍應用在通訊、金融、教育、醫療、商務、行政等領域，以及與大眾有關的機構中。不僅如此，數位技術已迅速滲透到我們日常生活中的各種電器設備中，如今數位廣播接收器和數位電視機已普遍取代了過去的類比廣播收音機和類比電視機，成為家家戶戶的標準配備。

一、什麼是「數位科技」？

數位科技（digital technology）主要是利用電腦處理的 0 和 1 的數位訊號，來轉換傳統的聲音、影像或文字訊號。這些 0 和 1，就像是訊息世界的基本單元，有點類似生物世界中的 DNA 一樣重要。數位科技讓電腦能播放音樂、顯示彩色圖像，甚至播放電視節目和電影。

科技一詞來自希臘語「technelogia」，「techne」意味著技術和藝術，而「logia」則是研究的意思。所以，科技就是對技術的研究，涉及到資源的轉化以利實際使用。

在傳播領域，數位科技如數位音頻廣播（DAB）解決了類比廣播的限制，提高了音質並允許「多重廣播頻道」與數據服務。數位電視則是電視產業的第三代，提供高品質的視聽效果和多媒體功能。

二、數位科技的演進

數位科技隨著時間不斷演進。傳播學者伊帝爾・德・索拉・普爾（Ithiel de Sola Pool）在《自由的科技》（*Technologies of Freedom*）中提到，傳播從口頭、書寫、印刷到電子媒介，最終進入數位化時代。數位科技基於二進位制（binary）的 0 和 1 來描述訊息，這使得訊號更容易判斷和偵錯。從 19 世紀的摩斯電碼到現代的電腦和網路技術，數位科技已深刻影響人類的傳播方式。

三、數位科技的特色及優缺點

數位訊號與類比訊號不同，它是由離散的 0 和 1 構成。這使得數位訊號在傳輸過程中具有高準確度和重複性，並且抗干擾能力強。但數位訊號需要轉換成類比訊號來處理原始的聲音和影像，這可能導致一些品質損失。

四、數位傳播科技的應用

數位科技因其高效性和便利性，已成為當今媒體訊號的主流。無論是數位廣播、數位電視、數位音響，還是數位圖書館和數位博物館，數位技術的應用都在日益擴展，對工業、商業市場甚至日常生活都產生了深遠的影響。

五、電視數位化的效益

電視數位化後，至少可以獲得以下四個效益：

(一) 在現有的6兆赫（MHz）電視頻道中，可以播放四至六個標準畫質（SDTV）節目，或者播放一個高畫質（HDTV）節目。

(二) **提升服務品質**：改善收視區訊號水準，提升影像畫質，增加音響與視訊服務。

(三) **多媒體服務**：整合通訊與電腦，開闢多元化的業務與商機。觀眾可透過電話與數位電視相互溝通，達成購物、選片等雙向互動功能，也可接入網際網路等數位裝備。

(四) **提高使用效率**：傳輸數位化後，頻譜效率提高。新建數位臺使用UHF頻道，釋出現有VHF頻道，供給公眾通訊使用，充分有效運用頻譜資源。

數位電視的普及不僅在技術上提供了更多的選擇和功能，還為觀眾和業者提供了更多的商業和互動機會。這種數位化轉型不僅提高了媒體內容的品質，還推動了通訊、電腦和娛樂等領域的融合發展。

在全球數位化最新潮流下，有關量子計算應用及 5G 技術的做法，介紹如下：

(一) **量子計算應用**：隨著IBM、Google等公司在量子計算領域的持續投入，量子計算技術已經開始被應用於資料加密和高複雜度問題的解決方案，預計未來將對數據處理速度帶來革命性的提升。

(二) **5G技術**：全球範圍內，如韓國、中國、美國等國家正快速推廣5G
技術，這不僅提高了數據傳輸速度，還降低了延遲，使得物聯網
（IoT）、自動駕駛汽車和遠距手術等應用變得更加可行與高效。

六、小結

　　數位科技不斷推動傳播方式的創新與進化。從 5G 技術加速數據傳
輸，到量子計算提高處理能力，這些先進科技正在塑造一個更快、更互聯
的數位世界。這些技術不僅改變了消費者的互動方式，也為企業創造了前
所未有的營運效率。隨著技術的不斷進步，未來的數位時代將帶來更多跨
行業的應用，從而進一步推動全球經濟和社會的發展。

第二節　寬頻網路媒體產業

一、寬頻網路媒體產業的範圍

　　寬頻網路媒體產業正處於一場翻天覆地的變革中，這一變革源於技術
的不斷進步與發展。隨著寬頻網路傳輸不再受限於單一媒體形式的框架，
而是成為一個融合各種形式媒體的集合體，這意味著人們可以透過同一平
台獲取多樣化的資訊和服務。根據業界專家的最新預測，未來的寬頻網路
將提供包括：資訊、通訊、娛樂、電子商務、遙測、虛擬現實、擴增實
境、遠距醫療、物聯網（IoT）等在內的多種形式的服務，這樣的多元化
服務將大大擴展使用者的選擇範圍。例如：傳統媒體可能僅提供有限的娛
樂服務，而寬頻網路媒體則可以提供更多類型的娛樂，如線上遊戲、串流
媒體平台、虛擬實境體驗等，這些互動性強的服務越來越受歡迎，並且正
在改變人們的生活方式。

　　此外，寬頻網路媒體產業已逐步擴展到現代商業、電信和遊戲等領
域。在政策層面，一些國家已開始將電信和媒體行業整合起來，以應對這

一新興產業的發展。全球資訊公路的建設已使寬頻網路成為人們生活的基礎設施，對全球的經濟、政治、文化和娛樂產生深遠影響。

社區寬頻系統的興起也是寬頻網路產業發展的重要趨勢，這些系統實現了從都市區域網路到家庭的「最後一公里」建設，使居民和商業辦公室能夠享受到寬頻網路服務。政府在建設社區寬頻系統中扮演著關鍵角色，透過制定規則和監管電信服務價格來鼓勵競爭，以確保普通使用者在社區寬頻系統建設中受益。技術供應和內容提供是社區寬頻網路建設的關鍵，而對寬頻服務的需求將推動光纖到府或光纖到樓的投資增加。

在全球寬頻發展的趨勢中，亞洲國家將主導未來寬頻網路產業的發展。亞洲的寬頻用戶數已占全球的近一半，而北美和歐洲則分占較小比例。這表明未來幾年甚至幾十年，亞洲將成為寬頻網路產業發展的重要推動力量。

二、寬頻網路的技術現狀

新傳播科技正在以前所未有的速度迅猛發展，其中寬頻網路（Broadband Network）技術就是其中一大亮點。

全球各國在寬頻發展方面的水平各不相同，寬頻的定義也因此多種多樣。但通常，寬頻的定義是基於其傳輸速率，國際電信聯盟（ITU）建議的標準為每秒 1.5 到 2.0 百萬位元（Mbps）。在我國，骨幹網路傳輸速率達到 2.5Gbps 以上，接入網路能力達到 1 兆的網路就被定義為寬頻網。

從組成結構上看，寬頻網路可以分為骨幹網路（Backbone Network）、都市區網路（Metropolitan Area Network, MAN）和社區接入網路（Community Access Network）。骨幹網路連接城市之間的主幹道，都市區網路是城市內部的高速網路，而社區接入網路則將網路接入居民社區。如今，大多數家庭用戶使用的仍是「數位用戶路線」（DSL）技術。這種技術仍然使用電話線，但傳輸速率高於原撥接上網（Dial-up Internet）。數位用戶路線（DSL）速率通常在數個每秒百萬位元（Mbps），而電話線上網路傳輸速率則不到 64K。然而，接入社區的寬頻網路能夠為用戶提

供 10 至 100 Gbps，上網速度是目前的數倍以上。Gigabit 即「Gigabits per second」，指乙太網路交換機支援至少每秒1千兆位元（Gbps）的傳輸速度。

技術是區分寬頻網路和普通網路的重要標準，而傳輸速率作爲核心技術指標則明確區分了寬頻網路。高速寬頻網路使得許多網際網路上的夢想得以實現。社區寬頻網路提供了方便快捷的網路影像點播、視訊通話、電子商務、網路辦公、遠距醫療和教學等服務。寬頻網路技術的突破也使得傳輸多媒體成爲可能，網路媒體可以發展音訊和視訊業務，特別是視訊訊號，這通常需要較大的網路頻寬。目前，社區寬頻網路有三種接入方式：非對稱數位用戶線路（Asymmetric Digital Subscriber Line, ADSL）、纜線數據機（Cable Modem）和乙太網路技術。

三、整個網路科技在全世界的發展趨勢

在美國和歐洲等地，寬頻網路建設持續進行，主要集中在光纖和有線網路的擴建上，以提供更快速和穩定的上網體驗。同時，智慧化和物聯網技術的應用不斷擴展，促進了家居、城市和工業等領域的數位化轉型。在亞洲地區，如日本和韓國，高速寬頻網路已普及，並且持續推動 5G 技術的發展和應用，以提升網路速度和連接性。此外，新興市場如中國和印度，也在積極推動網路基礎設施建設，並探索人工智慧、大數據和雲端運算等新興技術的應用，以推動經濟和社會的數位化轉型。總體而言，全球網路科技發展呈現多元化和快速演進的趨勢，將爲人們的生活、工作和娛樂帶來更多便利和創新。

四、小結

數位科技不斷推動傳播方式的創新與進化。從 5G 技術加速數據傳輸，到量子計算提高處理能力，這些先進科技正在塑造一個更快、更互聯的數位世界。這些技術不僅改變了消費者的互動方式，也爲企業創造了前所未有的營運效率。隨著技術的不斷進步，未來的數位時代將帶來更多跨行業的應用，從而進一步推動全球經濟和社會的發展。

🌀 第三節　網路廣播

一、網路廣播的定義

　　網際網路與廣電媒體的結合，通常被稱為傳媒共棲現象，這種跨媒體的融合可以分為三種形式：第一種是兩種傳媒因應市場需求或消費者口味而簡單地連結在一起；第二種是各傳媒的生存空間出現重疊的現象；第三種形式則是傳媒特性互相滲透。

　　網路廣播如果單從英文字義上來看，是 ip-multicast，或是 ip-streaming，網路裡的任何訊號，都有一個位址。也就是說，當一個網路電臺裡有五十個聽眾，電臺的 server 就要有五十個訊號，閱聽眾若沒收聽網路廣播，電腦裡不會自動收入，和傳統的 AM/FM 有很大的差別。因此就一個節目在傳統電臺來說，不管收聽的人有多少，其成本是恆定的，越多人聽越好，但是以單純的網路廣播（如銀河互動網）來說，越多人收聽，經營成本反而越大，因為需要更多的伺服器資源和頻寬。所以傳統廣播從事線上即時或隨選播音服務之成本，將是影響傳統電臺架設網路廣播的重要考量因素。

　　第一個出現在網際網路的廣播電臺，是位於美國華府的網際網路廣播公司，1993 年 1 月開始 24 小時全天候的廣播節目播放。有的則認為是1995 年 8 月美國 ABC 廣播網首先利用網際網路進行全球播音，不管如何，當時已大約有 85% 的美國區域性或全國性廣播電臺皆上網播音（鄭嫻慧，1997）。而國內的廣播電臺也從 1995 年後陸續展開網路播音及網站架設的工作，像 ICRT 就是國內第一家在網路播出現場節目的電臺，同時也是第一家可以透過網站看到 ICRT 的 CyberCam 的電臺，也就是說，只要在 ICRT 的網站上就可以看到電臺主持人播音的畫面（莊克仁，1998），而這些網站則提供了公司組織架構介紹、節目表、主持人介紹、節目介紹、留言版、即時新聞、即時節目、24 小時資料庫查詢、隨選視訊／音訊節目等。

根據 Statista、Pew Research Center 與 IBISWorld 等市場研究和報導資料，北美市場的即時網路廣播電臺數量截至 2023 年顯著增長，現在已有數千家電臺在線上提供廣播服務。專屬於網際網路的虛擬電臺數量也大幅增加，目前估計已超過 1,500 家。一般而言，網路廣播電臺有助於推動線上音樂的銷售，並成為數位音樂市場的重要推動力量。

二、網路廣播的設備需求

有關網路廣播電臺的軟硬體需求，可分為硬體與軟體兩方面的要求。

網路廣播是指在網際網路上進行廣播傳輸的一種形式。它融合了網路和廣播媒體的特點，可以分為三種形式：第一種是傳統媒體簡單連接在一起；第二種是各媒體生存空間重疊；第三種是傳媒特性之間的深度融合與滲透。網路廣播與傳統廣播不同，它是基於 IP 群播或串流技術，來傳輸音頻訊號，透過網路實現更靈活的廣播方式。與傳統廣播不同，網路廣播的成本與聽眾人數成正比。美國是網路廣播發展較早的國家之一，其網路廣播公司於 1993 年開始全天候播放節目。在設備方面，網路廣播需要具備電腦硬體設備，並安裝播放軟體，如 RealPlayer 或 Windows Media Player 等。這些軟體使得用戶可以在網路上收聽廣播節目，而播送端則需要編碼器、伺服器和客戶端來傳輸節目。

三、網路廣播的型態

網路廣播主要分為兩種型態：線上收聽電臺和網路播音電臺。線上收聽電臺是指實體電臺利用音效壓縮技術，將節目直接透過網路傳送，例如：飛碟電臺、KISS Radio 等。而網路播音電臺則是專為網路族設計的廣播節目，純粹透過網路播放，如蠻秀廣播電臺、iChannel 等。此外，現有許多傳統廣播電臺已在網路上架設電臺網站，提供節目表、主持人介紹等，但部分網站建置不完善，造成使用者不便。網路播音型態主要有即時播音和隨選播音兩種，前者類似傳統廣播，後者則讓聽眾根據自己的時間上網點選所想聽的節目。在臺灣地區，電臺業者進入網路主要出於廣告、

顧客服務、品牌形象建立和線上銷售等層面的考量。

四、網路廣播經營模式

　　國內廣播電臺進入網路的經營模式通常是實體企業和虛擬網路的結合。這種模式下，電臺是主要的，而網站則是輔助的。對業者和聽眾來說，網路廣播帶來了以下影響：一是突破了傳統電臺的頻道限制，擴大了聽眾市場。二是從單向傳播轉向互動，拉近了聽眾和節目之間的距離。三是網路結合了文字、圖像、聲音和影像的特點，豐富了廣播的內容形式。四是利用網路的便利性，建立了電臺專業資料庫，提供聽眾搜尋服務。五是為了應對付費時代的來臨做好準備，廣播業者的收入模式可能會有所改變。例如：有些聽眾可能願意付費在網路上收聽特定節目。

五、網路廣播的特質與優勢

　　網路廣播具有獨特的特質和優勢。首先，它消除了傳統廣播的地理限制，使聽眾無論身在何處都能收聽。其次，網路廣播以多元化的方式提供資訊，結合文字、聲音、圖片和影像，豐富了聽眾的收聽體驗。此外，它具有互動性，聽眾可透過網站與節目主持人或其他聽眾互動，增加了參與感。網路廣播還使得音樂資訊更易獲得，聽眾可以輕鬆地從網站中獲取曲目、演出者等相關資訊。此外，透過網路廣播網站，廣播業者能夠蒐集聽眾資訊，提供更適合的節目，增強了互動性和服務性。

　　而在優勢方面，網路廣播無需大量設備和設置成本，門檻較低，並且能夠無限制地廣播，全天候提供服務。它還支持隨選播放，方便聽眾隨時收聽，並且節目內容數位化，易於保存和重播。此外，網路廣播結合了網站規劃，提供多元化的資訊交流、銷售通路和廣告空間，有助於節目的推廣和品牌建立。同時，網站社群經營能夠提升電臺的特色和聽眾黏度，加快了收聽族群的拓展。最後，網路廣播可供行動裝置下載收聽，提高了節目的曝光率和使用率。

六、網路廣播的影響

目前，國內廣播電臺透過網路的營運模式主要是以實體企業搭配虛擬網路的形式，即電臺為主、網站為輔。以下是有關網路廣播的影響：

(一) 對業者而言

1. 超越性：透過網路，電臺能夠突破傳統電臺頻道的限制，各種功率的電臺在網路上平等競爭，擴大了聽眾市場。

2. 互動性：從單向播送轉為雙向互動，拉近了聽眾與節目之間的距離。

3. 多元性：網路結合文字、圖形、聲音與影像，豐富了節目內容，提升了聽眾體驗。

4. 專業性：利用網路優勢建立專業資料庫，提供聽眾搜尋服務，如臺北愛樂電臺的古典音樂資料庫。

5. 效益性：因應使用者付費時代的來臨，可能改變傳統廣告收入的情況，例如：華人在海外想收聽家鄉音樂可付費上網收聽。

6. 多樣性：網路廣播電臺的建立，為小型或特色電臺提供了更低門檻的經營方式。

(二) 對聽眾而言

1. 自主性：隨選播放功能讓聽眾能根據自己的時間安排收聽節目，不再受播出時間限制。

2. 選擇性：除了傳統廣播電臺，網路上還有更多的選擇，滿足了不同需求。

3. 即時性：透過網路互動功能，聽眾能即時與節目互動，並獲得即時回應。

4. 便利性：各種資料庫讓聽眾能快速獲取資訊，提升了使用便利性。

根據調查顯示，網路廣播電臺在互動機制方面，以提供 Email、留言板和討論區為主，大多數使用者對互動機制感到滿意，並認為能提高收聽意願。許多聽眾使用互動機制是為了打發時間、獲得新知，或追蹤流行話題和事件。

總之，網路廣播電臺的興起，使得聽眾有更多元的收聽方式，而廣播業者也能透過網路提升節目品質和服務水準，進而擴大市場影響力。

最後，謹將 OTT 平台的崛起之全球最新潮流與雲端遊戲服務做法，介紹如下：

(一) OTT平台的崛起

Netflix、Amazon Prime Video 和 Disney+ 等影音服務，已成為寬頻媒體產業的主流，這些平台透過提供原創內容和高品質的串流服務，重塑了全球娛樂和媒體消費的格局。

(二) 雲端遊戲服務

隨著 Google Stadia 和 Microsoft 的 Xbox Cloud Gaming 的推出，雲端遊戲因其無需高性能硬體的特性，正逐漸改變遊戲產業的運作方式，提供用戶更加靈活和便捷的遊戲體驗。

七、小結

網路廣播透過播客和智慧助理等技術，顯著改變了人們收聽新聞、音樂和故事的方式。這種數位化轉型不僅提高了內容的隨手可得，還增強了用戶的互動性和量身打造體驗。播客的多樣化內容和智慧助理的便捷操作，正逐步成為日常生活中不可或缺的一部分，預示著未來廣播媒體的發展方向將更加注重客製化和用戶參與。

✸ 第四節 　網路電視

一、網路多媒體壓縮技術

　　隨著數位時代的到來，網路上的多媒體內容日益增多，這也促使了影音壓縮技術的發展。這些技術不僅可以有效地壓縮大型影音檔案，同時也保持了較高的品質。國際標準化組織（ISO）與國際電報電話諮詢委員會合作成立了影像專家群（Joint Photographic Experts Group, MPEG），成為了當今影音壓縮的主要標準。

　　MPEG 主要有 MPEG1、MPEG2、MPEG3、MPEG4 和 MPEG7 等五種格式。其中，MPEG4 為針對不同應用場景下的音視訊壓縮需求，例如：視訊電話服務。它的目標是為多媒體應用提供一個整合的標準，例如：虛擬實境、合成音樂和自然影像與電腦動畫的合成。此外，MPEG4 還可以將畫面分成不同的物件，並根據其屬性採取不同的壓縮方式，進一步提高了壓縮效率。而 MPEG7 則是對大量的圖像和聲音訊息進行標準化描述，以便進行管理和搜尋。

　　網路電視的發展依賴於這些先進的壓縮技術，它們使得在網路上播放高品質的影音內容成為可能。

二、網路多媒體串流技術

　　網路多媒體串流技術在影音傳輸方面起著關鍵作用。隨著數位化時代的到來，這項技術得以迅速發展，讓使用者能夠透過網路輕鬆地觀看或聆聽各種媒體內容。從黑白電視到有線電視和付費電視的發展，觀眾對於節目的選擇權逐漸增加。直到 1985 年推出的計次付費頻道和 1990 年的近乎隨選視訊服務，才真正使觀眾擁有了自主選擇節目的權利。

　　網路多媒體串流技術主要依賴影音串流伺服器，將多媒體檔案透過網路傳輸至使用者端，再透過播放軟體讓使用者播放內容。在 2000 年代初期，由於缺乏統一的規格，使用者主要使用三種常見的串流規格：Windows Media Technologies、Real Media 和 QuickTime。這些技術可以提供即時視訊（Real-time Video）和隨選視訊（Video on Demand）兩種類型的串流。

在美國，公共電視臺（PBS）與三大電視網合作，將部分節目片段放在網站上，同時有線電視臺如 CNN 和美國聯播網也提供網路電視服務。

在臺灣，網路電視的發展相對落後，但隨著網路技術的普及和影音串流技術的成熟，越來越多的臺灣媒體開始將節目內容放在網路上供觀眾觀看。不過，目前仍然存在著內容豐富度和技術品質方面的挑戰，需要更多的投資和努力來提升。建議臺灣的網路電視平台應該加強內容的創新和多樣性，同時提升串流技術的穩定性和品質，以滿足觀眾日益增長的需求。

三、串流（Streaming）技術成功因素

在臺灣，無線和有線電視都開始提供線上影音服務。1997 年，中華電視率先推出了線上服務，包括即時播放新聞、綜藝節目、戲劇、每日一字和其他節目。這些節目內容豐富，也提供了廣告業者的機會。

串流技術的出現大大節省了用戶下載時間，並且可以統計每個用戶的觀看情況，同時也能保護影音檔的版權。與傳統的類比視訊廣播相比，串流視訊服務之所以成功，主要有以下五個因素：

(一) **成本低廉**：IP群播技術可以較低的成本，將視訊傳遞給大量觀眾。

(二) **利基觀眾**：串流視訊提供了互動、聊天等功能，並且能夠整合多種媒體形式，方便觀眾使用。

(三) **隨選功能**：在網際網路上有大量的資訊可供選擇，觀眾可以透過搜尋引擎找到他們感興趣的內容。

(四) **觀眾成長**：網際網路使用者數量每兩年翻倍成長，吸引了越來越多的觀眾，同時科技的進步也推動了網際網路的發展。

(五) **進入門檻水平**：網際網路對於新進者來說門檻較低，不像其他媒體被大財團所控制。

四、特色

近年來，臺灣在網路多媒體串流技術方面取得了相當大的進步，並呈現以下特色：

(一) **多元化的內容提供**：臺灣的網路多媒體串流平台提供了豐富多樣的內容，涵蓋新聞、娛樂、音樂、戲劇等各種類型，滿足不同觀眾的需求。

(二) **技術創新**：臺灣的串流技術不斷進行創新，採用了先進的影音壓縮技術和串流傳輸技術，以確保高效率的影音播放和流暢的觀看體驗。

(三) **跨平台服務**：臺灣的串流服務不僅限於電腦端，還廣泛應用於智慧型手機、平板電腦等行動裝置上，讓觀眾可以隨時隨地享受影音娛樂。

(四) **專業製作**：臺灣的串流平台也有專業的製作團隊和節目製作公司參與其中，提供高品質的節目內容，使觀眾可以欣賞到精彩的影音作品。

(五) **觀眾參與**：臺灣的串流平台注重觀眾參與，提供互動功能，例如：留言、評論、分享等，使觀眾可以與節目主持人和其他觀眾互動交流。

總之，臺灣的網路多媒體串流技術在內容豐富性、技術創新性和觀眾參與度方面都有著明顯的特色，這也是臺灣在這一領域取得成功的關鍵因素之一。

五、臺灣案例

(一) **愛奇藝臺灣**（iQIYI Taiwan）：愛奇藝是中國知名的影音串流平台，2016年申請在臺灣設立子公司被駁回後，之後透過臺灣代理商「歐鍗鍗」以「愛奇藝臺灣站」的名義營運。平台提供多樣的影視節目，如電影、電視劇、綜藝等，並在臺灣市場上極力行銷其串流服務。然而，由於涉及國安和法律問題，其在臺灣的營運模式也引發了部分爭議。

(二) **LINE TV**：LINE TV是臺灣知名的串流平台，由即時通訊軟體LINE

所提供，提供了豐富的影視內容，包括自製劇、綜藝節目、動畫等。
LINE TV也提供了互動功能，觀眾可以在觀看節目的同時參與討論、
留言等。

(三) **衛視中文台網路平台**：臺灣的衛視中文台也推出了網路串流平台，提
供了包括新聞、娛樂、財經等節目在內的多樣化內容，觀眾可以透過
網路隨時觀看。

　　這些案例展示了臺灣在網路多媒體串流技術方面的應用和發展情況，
同時也反映了臺灣觀眾對於高品質影音內容的需求和熱情。

六、中華電信與MOD

(一) 何謂MOD（Multimedia on Demand）

　　MOD 是指多媒體隨選系統（Multimedia on Demand）服務，它利用
ADSL 的 IP 為基礎，將電視節目以數位方式傳送到觀眾面前，使觀眾可
以隨時選擇自己想要觀看的節目，不受節目時間表的限制。此外，MOD
還具有雙向互動功能，例如：電視購物和觀眾投票等，帶來了商機。

　　在臺灣，隨著數位電視的普及，中華電信等網路業者紛紛推出了
MOD 服務，與傳統有線電視業者展開競爭。中華電信的 MOD（多媒體隨
選系統服務）服務已從早期的 ADSL 寬頻網路升級為光纖網路技術，提
供更高解析度的影像內容，包括 4K 超高畫質的節目。除此之外，MOD
還提供更多互動功能，用戶可以隨選觀看喜愛的節目、進行線上購物、遊
戲互動、串流音樂、下載資料，以及透過跨平台共享功能，在不同裝置上
同步觀看。這些多媒體服務讓用戶能夠更靈活、便捷地享受數位娛樂內
容。

(二) 中華電信經營MOD

　　中華電信的 MOD 服務於 2003 年獲得新聞局決審通過，投資了 10 億
元建立了新的事業山頭。它提供了不同的服務方案，包括基本月費 300 元

的方案，用戶可以觀看約 10 個基本頻道以及自推的其他頻道。2004 年 3
月，MOD 正式開播，並逐步擴大至全臺各地。

然而，MOD 的營運也引起了爭議。有線電視業者對其提出抗議，並
指出其違反了相關法律規定。國家通訊傳播委員會（NCC）要求 MOD 必
須在年底前成為全面開放的平台，不得自營頻道。中華電信在此要求下進
行了調整，並於 2007 年 11 月獲得 NCC 核准，合法上路。

中華電信持續投入 MOD 服務的升級與發展，並擴大其內容合作，推
出更多元的頻道。目前，MOD 已經提供超過 200 個頻道，涵蓋電影、體
育、新聞、戲劇等多類型節目，同時支援 4K 超高畫質與雙向互動功能。
中華電信還積極擴展 MOD 的應用範圍，整合串流服務與雲端技術，提供
用戶隨時隨地跨裝置觀看的服務。未來，MOD 將繼續引入更多國際頻道
與本地化內容，並加強其智慧化功能，如語音控制與個性化推薦，進一步
提升用戶體驗。

這些發展顯示了 MOD 在臺灣市場上的潛力和影響力，但也突顯了在
競爭激烈的市場環境下，其營運所面臨的挑戰和壓力。

(三) MOD的發展及其策略

近年來，中華電信在 MOD（多媒體隨選系統服務）的發展方面已經
做出了一系列的努力和策略調整，以擴大其市場份額並提升服務品質。以
下是中華電信近年來在 MOD 發展方面的主要策略和實例：

1. 拓展覆蓋範圍：中華電信致力於擴大 MOD 服務的覆蓋範圍，以吸
引更多的用戶。他們透過加強基礎設施建設和投資，將 MOD 服務擴展至
全國各地，包括城市和偏遠地區。

2. 提升服務品質：中華電信致力於提升 MOD 服務的品質和用戶體
驗。他們不斷優化平台技術，提高影音流暢度和畫質，並加強客戶服務和
技術支援。

3. 採用新技術：中華電信積極採用新技術，以提升 MOD 服務的功能
和效能。他們導入了微軟的 MSTV 平台，以實現即時換頻等特色功能，

提高用戶觀看影片體驗。

4.與其他業者合作：中華電信與其他影視公司和內容提供商緊密合作，共同推動MOD服務的發展。他們引進了豐富的電影、電視劇、體育賽事等優質影視內容，並與臺灣互動電視合作試播多個頻道，還與美國八大電影公司合作推出更多原創內容，致力於滿足不同用戶的需求。

以上是中華電信近年來在MOD發展方面的主要策略和實例。透過這些努力，中華電信不僅擴大了MOD服務的覆蓋範圍，還提升了服務品質和用戶體驗，為用戶提供了更多元化的娛樂選擇。

最後，謹將互動式和個性化內容的全球最新潮流，以及互動式與4K和8K串流做法，介紹如下：

(一)**互動式和個性化內容**：Netflix的《黑鏡：潘達斯奈基》首創選擇性劇情發展，觀眾可透過選擇不同選項來決定故事走向，這種交互式觀看體驗為未來網路電視的內容創新設定了新的標準。

(二)**4K和8K串流**：隨著技術的進步和寬頻網路的升級，越來越多的平台和製作公司，如YouTube和Sony，開始支持4K甚至8K的高解析度內容串流，以提供更加細膩和沉浸的觀看體驗。

上述例子，展示了數位時代傳播科技，在全球範圍內的最新潮流和創新做法，這些變化正在重新定義傳統媒體產業的商業模式和用戶體驗。

七、小結

網路電視透過提供互動式內容和高品質的影音串流服務，正迅速成為主流的娛樂媒介。從4K到8K的串流技術，再到互動劇集的創新模式，網路電視不僅提升了觀看體驗，也擴展了觀眾的參與度。隨著技術進一步的發展，網路電視預計將持續引領傳播媒體的未來，帶來更加豐富和多元的觀看選擇。

本章總結

　　本章深入探討了數位科技對傳播媒體的革新影響。隨著技術如 5G 和量子計算的進步，我們進入了一個更快、更互聯的數位世界。寬頻網路和 OTT 平台重塑了媒體產業，提供即時、高品質的娛樂體驗，而雲端遊戲服務和網路電視，則以高畫質串流和互動內容，成爲主流娛樂方式。同時，網路廣播透過播客和智慧助理，讓訊息的接收和互動，更加個性化和便捷。這些變化不僅提高了媒體的經營效率，也豐富了全球觀眾的消費選擇，更進一步推動社會和經濟的發展。

　　本章深入數位傳播技術，展示當代如何透過網際網路、社群媒體等數位工具進行交流。這些技術改變了資訊的速度與到達的廣度，連接到下一章，以探討這一現象如何形成資訊社會。

第 11 章 ▶▶▶

資訊社會與資訊傳播

　　本章討論資訊社會與資訊傳播的轉變。資訊社會特點
是以資訊生產、處理和分發為核心經濟活動,逐漸形成資訊
密集型組織。過去從狩獵、採集到農業再到工業社會,資訊
角色逐漸擴大,技術如印刷和網路推動社會傳播方式與範圍
的轉變。當前,資訊技術的進步如數位科技,使得媒體和通
訊工具融合,推動了多媒體傳播的廣泛化與效率化。資訊傳
播則涵蓋數位媒體的整合,以及透過網路實現的全球資訊空
間,深化了全球性的互動與瞭解。

✹ 第一節　資訊社會

一、資訊社會的定義

(一) 定義

　　所謂資訊社會即是指一個「以資訊之製造、處理及分配
為主要經濟和社會活動」的社會。在資訊社會中,越來越多
的人都以「資訊工作者」──他們主要的活動即是製造、處理
或分配資訊──的名義被僱用。在社會型態的沿革過程中,
由較早期以農業及製造業為基礎的經濟模式,經過演變後,

成為以操作或處理資訊為主要經濟活動的資訊經濟模式，此即所謂的資訊社會。

(二) 歷史

在農業化之前，社會主要以狩獵和採集為生，知識和技能傳播相對容易，透過口頭傳承，即口傳文化。農業化後，社會形成集中定居的生活形態，產生職業和社會階層。閱讀和寫字能力逐漸變得重要，特定階層開始具有這些能力，並傳承知識。然而，大多數人直到歐洲 14 世紀後才具備閱讀能力，而傳播仍以口頭為主。

工業化前的媒介受限，書籍複製困難，僅少數人能閱讀。工業化及印刷技術的發展改變了這一現象。古騰堡的活字印刷技術帶來《古騰堡聖經》等作品，並使新媒介能夠經濟有效地滿足新讀者需求。輿論概念也逐漸出現，人們開始認識到大眾媒體可能影響輿論形成。例如：1640 年，奧利佛‧克倫威爾（Oliver Cromwell）利用新聞界配合政治活動取得大眾支持。

二、資訊社會進展階段

當前的資訊社會進展階段可以大致劃分為三個主要時期：早期階段、擴展階段，以及成熟階段。這些階段分別代表了資訊技術與社會結構的互動，以及其對經濟、文化和日常生活的影響。

(一) 早期階段（1970年代至1980年代）

早期階段標誌著個人電腦的初步普及，而資訊處理主要局限於大型機構和學術機構。這個時期的社會變遷特徵，在於資訊處理從專業化向日常生活的應用轉移，資訊技術也開始對工作和溝通方式，產生初步影響。例如：美國的 IBM 和 DEC 在這一時期，推出了多款大型計算機，主要應用於大型企業和政府部門的數據處理。在這段時期，計算機的特點是尺寸龐大、價格昂貴，且操作複雜，一般人難以接觸。

這個時期也見證了一些重要技術的出現和發展。例如：個人電腦的問世，如 IBM PC 和 Apple II，儘管它們在當時的價格和性能方面並不十分理想，但為後來的個人電腦發展奠定了基礎。此外，網際網路的雛形也在這一時期出現端倪，雖然它還處於發展的早期階段，但已經開始改變人們的訊息交流和溝通方式。

在這個時期，資訊技術的應用主要集中在商業和科學領域，用於數據處理、訊息儲存和科學計算等方面。然而，隨著技術的發展和普及，人們開始意識到這些技術，對於個人生活和社會的潛在影響，這也為後來的資訊社會的形成奠定了基礎。

總之，早期階段的資訊社會發展雖然起步緩慢，但為後來資訊技術的普及和應用打下了堅實的基礎，同時也預示著資訊時代的來臨。

(二) 擴展階段（1990年代）

擴展階段見證了網際網路開始商業化，並且電子郵件和早期的網際網路服務開始普及。在這個時期，社會變遷表現出資訊流通和存取方式的根本改變，並初步形成了數位差距的問題。例如：美國的 AOL 和康柏（Compaq）等公司在提供網際網路接入的同時，也推動了電子郵件和早期網頁的普及。

這一階段的重要特徵之一是網際網路的商業化。儘管網際網路在其早期階段，主要是由學術界和政府機構使用，但在 1990 年代，隨著商業公司的介入，網際網路開始向普通民眾開放，並逐漸成為了人們日常生活中不可或缺的一部分。這一時期也見證了網路技術的快速發展，從而實現了更快的網路速度和更可靠的連接，進一步推動了網際網路的普及和應用。

此外，這一時期的社會變遷還表現在訊息流通和存取方式的改變上。電子郵件成為了人們之間交流的主要方式，取代了傳統的郵件方式，使得訊息的傳遞更加快捷和方便。同時，早期的網際網路服務（如網站和線上論壇）也開始普及，為人們提供了更多的訊息存取管道和交流平台。

然而，這一階段也曝露出了數位差距的問題。儘管網際網路開始普及，但在許多地區和人群中，對網路的存取仍然存在著較大的限制，這加劇了數位差距的現象，使得部分人群無法享受到訊息化帶來的便利。因此，擴展階段的社會變遷，不僅帶來了技術的普及和應用，同時也突顯了需要解決數位差距問題的迫切性。

(三) 成熟階段（2000年代至今）

成熟階段見證了社群媒體的興起、雲端運算和大數據技術的發展，以及智慧型手機的普及。在這個時期，資訊技術已經成為日常生活中不可或缺的一部分，澈底重塑了社會互動、工作方式和政治參與的模式。例如：社群媒體平台如 Facebook 和 Twitter 不僅改變了人們的交流方式，也對新聞的生產和消費方式產生深遠影響。此外，雲端運算技術的普及使得企業和個人用戶能夠更靈活地儲存和處理數據，進一步推動了商業和科技研發的發展。

在成熟階段，社會變遷的特徵之一是資訊技術已經深入人們的日常生活中。智慧型手機的普及使得人們可以隨時隨地連接到網際網路，從而改變人們的生活方式和消費習慣。此外，隨著物聯網技術的發展，越來越多的物品都連接到網際網路，形成一個智慧化的生活環境，進一步提升生活的便利性和舒適度。

除此之外，成熟階段還見證了資訊技術對工作方式和政治參與的深刻影響。在工作方面，遠距工作和自由業的興起，使得人們不再受制於傳統的辦公室模式，可以更靈活地安排工作時間和地點。而在政治參與方面，社群媒體平台的普及，使得公眾可以更方便地表達自己的意見，參與社會和政治議題的討論，從而促進了民主和公眾參與的發展。

總而言之，成熟階段的社會變遷不僅體現在技術的普及和應用上，同時也表現在對社會結構和生活方式的深刻改變上。這一階段的資訊技術已經不僅僅是一種工具，而是成為推動社會進步和創新的重要驅動力。

隨著資訊科技的迅速發展，我們已步入一個新的時代——資訊社會。這個社會的核心在於資訊的產生、處理、分發和利用，對經濟、文化、政治和社會生活各層面都產生了深刻影響。從 1970 年代的早期資訊處理階段，到 1990 年代網際網路的商業化，以及 2000 年代至今智慧型手機和社群媒體的普及，每一步都加深了我們對資訊技術潛力的理解和利用。

由於資訊社會的發展階段突顯，加上技術進步，在不同時期均引領社會結構的變化。每個階段都有其突破性的技術和相對應的社會調整，這些轉變深刻影響了人們的生活方式和社會運作。

三、工業化時代的大眾傳播媒介

在工業化社會中，讀寫能力普遍提升，尤其在高度工業化的國家，都市居民接受教育以應對職業需求，教育不僅是文明的途徑，也是娛樂的一部分。然而，貧窮和文盲仍是障礙，許多人買不起報紙，使得閱讀能力和社會階級的差距加劇。20 世紀初，對於無法負擔印刷品的移民來說，電影和無線電廣播成為重要的大眾媒介，改變了都市甚至鄉村的文化。

四、大量生產與文化產業

隨著工業化和都市化的發展，媒體與市場融入企業體系，成為盈利的重要部分。廣告業與媒體之間形成了緊密的聯繫，不斷增加的廣告比例顯示了媒體的商業化趨勢。自 1880 年以來，「大量生產的文化」或所謂的「流行文化」，透過書籍、電影、歌曲等媒介向大眾傳播，激發了對文化的廣泛討論。

五、工業化時代的資訊科技

資訊化社會的開端，標誌著從傳統工業社會向以服務和資訊處理為主的社會轉變。資訊成為主要的財富來源，美國和其他先進國家，都在這方面取得快速發展。在後工業化社會中，資訊工作比服務性工作更受重視，從記者到資訊業工程人員，這些職位在經濟中占據了核心地位。

六、全球資訊空間的形成

資訊科技和全球網際網路的擴展，正逐步形成一個不受地理限制的全球資訊空間。在這個所謂的「全球資訊地球村」中，人們可以毫無障礙地進行交流，深化相互理解人工智慧在決策制定中的應用。

最近的研究表明，人工智慧（AI）已被多家企業用於優化決策過程。例如：透過機器學習模型分析消費者行為數據，公司能夠預測市場趨勢並調整市場策略。這種技術的應用不僅提高了決策的效率，還增強了決策的精確度，使企業能夠在競爭激烈的市場中保持領先。

七、新世代的貧富差距——知識鴻溝（knowledge gap）

(一) 資訊力量

隨著資訊科技的飛速發展，資訊的生產、流通和儲存能力大幅提升。西方學者如 Bell（1974, 1979）、Porat（1977）、Druker（1969），以及日本的松田稻次（Masuda, 1981）、伊藤陽一（Ito, 1981），都認為資訊或知識將主導未來社會，並迅速、廉價地供應給每個人。然而，Hepworth 與 Robins 則提出「資訊革命」並非只是科技進步，它還是一個涉及社會、政治和文化的現象，這種進步可能加劇已存在的社會不平等，形成更深的知識鴻溝。

(二) 向下滴效果

傳統上認為西方資本主義經濟發展會帶來「向下滴效果」（trickle-down effect），即經濟成果向下滲透至社會各階層。然而，這種效果並非普遍存在，特別是在一些低度開發國家，經濟成長的利益往往被既有的富裕階層所壟斷，加劇了貧富差距。美國明尼蘇達大學的學者提出「知識鴻溝」（knowledge gap）理論，指出隨著傳播媒介訊息的加速傳入，社經地位高的群體比社經地位低者獲取訊息更快，從而擴大了知識鴻溝。

(三) 知識鴻溝發生原因

　　知識鴻溝主要由以下因素造成：傳播技術的不均衡等接入、個人教育和知識背景的差異、社會經濟地位的影響，以及媒體報導的選擇性。這些因素共同作用，使得高社經地位者在公共政策等重要議題的討論中更占優勢，而低社經地位者則因缺乏相關的接觸和理解而進一步落後。

　　解決知識鴻溝的關鍵，在於教育的普及和資訊科技的公平使用，需要政府、教育機構和社會各界共同努力，確保每個人都能平等地接觸和利用資訊，從而縮小這一代的知識鴻溝。

八、「全球資訊空間」的形成

　　資訊科技和全球網際網路的擴張，正在形成一個以通訊網路、通訊衛星和連線電腦為基礎的全球資訊空間。這個空間不再受地理疆界的限制，使得距離不再是阻礙。在這全球資訊空間中，科技和網路的傳輸使得資訊無國界地流通，人們可以互相通訊，形成一個全球資訊地球村。隨著資訊交流的擴大，人們之間的瞭解加深，有助於以全球性的宏觀角度處理重要的國際性議題，如人口爆炸和能源危機。

九、資訊社會未來的挑戰

　　面對未來，資訊社會和資訊傳播的發展將面臨以下幾個關鍵趨勢和挑戰：

(一) 數據隱私和安全

　　隨著數據成為新時代的「石油」，如何保護個人隱私和數據安全將成為全球性的重要議題。政府和企業需要加強法規制定，同時研發更安全的技術解決方案。

(二) 人工智慧和機器學習的進展

　　人工智慧（AI）技術將在自動化、健康診斷、金融服務等領域發揮

更大作用，但也可能帶來失業和職業結構變化的挑戰。社會需要準備好應對這些變革，透過教育和政策調整來補充人工智慧可能帶來的缺口。

(三) 數位鴻溝的縮小

儘管資訊科技已在全球範圍內廣泛應用，但仍有大量地區和人群未能充分享受到數位時代的紅利。未來需加強對基礎設施的投資，降低數位文盲率，特別是在發展中國家和偏遠地區。

(四) 全球合作與監管

隨著技術創新和資訊流通越來越不受國界限制，全球合作在設定通用的技術標準、網路安全、知識產權保護等方面將越來越重要。國際社會需要共同努力，制定和執行適當的規則和標準。

(五) 教育和培訓的革新

隨著技術的快速變遷，終身學習和技能更新將變得更加重要。教育系統需要與時俱進，不僅教授知識，更要培養學生的批判思維、創新能力和適應變革的能力。

在當今數位化迅速發展的背景下，教育領域的革新正成為一個重要的討論主題。教育技術的應用，如虛擬實境（VR）和擴增實境（AR），被廣泛地引入教室，旨在提高學習的互動性和實用性。然而，目前對這些技術實際應用與成效的探討往往局限於其潛能的描述，缺少對其實際教學成效的深入分析。

1.實際應用與成效分析：首先，當引入如 VR 這樣的先進技術時，學校和教育機構往往集中於技術的新穎性，而不是其對學習成效的實際貢獻。例如：有研究指出，雖然 VR 能夠提供沉浸式的學習環境，但其對於提升學生在科學課程中的理解力和批判性思維能力的效果，尚未有明確的結論。這需要我們進行更多實地的案例研究，例如：分析使用 VR 進行生物解剖教學前後學生的學習成效，以及這些技術如何影響學生的長期學習

成就。

2. 技術在不同教育階段的適用性：其次，技術在不同教育階段的適用性也是一個值得探討的問題。在小學階段，孩子們的社交和情感發展同樣重要。過度依賴數位工具，可能會對這些發展產生負面影響。教師和教育政策制定者，需要找到傳統教學與現代教學方法的平衡點，確保技術的使用不會影響學生的全面發展。

3. 教育不平等問題：再者，技術的應用在教育中，無疑加劇了不同社經背景學生之間的教育不平等。在經濟條件較差的地區，學生可能難以獲得先進的教育技術，這不僅影響他們的學習品質，也限制了他們未來的職業發展機會。政策制定者應該關注如何透過資源的公平分配來解決這一問題，例如：改善偏遠地區的網路基礎設施，提供品質更高的線上教育資源。

透過上述各點的詳細探討，我們不僅可以更深入瞭解資訊科技對教育的具體影響，還能針對存在的問題，提出更加實際的解決策略。這將有助於教育系統更有效地利用技術，真正達到提升教學品質和學生學習成效的目的。

總之，資訊社會的未來充滿機遇也充滿挑戰。技術的發展為提高生活品質和工作效率提供了無限可能，但同時也要求我們在倫理、教育、政策制定等方面進行深思熟慮的決策，以確保科技進步能夠惠及全人類，形成一個更加公正、可持續的全球社會。

十、小結

本節討論了從農業社會到資訊時代的轉變，強調技術演進如何深刻影響訊息的生產與消費，並重塑社會結構。資訊社會的發展，帶來了全球化訊息交流，同時也面臨數位鴻溝、資訊隱私等挑戰。面對未來，我們需關注技術倫理使用、數據保護，並透過持續創新與教育改革，來促進社會公平受益於科技進步。

❋ 第二節 資訊傳播

一、資訊科技的傳播革命

　　20世紀末的第四次傳播革命，在資訊科技的推動下，已深刻影響人類社會各層面，尤其是傳播媒體業。在這個數位時代，距離不再是障礙，聲音、文字和影像能透過數位管道迅速傳送，實現了真正個人化的傳播。電腦、電信和媒體業的交叉整合，正預示著更大規模整合的未來。例如：多媒體出版和有線電視的興起，都是這場革命下新興行業的代表，這不僅為市場創造新利基，也為傳統媒體注入新活力。

二、多媒體的資料類型與應用

　　多媒體是結合文字、圖形、聲音和視訊的資訊呈現方式，提供豐富的用戶體驗。多媒體資料類型包括：

(一) **文字**：如PDF、DOCX格式的文字檔，用於電子書和網站文章。

(二) **圖形**：包括點陣圖（如JPEG、PNG格式）和向量圖（如SVG格式），廣泛用於網頁和平面設計。

(三) **聲音**：如MP3、WAV格式，適用於音樂製作和廣播。

(四) **視訊**：如AVI、MPEG格式的影片，用於電影和網路影音製作。

　　多媒體的製作和分享依賴於多樣的軟硬體設備，如數位相機、麥克風、Adobe Premiere Pro 等編輯軟體，以及儲存和輸出裝置。這些技術和工具的結合，使多媒體成為現代傳播中不可或缺的元素。

三、網路空間

(一) 網路溝通

　　網路溝通透過多種形式利用數位技術，來進行訊息的交流，下列這些方式大大擴展了人們溝通的範圍和效率，並對社會互動模式產生了深遠的影響。

1. 電腦中介傳播（**Computer-mediated Communication, CMC**）：透過電腦和網際網路，用戶可以跨越地理界線，靈活地在全球範圍內進行訊息交換，形成了新的經濟和溝通模式。

2. 同步與非同步（**synchronous and asynchronous**）：這兩種通訊模式分別代表即時和延時互動，讓網路溝通更加多元化和靈活，支持從一對一到一對多的交流形式。

3. 超文本（**hypertext**）：超文本技術允許用戶透過點擊連結，來訪問各種形式的相關資訊，這種技術支持更豐富和自由的資訊探索方式，並增加了匿名性和自動記錄的功能。

(二) 網路媒體

網路媒體利用數位平台進行內容的創造、分享及互動，擴展了傳統媒體的功能，並為用戶提供更多元化的互動和資訊獲取方式。

1. 人際傳播媒體：如透過電子郵件進行的個人傳播，這種方式既可用於私人也可用於專業交流，使得遠距溝通變得簡便而有效。

2. 互動操作媒體：涵蓋從電視遊樂器到虛擬實境等，這些技術提供互動式娛樂和體驗，將娛樂和教育帶入一個全新的互動層面。

3. 資訊搜尋媒體：以網際網路為主，用戶可以透過全球資訊網輕鬆搜尋和獲取全球範圍內的各種資訊，增強學習和研究的便利性。

(三) 網路教育的影響

資訊社會對教育和勞動市場的影響如下：

1. 教育的變革：描繪數位學習工具和平台（如 MOOCs、虛擬教室）如何轉變教育方法和學習環境。提及遠距學習在疫情期間的關鍵作用，以及其對提升全球教育可及性的長遠影響。

2. 勞動市場的轉型：分析遠距工作的興起，以及人工智慧和自動化對不同行業職位的影響，討論這些變化如何要求重新思考技能發展和終身學習。

在資訊社會快速發展的當下，教育和勞動市場正在經歷前所未有的變革。這些變革主要表現在數位學習工具和遠距工作的普及，以及由此對勞動技能需求的根本轉變。特別是在人工智慧和自動化技術，逐步取代傳統職位的背景下，勞動市場的結構和職業發展路徑，都面臨著重大調整。因此，有必要深入探討如何透過教育政策、職業培訓、再教育，以及法律與政策的更新來應對這些挑戰。

1.教育政策與職業培訓：首先，隨著對科技技能需求的增加，教育政策必須重點強化STEM教育和職業技術教育（VET）。政府應增加對這些領域的資金投入，並推動學校與企業的合作，以確保教育與市場需求之間的匹配。德國的雙元制教育系統就是一個成功的案例，它透過結合學校教育和企業實習，有效地培養了學生的職業技能，使他們能夠順利進入勞動市場。

2.再教育與終身學習：對於已在職的勞動力，再教育和終身學習計畫至關重要。這不僅有助於他們學習新技術，還能提升他們的職業競爭力。例如：新加坡的SkillsFuture計畫提供了資金支持，鼓勵成年人參加職業培訓課程，這有助於他們適應快速變化的工作環境。

3.勞動法律與工作合同的更新：隨著遠距工作和靈活工作安排的普及，勞動法律和工作合同的現代化更新成為必需。這包括清晰界定遠距工作的權利和責任，以及保護員工在非傳統工作環境中的權益。更新勞動法律，如確定遠距工作的健康和安全標準，是應對新勞動市場挑戰的重要一步。

總之，資訊社會對勞動市場的影響是多方面的，這要求我們從教育政策、職業培訓到法律調整等各個方面著手，制定全面的策略。透過這些措施，可以更好地準備勞動力面對未來的挑戰，同時也促進整個社會的健康和持續發展

(四) 網路媒體理論

　　網路媒體理論提供了對於如何透過數位平台有效進行溝通和互動的深入洞察。這些理論分析了各種媒介在傳遞訊息、建立社交聯繫，以及影響社會結構方面的能力和限制，從而幫助我們理解網路溝通的心理和社會影響。這些理論不僅指導我們如何選擇適合的溝通工具，還探討了媒介如何塑造人際互動和組織行為。

　　1. 去線索理論（**Cues-filtered-out**）：過去學者曾認為電腦中介傳播難以傳遞社會情境線索，傾向「去人性化」。1986 年，Sproull 與 Kiesler 提出「缺乏社會情境線索假說」，認為社會線索不影響電腦傳播的參與者地位平等。

　　2. 媒介豐富度理論（**Information Richness Theory**）：Trevino 等人（1987）用豐富性描述傳播系統對資訊的負載量，分為豐富與貧乏媒體。電話、面對面傳播豐富，電子郵件為中等。富媒減少不確定性，貧媒適合明確任務。

　　3. 社會臨場感理論（**Social Presence Theory**）：該理論認為媒體越能傳遞多方面訊息，越能產生社會臨場感。電腦中介傳播被歸為低臨場感媒介，但隨科技進步，傳遞方式多元。

　　4. 社會影響理論（**Social Influence Theory**）：該理論強調人們對各種媒介的看法和使用方式受社會因素影響。富勒柯等學者應用此理論研究組織內員工使用電子郵件的行為和態度，提出五項相關因素影響媒介使用行為，即 (1) 媒介使用經驗與技能；(2) 社會性影響；(3) 工作經驗與技能；(4) 工作特性；(5) 情境因素。

　　5. 調適性結構行動理論（**Adaptive Structuration Theory**）：該理論探討行動者和組織結構在互動中對社會結構變化的影響。行動者可透過不同模式在社會系統互動中穩定社會系統，但也可能改變規則和資源分配，強調組織主動調適科技運作以達到特定目標。

6. 電子親密關係理論（**Electronic Propinquity Theory**）：該理論主張透過電腦傳播可建立心理上的親密感覺，包括頻寬、立即回饋、工作複雜度、溝通技巧、溝通規則和溝通管道數量等因素影響親密感。

雖然媒介豐富度理論認為面對面傳播可達到最佳親密感，但在某些情況下，電腦傳播仍能達到滿意效果，電子親密關係理論解釋了此現象。

7. 頻道擴展理論（**Channel Expansion Theory**）：頻道擴展理論強調個人經驗影響對電腦傳播的偏好和豐富度評估。該理論假設使用特定媒介的經驗越豐富，對該媒介的豐富度評價越高。

8. 社會資訊處理模式（**Social Information Processing Model**）：社會資訊處理模式強調社會建構的主觀模式，影響人們對資訊的需求滿足和使用態度。電腦中介傳播的互動過程能發展人際關係，人們可透過互動尋求方式彌補非語文線索的不足。

9. 超人際互動模式（**Hyperpersonal Model**）：超人際互動模式說明了在電腦傳播中如何建立線上印象和關係。透過選擇性自我呈現、接收者過度歸因、非同步的溝通和回饋等因素，傳播者能在有限的線索情境中創造正面印象，並形成強化迴圈（intensification loop）。

以上理論提供了深入瞭解電腦中介傳播，在社會影響途徑中的作用和效果。

四、小結

本節探討了資訊社會如何重塑教育和勞動市場，技術不僅使學習和工作更高效，也帶來隱私和失業等挑戰。更新數據幫助我們全面理解這些影響，為制定未來策略提供指導。同時，虛擬社群作為資訊時代的特徵，跨越地理文化界線，改變了社交方式，促進了全球文化交流與協作。

❋ 第三節 虛擬社群

一、起源

　　虛擬社群，由 Howard Rheingold 於 1993 年提出，指的是在網路上形成的社會集合（aggregation）。這些社群基於虛擬空間（cyberspace），由網路互動、情感交流與長期人際關係組成，具有表達自由、缺乏中心控制等特點。

二、定義與發展

　　虛擬社群是由於興趣、關係或交易而聚集的網路平台，成員們在這裡探討共同話題，並透過自我揭露和互動性，如人機互動（Human-Computer Interaction, HCI）進行交流。這些社群不受地理限制，提供了一個滿足現代需求、拓展社交和生活空間的新型社交結構。

三、特性與特質

　　虛擬社群超越了傳統社區的概念，成員往往以隨機且隱匿的身分參與，突破了時空的限制。這些社群的互動主要透過電子方式進行，例如：社群媒體、討論區等，便於成員快速交流與訊息共享。虛擬社群的主要特質包括：開放性、互動參與和多元全球性。透過網路留言板等形式，這些社群爲全球用戶提供了即時討論的平台，促進了成員間的互動（interactivity）和資訊共享，從而增進共同成長和新的人際關係的建立。

四、形式與影響

　　虛擬社群形式多樣，涵蓋了線上聊天室、社交平台如 Facebook 和 Twitter，以及虛擬世界等。這些平台促進了使用者的即時溝通和深層次互動，提高了社交支持和群體認同感。然而，這也帶來了資料眞實性、個人隱私保護等挑戰。

五、優缺點

　　優點包括增強個人表達自由、便捷的訊息傳播，以及輕易找到志同道合的人。缺點則涉及資料真實性低、個人資料洩露風險，以及網路語言濫用等問題。

　　總之，虛擬社群透過數位技術提供了一種創新的社交和互動方式，不僅豐富了人們的社交生活，也帶來了新的挑戰和風險。隨著技術的不斷進步，這些社群將繼續演化，對社會結構產生深遠的影響。

六、訊息社會對教育領域的影響

　　在訊息社會的發展下，教育領域正經歷著快速而巨大的變化，從教學模式到學習內容，都呈現出與過去截然不同的特徵與樣貌。這一變革不僅在技術的引入可以看得出來，同時也影響著教育理念和學習方式的重塑。

　　隨著科技的進步，傳統的教學方式正在發生巨大變革。透過數位學習平台、虛擬實境（VR）和擴增實境（AR）技術，學生能在虛擬空間中，進行沉浸式和互動式的學習體驗，增強了學習效果。這一技術趨勢不僅提升了教育的靈活性，也使遠距教學成為可行，使學習者能突破時空限制，獲得更為豐富的教育資源。

　　此外，為了適應訊息社會對專業技能的需求，教育機構正在加強對資訊科技、大數據分析、人工智慧等前端領域的課程設計，培養具備高階技術素養的學生。

　　另外，訊息社會也推動了教育理念的轉變。傳統的單向教學，逐漸被自主學習和合作探究的模式所取代，教育機構鼓勵學生在開放的學習環境中，培養創造力和問題解決能力。透過線上討論、課程資料分享和專案合作，學生得以在數位世界中，學習如何在真實環境中學習與運用知識。

　　總之，訊息社會不僅帶來了教育技術的革新，也改變了教育的內容和方式，使學生能夠更好地適應快速變化的社會需求。

七、訊息社會對勞動市場的變革

　　在資訊社會的浪潮下，教育和勞動市場正在經歷深刻的變革，不僅重新定義了學習和工作的方式，也對個人的職業發展路徑產生了顯著影響，不但進一步提升了學習效果，並促成遠距教學的實現。尤其是隨著對編程、數據分析、機器學習等專業技能需求的急劇增加，教育課程和技能培訓，也隨之進行調整，以適應不斷變化的職業需求。

　　在勞動市場方面，自動化和人工智慧的普及正逐步取代一些傳統職業，從而推動勞動市場需求向技術和服務型職業轉移。這一轉變不僅影響了職業結構，也改變了工作性質，使得技術素養成為當代勞動者的重要能力。

　　此外，新冠疫情的爆發加速了遠距工作模式的普及，這對勞動市場結構產生了長遠影響。遠距工作的興起不僅提高了工作場所的靈活性，也使得更多人重新思考工作與生活的平衡，尋求更高品質的生活方式。

　　總之，資訊社會對教育和勞動市場的影響深遠且多元，既帶來了挑戰，也提供了新的機遇。個人和組織需要不斷適應這些變化，才能在快速變化的世界中保持競爭力。

八、小結

　　本節分析資訊社會對教育和勞動市場的影響，展示了技術如何變革學習與工作方式。技術帶來便利與效率的同時，也引發隱私保護與技術失業等問題。透過最新數據和案例，我們能全面理解這些影響，並為未來策略做好準備。此外，虛擬社群作為資訊時代特徵之一，透過網路平台促進了超越地理文化界線的社交，改變社交形式，加強全球文化交流與協作。

本章總結

　　在資訊社會中，技術的快速演進重塑了教育和勞動市場的結構。教育領域中，數位學習工具和平台的融合不僅改進了學習方法，也提升了遠距

教育的可及性。勞動市場上，自動化和人工智慧引起的職業轉變，要求勞動力更新技能以適應新的工作環境。此外，虛擬社群在網路平台的崛起，不僅擴展了人們的社交圈，也強化了跨文化的交流和合作。總之，資訊社會雖然帶來許多便利，但同時也面臨隱私、技術失業等挑戰，需要透過持續的策略調整和教育改革來解決。

　　本章分析資訊社會的特點，強調資訊技術在經濟和文化活動中的中心地位。這些討論為理解網路媒體的角色與影響，並銜接到下一章的網路輿情與網路傳播。

第 12 章 ▶▶▶

網路輿情與網路傳播

本章分別探討網路輿情與網路傳播這兩部分。網路輿情，指透過網際網路所形成的公眾，對焦點問題的態度和看法，這反映了社會的公共意識。網路傳播，則是透過電腦通訊網路進行訊息的傳遞和互動。網路輿情特點，包括大數據（big data）、互動性和多元性等，並對企業和政府的政策反應、品牌形象有深遠影響。理解和利用網路輿情，對於政府和企業管理危機、制定策略至關重要。

✴ 第一節　網路輿情

一、網路輿情的定義

網路輿情是指透過網際網路傳播的大眾對當前生活焦點和焦點問題的態度、言論和觀點的總和，它主要由網路、事件、網友、情感、互動、影響力等六大要素構成。

網路輿情指的是，在網際網路上形成的公眾對於特定議題的意見和情緒的集合。這些意見和情緒，通常透過社群媒體、論壇、部落格等平台表達。網路輿情的形成往往與當前社會焦點、公共事件或特定議題密切相關，能夠迅速聚集大

量關注並產生廣泛影響。

網路輿情分析是一種掌握社會大眾意見的方法，隨著科技進步，已不再限於街頭巷尾，而轉向以網路為主的傳播方式。輿情，即輿論情況，是反映社會大眾共同意見的縮寫，以社群媒體為主的網路平台成為新型態網路輿情的主要傳播場所。

網路輿情的重要性不僅體現在訊息的發布和傳播上，更體現在對社會動態與公共議題的解讀和引導上。透過分析網路輿情，可以清楚地瞭解民眾的需求和期待，即時調整政策和策略，促進社會穩定和發展。

二、網路輿情的發展

網路輿情的發展通常經歷三個階段，茲分述如下：

(一) 形成階段

某事件或話題引起初步關注。在這個階段，通常是一些重大事件、社會焦點或者引人關注的議題首次出現在網路上，引發了一部分網民的注意和討論。這些討論可能來自於新聞報導、社群媒體上的分享和評論，或者是網友們的個人觀點和感受。

(二)擴散階段

訊息迅速在網路上傳播，引發更多人參與討論。在這個階段，隨著網民之間的轉發、分享和評論，原先引起關注的事件或話題開始在網路上迅速擴散，更多的人開始參與到討論之中。這可能導致討論的範圍和深度不斷擴大，形成較大的討論熱潮，吸引了更多網友的關注和參與。

(三)衰退或轉化階段

隨著問題的解決或話題的淡出，輿情逐漸平息，或轉化為更深層次的討論。在這個階段，隨著時間的推移，原先引起關注的事件或話題可能逐漸被人們遺忘，討論的熱度逐漸降低。而對於某些持續存在的問題或話

題，討論也可能轉向更深層次的探討，探究其中的原因、影響和解決方法，進行更具建設性的討論和思考。

總之，網路輿情的形成是一個動態的過程，常常受到事件本身、網路媒體的報導和引導、網民的參與和互動等多方面因素的影響。透過對這一過程的深入分析和理解，可以更好地把握網路輿情的動態特徵，爲相關政策制定和意見引導提供參考依據。

三、網路輿情的特點

網路輿情的特點有六個方面。首先是大數據，這包含資料量龐大、傳播速度快、內容多樣且眞實性待探究。社群媒體提供即時平台，任何人都可即刻表達意見，形成龐大的網路輿情，這種現象就是大數據的體現。

其次，網路輿情具有自由性，網際網路的開放性使得每個人都有發表意見的權利，反映了社會的矛盾和不同群體的價值。

第三，網路輿情具有爆發性，快速即時的特性讓言論風向能在短時間內形成，經過反覆轉發和分享，使負面訊息更快速地傳播。

第四，網路輿情具有交互性，網民之間形成互動，進行討論和爭論，使得各種觀點和意見得以更加集中地反映。再者，網路輿情具有多元性，主題極爲寬泛，並涉及各個領域和層面。

第五，網路輿情還具有偏差性，部分言論可能較感性化和情緒化，甚至可能演變成有害的輿論。

最後，網路輿情具有滲透性，透過普及的行動上網和社群媒體使用，人們能夠隨時隨地關注和參與。網路輿情的影響已超越傳統媒體，成爲當今社會最直接的觀感評價來源。

總之，網路輿情是現代社會中一種重要的公共意識形態表現形式，它透過網際網路的平台，反映了大眾對當前社會問題的態度和觀點。這種形式的輿情更加自由、互動、多元，但也需要謹愼對待其中可能存在的偏差和突發性。

由於網路輿情已成爲社會脈動的敏感指標，對於政府和企業具有參考價值。瞭解其特徵，包括大數據、爆發性和滲透性，有助於更有效地應對輿情變化，維護良好形象，並與民眾建立更緊密的聯繫。

四、網路輿情的應用範圍

網路輿情廣泛應用於以下領域：

(一) 企業品牌管理

對於企業來說，網路輿情是品牌形象管理和危機處理的關鍵工具。透過即時監控網路輿情，企業可以迅速發現與品牌相關的負面評價或新聞，並即時做出回應以控制損失，這也是危機管理的一部分。企業或機構利用輿情監控來即時因應可能的危機，避免事態惡化。例如：一家知名飲料公司發現其產品被錯誤地與健康問題產生連結後，迅速利用社群媒體發布了科學研究報告和消費者正面評價的統計數據，有效地平息了輿論風波，保護了品牌的公眾形象。

(二) 網路輿情的多領域影響

網路輿情作爲現代資訊時代的一個重要現象，已經成爲各個領域不可或缺的資訊來源，對政府監管、企業管理和市場行銷等多個領域，都產生了深遠的影響。

(三) 政府監管與政策制定

在政府監管和政策制定方面，網路輿情提供了一個反映公眾意見和民意的直接管道。政府部門不僅可以透過監測和分析線上的公眾討論，洞察民眾對於當前政策的接受度，以及可能存在的憂慮與抵觸情緒，還能根據輿情回饋，即時調整或制定相關政策。例如：當一項新的稅收政策提出時，政府可以分析社群媒體上的反映，瞭解民眾的擔憂點，從而在正式推出前先進行調整或增強說明，以提高公眾接受政策的程度及其有效執行。

(四) 市場行銷

在市場行銷領域，網路輿情分析是企業瞭解消費者需求和態度、調整市場策略的重要手段。企業可以透過分析消費者在線上的討論，同時透過分析網路輿情，來瞭解消費者需求和市場趨勢，藉以識別產品或服務的潛在需求與市場趨勢。例如：一家時尚品牌透過分析網路上的流行色彩和設計趨勢討論，即時調整了其季度服裝線的設計方向，迅速吸引了目標顧客族群，增強市場競爭力。

總之，網路輿情的應用範圍廣泛，對於政策制定者、企業決策者及市場行銷人員都提供了寶貴的資訊和洞察。透過有效的輿情分析，可以更好地理解並回應公眾的需求和期望，促進社會和諧與經濟發展。

五、實際案例分析

網路輿情在當代社會的影響力不容小覷，它能迅速放大事件的影響，形成公眾輿論的壓力。以下兩個實際案例清楚展示了網路輿情在現代社會中的重要性，以及其對事件發展的影響。

(一) 案例分析一：美國聯合航空公司乘客被拖事件

2017 年，在美國聯合航空的一次飛行中，由於超售席位，航空公司工作人員要求數名乘客自願放棄座位。當時一位醫生拒絕因公務需要下飛機後，他被安保人員硬拉硬拖出飛機，這一過程被其他乘客拍下並迅速在網路上傳播。此事件迅速激發了巨大的公眾憤怒，成千上萬的網民透過社群媒體表達了對聯合航空的不滿和對該乘客的同情。

聯合航空公司最初對此事件的反應被認為冷漠且不適當，這進一步激化了網路輿情，造成了公司形象嚴重損害及股價下跌。面對日益惡化的公眾形象，聯合航空最終發布了正式的道歉聲明，承諾將改善客戶服務，並對受害乘客進行賠償。此事件突顯了網路輿情在危機管理中的關鍵角色，即時且適當的回應輿情是企業危機處理的重要一環。

(二) 案例分析二：寶可夢Go的全球熱潮

　　另一個案例是 2016 年熱門手機遊戲寶可夢 Go 的發布，這是一款結合了擴增實境（AR）技術的遊戲，讓玩家在現實世界中捕捉虛擬生物。遊戲創新的玩法和社交特性迅速吸引了全球數百萬的玩家參與，成為一種文化現象。遊戲的爆紅部分得益於正面的網路輿情，如玩家分享捕捉寶可夢的趣事和遊戲技巧，這些互動增強了遊戲的吸引力和黏性。

　　然而，隨著遊戲的流行，一些與安全和隱私相關的問題逐漸浮現，如不當進入私人財產或敏感地點尋找寶可夢。這些問題引發了負面輿情，促使遊戲開發商美國尼安蒂克進行多次更新，以解決用戶關切的安全和隱私問題，並不斷改進遊戲的社交和互動功能。

　　透過這些案例我們可以看到，無論是處理危機還是推廣產品，網路輿情都能在短時間內達到廣泛影響，並可能對企業或產品造成長遠的影響。有效地管理和利用網路輿情，不僅可以挽救企業危機，也能夠推動產品的成功。這要求企業和機構必須具備快速回應網路輿情的能力，並採取適當的策略來加強與公眾的溝通和互動。

六、輿情分析工具InfoMiner平台簡介

　　企業在理解網路輿情的運作模式後，需要如何從複雜龐大的數據中準確提取最有價值的關鍵數據進行分析呢？這時可以考慮使用 InfoMiner 即時輿情分析平台，一站式解決輿情蒐集、輿情分析和關鍵字追蹤的需求。

　　InfoMiner 即時輿情分析平台是一個先進的輿情監控工具，專為企業設計，以提升他們對網路輿情的理解和反應速度。

　　InfoMiner 即時輿情蒐集平台使用 Python 分散式網路爬蟲技術，涵蓋多個公開網站，包括 Facebook 留言板、PTT 推文等，以確保抓取最精準的輿情資料。同時，透過 IP 位址分析，能夠洞察不同地區的意見和品牌形象，協助企業制定更具地方特色的行銷策略。使用者還可以透過 API 形式，以視覺化的報表呈現蒐集到的資料，更容易進行調整和篩選，滿足

特定需求。

(一) 功能

　　以下是針對 InfoMiner 的功能，比較詳細的說明：

　　1.關鍵字追蹤：使用者能夠設定相關行業的關鍵字，即時追蹤搜尋量、輿情熱度和內容，全面瞭解行業動向。這項功能還可用於競爭對手的搜尋量比較，為企業提供寶貴的市場訊息。

　　2.文章自動分類分群：透過文章摘要功能，將每天的新聞或文章自動總結，節省閱讀時間。同時，InfoMiner 還能根據文章內容進行自動分類，使用者可更方便地閱讀相似主題的文章。

　　3.通知功能：透過 Email 或 LINE 通知，InfoMiner 能將最即時的輿情資訊即時傳遞給使用者。即便離開電腦，也能隨時獲取最新的輿情，有助於及早進行危機管理。

　　在大數據盛行的時代，瞭解自身和競爭對手在網路上的聲勢和討論狀況至關重要。透過 InfoMiner 即時輿情分析平台，企業能夠建構完整的網路輿情系統，從蒐集、分析到追蹤，提高工作效率，更好地實現目標。

(二) 應用場景

　　1.市場趨勢分析：企業可以使用 InfoMiner 來追蹤行業趨勢，分析消費者偏好和市場需求的變化。

　　2.品牌監控：透過關鍵字追蹤和輿情分析，企業可以監控自己品牌的網路聲譽，即時應對負面訊息。

　　3.競爭分析：比較競爭對手的網路聲量和消費者反應，幫助制定更有效的市場策略。

　　4.危機管理：在出現潛在危機時，即時接收通知和分析報告，迅速制定應對策略。

(三) 與其他工具的比較

與市場上其他如 Brandwatch、Meltwater 等輿情分析工具相比，In-foMiner 提供的分散式爬蟲技術與即時通知功能，可能在數據蒐集速度和即時性方面具有優勢。然而，這些平台各有特點：

1. **Brandwatch**：強項在深度分析和情感分析，提供更精細化的情緒識別。

2. **Meltwater**：則以全球覆蓋和多語種支持聞名，適合具有國際業務的大企業。

綜上所述，InfoMiner 是一個功能豐富、適用於快速輿情追蹤和危機管理的工具，特別適合需要即時輿情反饋和有針對性市場分析的企業使用。企業應根據自己的具體需求和資源選擇最合適的輿情分析工具。

(四) 未來展望

對於 InfoMiner 及整個網路輿情分析工具行業的未來展望，以下幾個趨勢可能將顯著影響其發展方向：

1. 進一步的技術整合和自動化：隨著人工智慧（AI）和機器學習（ML）技術的持續進步，未來輿情分析工具將更加強調自動化和智慧化。這包括更精確的情感分析，能夠理解和分析諷刺、隱喻等複雜語境的文本，以及提供更加個性化的分析結果來滿足特定客戶需求。

2. 增強多平台整合能力：隨著社群媒體和其他數位平台的多樣化，未來的輿情分析工具需要更好地整合來自不同平台的數據（包括影像內容、語音數據等），提供一個全面的數據視圖。這需要輿情分析工具在數據整合和跨平台分析能力上進行創新和提升。

3. 即時數據處理與預測建模：企業對於即時數據分析的需求日益增加，預測模型將成為輿情工具的一個重要功能，不僅分析過去和當前的數據，更能預測未來趨勢和潛在危機。這將幫助企業預先部署資源，應對可能的市場變化。

4.隱私保護和數據安全：隨著全球對數據隱私和安全要求的加強，輿情分析工具必須遵守更嚴格的數據保護法規。這意味著這些工具需要投入更多資源來確保數據蒐集、處理和儲存的合規性，並且需要不斷更新其系統以應對法律和政策的變化。

5.擴展到新興市場和行業：隨著全球經濟的發展，新興市場對於輿情分析工具的需求將逐步增加。同時，除了傳統的企業品牌監控之外，健康、教育、公共安全等非商業領域也開始意識到輿情分析的價值，這將拓展輿情分析工具的應用範圍和市場潛力。

綜上所述，InfoMiner 及其同類工具未來的發展將集中於技術創新、多平台整合、數據安全和市場擴展等方面，以更好地服務於日益複雜和動態的市場環境中。

七、網路輿情運用之隱憂

網路輿情的應用帶來了不少利益，尤其對涉及公共利益或企業市場的事務，可以透過適切的應對與回應，更好地理解民眾觀感並採取適當行動。然而，使用網路輿情也需謹慎，可能面臨分析上的風險和運用上的挑戰。

在分析上，過度依賴單一平台容易造成偏頗判斷，因不同社群媒體的特性，爆紅現象可能在不同平台有不同效應。數位落差的存在使得分析資料的母群體不均，難以準確推論整體觀感。

在運用上，社群媒體是多方參與的平台，無法完全控制使用者回饋，可能面臨負面回應。網路輿情的發展受到沉默螺旋與群體極化效應的影響，有強化偏見、僅在同溫層發揮作用、極端化、欠缺有效意見、難以完整雙向溝通的風險。

總之，儘管網路輿情在提升效能、形象宣傳、溝通等方面具備潛力，但仍需謹慎因應分析與運用上的挑戰，以確保其正確、有效地發揮作用。機構與企業在利用網路輿情時，不僅需開放文化，更應小心應對，以因應科技時代的潮流。

八、網路聲量

網路聲量即指人們在社群媒體分享生活或討論區評價所形成的討論量，代表網民對各主題的態度。雖然「網路聲量」、「網路輿情」、「網路口碑」概念相似，但仍稍有差異。網路聲量是指特定主題在網路上的整體討論熱度，是最中立且常用的術語；網路輿情則是指網路上的輿論情況，用於探討社會議題和政治事件；而網路口碑則聚焦於民眾對企業、品牌、產品的評論或想法。

「輿情分析」是建立在網路聲量之上，透過對口碑大數據的分析，瞭解民眾對特定主題的觀點，提供未來策略和經營方向的參考。

網路輿情對企業和品牌至關重要。從網路口碑轉移到線上的影響更深，成為消費者和閱聽人在做消費決策前的首要參考指標。資策會 MIC 的報告指出，除了家人和朋友的推薦外，消費者最信任的參考來源之一是網友在社群媒體或討論區分享的心得，其信賴度甚至高於名人推薦。

即時掌握網路輿情，對企業、品牌及相關利害關係人都是有利的。然而，掌握輿情資料後，如何進行分析和整合成有意義的資訊是一個挑戰。

如何查詢網路聲量？OpView 提供入門版網路口碑查詢平台，允許使用者透過第三方登入，瞭解指定話題在觀測範圍內的輿情表現、參與者的族群輪廓，並提供視覺化的熱門關鍵字文字雲等。企業主或品牌也可使用企業版站台進行完整的輿情分析。

九、小結

綜上所述，網路輿情在當代社會扮演著舉足輕重的角色，對於政府、企業和個人都有著重要意義。適切地應對輿情變化，不僅能夠化解危機，更能促進發展與進步。

✸ 第二節 網路傳播

一、網路傳播的定義

網路傳播是基於電腦通訊網路，實現訊息傳遞、交流和利用，以達到社會文化傳播的目的。它結合了大眾傳播（單向）和人際傳播（雙向）的特點，形成分散回饋型的網狀傳播結構。在這種結構中，任何一個網路都能夠產生和發布訊息，而這些訊息以非線性方式流入整個網路。同時，網路傳播具有人際傳播的互動性，受眾能夠直接快速地回饋訊息和發表意見。受眾在接受訊息時擁有很大的自由選擇度，能夠主動選擇感興趣的內容。此外，網路傳播突破了人際傳播的一對一或一對多的限制，總體上呈現出多對多的網狀傳播模式。

二、網路傳播的優劣勢

(一) 網路傳播的優勢

網路傳播的優勢體現在多方面：

首先，訊息多元化，透過網路傳播，運用了 Flash、視訊、音頻等多種技術，提供讀者強烈的感官刺激和互動體驗。這樣的多元技術表現形式吸引了大量用戶，使其參與內容並感受網路的多元衝擊。網路涉及眾多行業，如遊戲、時尚、汽車、音樂等，使受眾受到更廣泛的影響，並在線上平等地發布訊息和進行討論。此外，匿名性質的線上論壇和聊天室使參與者能夠自由表達意見，突破了傳統媒體的限制。

其次，表現形式立體化，網路新聞利用先進的傳播技術，呈現出更為豐富的新聞訊息，提供讀者更廣泛的閱讀空間。與傳統新聞相比，網路新聞更容易達到立體傳播效果，透過互動關係，讓讀者更清晰、深刻地瞭解新聞內容。

最後，傳播互動化，是網路傳播的特徵和社會意義的集中體現。網路傳播實現了雙向互動，打破了傳統媒體的單向傳播模式，實現了訊息的雙

向交流。網路用戶不僅能夠平等地發布訊息，還能夠參與討論和爭論，具有與生俱來的民主和自由特徵，對傳統媒體構成了有力的衝擊，引發了對現有傳媒體制的反叛和否定。總體而言，網路傳播在訊息多元化、表現形式立體化和傳播互動化等方面都呈現出明顯的優勢。

(二) 網路傳播的劣勢

網路傳播帶來的劣勢主要體現在以下幾點：

首先，網路上的訊息雜亂無章，人們常常接收到一些零散且無系統的知識。網路簡訊充斥著內容豐富的節日祝福、開心笑話等，讓人感到愉悅，但也產生了一些低俗、惡作劇的問題。

其次，網路傳播相對隱蔽，傳播者處於極端隱蔽的位置，這刺激了人們惡意傳播虛假訊息的欲望，使網路充斥著大量虛假訊息。同時，網路上存在大量的色情、暴力內容，對未成年人開放，缺乏保護機制，引起了父母的擔憂。

第三，網路傳播方式屬於「全通道」型，其傳播效率較低，存在著浪費時間的問題。這種情況隨著網路傳播文化的發展有望得到改善。

此外，網路傳播也存在一些對個人發展不利的問題，例如：一些人沉迷於虛幻的網路世界，對現實產生厭惡感，對社會產生危害。即時通訊工具的使用也可能使人陷入狹隘的社群，不利於個人的全面發展。

總之，網路傳播雖然具有互動性、即時性、個性化等優勢，但在訊息品質、隱蔽性、傳播效率等方面仍存在劣勢，需要更多的管理和監管機制。

三、創造正面宣傳能量

進入網路世界，人們的發言尺度可能無所顧忌。因此，能事先掌握社會輿情的動向，便能在其擴大引發實際事件前先制定因應對策，消弭機關或企業危機事件發生的可能性。甚至，也可主動發布與運用網路輿情，來

化解突發事件所造成的負面影響。以下將從不同層面來介紹如何運用網路輿情在既有常態業務工作上，拓展資訊的應用領域。

　　企業應做好資訊保密工作，並善用社群媒體、網路論壇、網路直播平台所提供的搜尋與瀏覽功能，即時掌握網路輿情，從中瞭解社會動向。透過深入探勘網路輿情，企業不僅能有效協助資料保密、防範同業競爭，還能提升企業宣傳，增強工作效能，進一步塑造正面形象，爲企業帶來長遠的利益與發展機會。

　　目前已有許多企業開發出網路輿情分析平台，如 Google 的「Jigsaw」計畫、意藍資訊的「OpView」社群口碑資料庫，以及「DailyView」網路溫度計等提供相關大數據分析資訊，可針對特定網路關鍵字做分析，各家依不同的預算提供不同客製化的報表。一般企業也可以透過網路上既有的分析搜尋工具，針對特定的人、事、物進行分析，進而有效分析網路輿情，應用在企業保防中，提升企業在主流社群媒體上的活動掌握度。

　　社群媒體不僅是可以利用於拓展社交的重要媒介，更有眾多使用者願意把企業或政府機關相關的網路社群加入自己的社群中，從中掌握企業或政府相關資訊。因此，進行政策行銷時能有更多元的行銷方式，使得政策可以透過雙向傳播、互動傳播、參與式活動及回饋傳播等方式，達到更好的政策行銷效益。

　　以政府機關爲例，美國「年度國情咨文」演說會傳達總統接下來政治理念與施政計畫。當越來越多民眾減少電視觀看時間，而選擇從網路看直播新聞，白宮順應此趨勢，利用社群媒體來提高網民對「國情咨文」的關注度，改變傳統對「國情咨文」內容預先保密的做法，預先在各大社群媒體平台公布演說內容，提高人民對「國情咨文」的關注。而目前台灣各政府機關都有成立社群粉絲專頁，宣導機關正面形象、宣導政策及相關法規，彌補傳統官方網站的制式化功能。

四、網路公民參與

近年來，資訊與傳播科技蓬勃發展，尤其是網際網路成本低廉、超越人為疆域、直達個人，被視為直接民主的實踐途徑。學者分為樂觀和悲觀兩派，期望網路提升治理者與人民溝通品質，同時也擔心可能帶來的負面影響。

網路論壇崛起引起對其是否能擔任「公共領域」角色的關注。Wilhelm（1997）認為資訊近用的差異會影響人們參與公共事務的意願，縮短資訊近用差異可使人們平等參與公共事務，展開辯論與對話。

在國內，公部門虛擬社群和網路參與的相關研究已有實證基礎。學者對各級地方政府網站進行初步分析，網路論壇成為政治雙向溝通的重要機制。研究顯示雖然參與者不夠積極，但對論壇滿意，對實現民主理念持肯定態度。更有學者基於審議式民主理論，檢視地方政府網路論壇，認為線上公共論壇具有審議式民主機制的潛力。其他研究以計畫行為理論模型為基礎，探討網路論壇使用者持續參與的關鍵因素，強調態度是影響使用者持續參與的最重要因素。

五、特定人資掌握

網民常利用社群媒體資訊，來提高對環境周遭的瞭解程度。以美國為例，已有相關網站提供查詢特定人在網路世界上的曝露資訊，進而瞭解特定人資：

(一) ThatsThem（美國）

透過電話、電子郵件、地址、位置、社交網路 ID、IP 位置、車輛識別號碼（VIN）等方式，搜尋找到目標人物。

(二) Spokeo（美國）

透過公開記錄和社群網站訊息，提供目標人物的年收入、宗教、配偶姓名、投資狀況、家庭成員等資訊。

(三) Pipl（全球）

　　輸入姓名、電子郵件、使用者帳號或電話號碼，結合位置資訊，搜尋社群媒體、部落格、新聞、電子雜誌等公開網站，獲取目標人物的聯絡資訊、個人資料和社交檔案。

(四) PTT整合查詢

　　PTT 是目前主流年輕世代的網路社群，透過搜尋 PTT 主流版面或相關企業版面的文章和回應，例如：推文、噓文數量，即可反查發文或回應者的相關資訊，判斷是否有特定行為，藉此辨識惡意攻擊，同時掌握年輕世代的談論主題和趨勢。

(五) Facebook整合查詢

　　透過搜尋臉書使用者的電子郵件、手機、帳號，以及使用者曾經去過的地方、按讚的連結、相關的影片、圖片或事件，可以找出使用者的生活資訊及相關連結。同時，追蹤訂閱特定主流粉絲專頁或社團，如「爆料公社」或地區性特定事務社團，即可即時掌握普羅大眾談論的主題。

(六) Dcard整合查詢

　　Dcard 是大學世代的新興主流社群，透過查詢 Dcard 主流熱門討論主題、發文來源的大學群組等相關資訊，企業可以針對特定校園和科系，瞭解該企業相關領域在大學生世代的關注議題。

(七) 地圖整合查詢

　　整合 Google 衛星、Google 街景、Google 地球、Bing 衛星及 Bing 街景功能，透過輸入完整地址或 GPS 資訊，找到相關地圖資訊，特定的地理位置還包括相關評論和人物資訊可供參考。

(八) 同業競爭偵防

　　網路輿情分析不僅適用於企業保防，同時在同業競爭偵防方面也具效果。企業同業往往有相同的市場和消費族群，透過追蹤競爭者在網路輿情的關鍵動態，分析網路主流社群資訊，即可即時瞭解整體市場同業間的發展和網路聲量。

　　網路輿情分析不僅用於蒐集和分析，還能夠在企業置身網路輿情中運用社群媒體協助，積極與社會大眾溝通，強化企業在處理重大危機事件時的應對方式。例如：企業能夠透過社群媒體即時回應爭議，降低危機事件可能帶來的負面影響。

六、未來網路傳播趨勢

　　未來的網路傳播趨勢可能會受到技術創新、社會變遷和政策調整的顯著影響。以下是幾個可能會塑造未來傳播環境的關鍵趨勢：

(一) 更加深入的媒體融合

　　媒體融合將繼續深化，傳統媒體和新媒體之間的界線將進一步模糊。內容將更加多樣化，平台間的互操作性增強，用戶可以透過多種設備和管道接觸到媒體內容。以下是一個實例：Disney+ 和 ESPN 的結合。迪士尼透過其線上串流媒體平台 Disney+ 與 ESPN 合作，提供電影、電視劇和體育賽事的綜合服務，實現了內容多樣化和平台間的互操作性，讓用戶可以在一個平台上獲得多種娛樂體驗。

(二) 人工智慧和自動化的增強應用

　　人工智慧（AI）將在內容創建、個性化推薦、數據分析和客戶服務等方面發揮更大作用。自動化工具可能會提高媒體操作的效率，並引入新的創新方式，如 AI 主導的新聞報導和虛擬實境（VR）體驗。還有另一實例：路透社使用 AI 進行新聞生成。路透社開發了 AI 工具，能自動產生

財經新聞報導，透過分析財務報告和市場數據而快速生成新聞內容，提高了報導的效率和時效性。

(三) 隱私保護和數據安全

隨著數據洩露事件的增加和用戶對隱私的關注加深，傳播行業將面臨更嚴格的數據保護法規，這將推動開發更安全的通訊技術和改進的隱私保護措施。以下一個實例：蘋果公司的隱私政策。蘋果強化了其設備和服務中的隱私保護措施，例如：提供更透明的隱私訊息保護和加強對第三方應用訪問用戶數據的控制，以提升用戶對產品的信任和安全感。

(四) 擴增實境（AR）和虛擬實境（VR）的普及

AR 和 VR 技術的成熟將為用戶帶來沉浸式的媒體體驗。這些技術的應用不僅限於娛樂和遊戲，還將擴展到教育、訓練、遠距工作和社交互動等領域。以下一個實例：IKEA 的 AR 購物體驗。IKEA 推出了一款 AR 應用，允許用戶在自己的家中透過手機或平板電腦虛擬放置家具，幫助消費者在購買前更好地瞭解產品的尺寸和外觀。

(五) 社群媒體的進一步演變

社群媒體將繼續演變，成為訊息和新聞的主要來源。同時，平台將更加重視打擊虛假訊息和提高內容品質，以增強公眾信任。這裡提供一個實例：Facebook 的訊息核查機制。為打擊虛假訊息，Facebook 與全球多個事實查核組織合作，對疑似虛假的新聞內容進行標注和降級處理，努力清理平台訊息環境。

(六) 全球化與本地化的平衡

隨著全球網際網路用戶的增加，傳播內容將更加全球化，但同時對本地化內容的需求也會增強。這將促使媒體公司在全球擴展的同時，更加重視地方文化和語言的適應性。以下即是一個實例：Netflix 的地區訂製內

容。Netflix 投資製作多個國家和地區的原創內容，同時提供多語種的字幕和配音服務，滿足全球用戶的多樣化需求，同時增強地方文化的共鳴。

(七) 使用者生成內容（UGC）的增加

使用者生成內容將繼續在媒體生態系統中占據重要地位。這不僅反映了民主化媒體的趨勢，也促進了從下至上的訊息流通和多元觀點的表達。以下一個實例：TikTok 平台的流行。TikTok 成功的關鍵在於其平台鼓勵用戶創作和分享短影音，透過演算法推薦系統讓優質內容迅速傳播，形成了強大的用戶內容生態系統。

(八) 可持續發展和社會責任

網路傳播行業將更加注重可持續發展和履行社會責任，包括減少環境影響、支持社會公益項目和促進包容性文化。以下提供一個實例：星巴克的可持續發展計畫。星巴克承諾使用可再生材料製作其產品包裝，並實施了咖啡豆採購的公平貿易政策，減少環境影響的同時也提升社會責任感。

以上這些例子顯示，無論是技術創新、法規遵循、社會責任，還是市場策略，未來的傳播趨勢都需要企業和組織在不斷變化的環境中保持敏捷和適應性。

七、小結

網路傳播改變了訊息流動和人際互動，無視地理和時間限制，實現全球即時連接。技術進步帶來新平台，擴大交流形式和參與度。企業有效運用網路傳播可增強品牌影響力，個人則享有展示和表達自我的空間。

本章總結

　　本章探討了網路輿情與網路傳播在當代社會的重要性。網路輿情對政府、企業和個人具有深遠影響，適當應對輿情變化能夠化解危機促進發展。網路傳播改變了訊息流動和人際互動模式，突破地理和時間限制，實現全球即時連接。技術進步帶來的新平台擴大了交流形式和參與度，企業運用網路傳播增強品牌影響力，個人則擁有更多展示和表達自我的空間。本章強調了掌握網路輿情和傳播技術的重要性，對於有效應對現代訊息環境的挑戰至關重要。

　　本章專注於網路輿情與網路傳播，探討數位平台如何影響公眾意見和社會互動。這種對網路影響力的理解，引導我們進入下一章，深入自媒體與新媒體的世界。

13

第 13 章▶▶▶

自媒體與新媒體

　　本章探討「自媒體與新媒體」的概念，以及其在當代媒體環境中的重要性。自媒體，即個人或小型團隊運用數位平台自主發布內容，突破了傳統媒體的局限，使訊息傳播更民主化。新媒體則指透過數位技術傳播的各種媒介形式，如網際網路與社群網站等，其特點包括互動性強、傳播迅速、成本低廉。兩者均顯著改變了訊息消費的模式，強調個性化和參與性，對現代社會的溝通、文化交流及商業行銷等方面產生深遠影響。

❋ 第一節　自媒體

一、自媒體的定義

　　自媒體（we media）是指私人化、平民化、普泛化、自主化的傳播者，以數位平台向不特定的大多數人或特定的個人傳遞規範性及非規範性訊息的新媒體總稱。這個概念於 2003 年由美國新聞學會的媒體中心提出，並在網路技術，尤其是 Web 2.0 的環境下，隨著部落格、微博、共享協作平台和社群網路的興起而逐漸成形。自媒體也被稱為「個人媒體」，

包括 BBS（電子布告欄系統）、Blog（部落格）、YouTube、Podcast（播客）和 Group Message（手機群發）等。

二、自媒體的特色

自媒體以原創意識、原生內容為特點，透過使用數位工具傳遞或散播理念、商品或服務，是一種小型分眾媒體，其特性包括高關注度、高黏性和高互動性。自媒體的形式多種多樣，例如：部落格寫作、社群媒體營運、影片創作、直播銷售等，涵蓋了各行各業的個人和機構。

自媒體的崛起改變了傳統媒體的傳播方式和生態，帶來了一系列特點和優點，這些特點和優點使得自媒體在今天的媒體格局中扮演著日益重要的角色。

首先，自主性是自媒體的一個顯著特點。自媒體創作者擁有自主的內容創作和發布權利，不需要依賴傳統媒體做中介，可以直接將自己的想法和觀點傳遞給受眾。這種自主性為創作者提供了更大的表達自我的空間，使得訊息傳遞更加直接和高效。

其次，自媒體的開放性使得更多的聲音被聽到，促進了訊息的多元化和民主化。任何人都可以成為自媒體創作者，只需擁有一臺智慧型手機或電腦以及網際網路接入，就可以開始自己的創作之路。這種開放性打破了傳統媒體門檻，讓更多的人有機會分享自己的觀點和經驗，豐富了媒體生態。

第三，自媒體平台提供了與讀者、觀眾直接互動的機會，建立了更為緊密的社群關係。在自媒體平台上，創作者可以與粉絲進行即時溝通、交流和互動，瞭解他們的需求和反饋，從而更好地調整自己的創作方向和內容形式。這種互動性增強了受眾的參與感和忠誠度，促進了社群的形成和發展。

最後，自媒體的內容形式多元，創作者可以根據自身喜好和專長選擇適合的表達方式。無論是文字、圖片、音訊、影片，都可以成為自媒體的表達載體。這種靈活性和多樣性使得自媒體內容更加豐富和吸引人，滿足

不同受眾的需求和喜好。

綜上所述，自主性、開放性、互動性和靈活性是自媒體的幾大特點和優點。隨著數位技術的不斷發展和普及，自媒體將在未來繼續發揮重要作用，成為媒體傳播的重要管道和平台。

三、自媒體的影響

自媒體對個人、企業和社會的影響是巨大的。它改變了訊息傳播的方式和格局，推動了傳統媒體的轉型升級，加速了訊息時代的到來。特別是在行銷方面，自媒體已成為企業推廣品牌和產品的重要管道之一。其獨特的傳播特點和互動性為企業帶來了更多的曝光和用戶參與度，從而提升了行銷的效果和效率。

首先，自媒體為個人和企業提供了一個更加開放和自由的訊息傳播平台。任何人都可以成為自媒體創作者，透過社群媒體、播客（podcast）、影音平台等途徑發布自己的內容。這種自主發布的方式使得訊息傳播更加多元化和立體化，讓更多的聲音被聽到。

其次，自媒體具有較高的傳播效率和覆蓋面。在傳統媒體時代，企業需要透過廣告、報紙、電視等管道來推廣品牌和產品，成本較高且效果難以衡量。而在自媒體時代，企業可以透過部落客用部落格寫文章，播客用 Podcast 經營數位電台，Facebooker 用 Facebook 經營粉絲團，YouTuber 用 Youtube 影音，Liner 用 LINE 群組經營社群，甚至微博、抖音等平台，直接與目標用戶進行溝通和互動，降低傳播成本，提高傳播效率。

另外，自媒體平台的互動性也為企業提供了更多的行銷機會。透過與用戶互動、回答問題、分享優惠等方式，企業可以增加用戶參與度，提升品牌關注度，建立良好的品牌形象和口碑。同時，用戶的回饋和建議也可以幫助企業改進產品和服務，提升用戶滿意度和忠誠度。

總之，自媒體作為一種新興的商業和行銷管道，為個人和企業帶來了巨大的機遇和挑戰。透過利用自媒體平台，個人和企業可以實現品牌曝光、用戶參與、產品推廣等目標，提升行銷效果和競爭力。然而，要想在

自媒體時代取得成功，個人和企業需要不斷學習和創新，把握優質內容和互動的平衡，才能在激烈的市場競爭中脫穎而出。

四、自媒體的內容分類

自媒體的核心理念便是「內容為王」，透過創作吸引大眾的關注。根據不同的內容形式，可以將自媒體劃分為六大類：

(一) 文字類自媒體

文字是最基本的形式之一。從古至今，文字一直是訊息傳遞的重要方式。從早期的 BBS 討論板、ICQ 傳訊工具，到部落格，再到如今的 Twitter、Facebook、LINE、微博、公眾號等，文字始終扮演著重要角色。文字運用的靈活度決定了內容創作的影響力。因為文字可以描述各種事物或觀點，便於與讀者互動，並且每篇文章利於搜尋引擎檢索，提高網路搜尋結果。因此，不論經營自媒體的重點在哪種類型，文字類自媒體都是最基礎、最重要的類型之一。

(二) 圖像類自媒體

圖像類自媒體是由圖形、圖片、照片等構成的平面新媒體形式。通常與文字類自媒體相輔相成，但這類自媒體以圖像內容為主、文字為輔。例如：Pinterest、Instagram 等。照片尺寸從最初的 4：3 到 16：9，再到適用於不同載體工具的方形比例、全景和 360 度環景模式。透過分享圖片積累粉絲，也成為一種內容傳播形式。

(三) 插畫類自媒體

插畫類自媒體相較於圖像類自媒體有明顯的區別，多了一個知識產權（IP）的元素。插畫類往往需要一定的繪畫功力，包括素描、漫畫或水彩等，並需要設計一個具體的吉祥物形象，透過吉祥物展開生活、人生感悟或主題觀點等內容。在積累一定數量的粉絲後，就可以進行知識產權授

權，開發授權商品或進行其他跨界合作等。

(四) 語音類自媒體

語音類自媒體類似於廣播，聲音音質非常動聽，我們稱之為「聲優」，現在也有一個比較新穎的名字叫做「播客」。需要有好嗓子，用於歌唱、說話，創作有聲內容。面對當下快節奏的生活，碎片化學習成為許多通勤族的選擇。講故事的音頻、線上知識廣播形式的自媒體應運而生，例如：商周的三分鐘商學院、中國的凱叔講故事等。

(五) 影視類自媒體

隨著智慧型手機普及和網路頻寬的發達，越來越多注重聲光效果的影音出現！有適合手機觀看的直式影音，稱為短影音，主要包括 iM 短影、TikTok、中國抖音、快手等，影音長度 10 秒、15 秒，最長限制在 60 秒內；也有適合電腦、平板觀看的橫式影音，由於類似電視的觀看習慣，內容長度會更長，例如：15 分鐘、30 分鐘，甚至 1、2 小時。製作準備工作較繁瑣，需要前期劇本策劃、錄製、後期剪輯。因此，有些影音直接使用應用程式進行直播，例如：Facebook Live、Zoom、U 簡報。簡單來說，影視類自媒體可分為三類：短影音、長影音和直播。

(六) 整合類自媒體

5G 的「高頻寬、低延遲、大連接」的三大特性，讓新媒體呈現出多樣化的新形態，相對於自媒體的內容多樣化形式就相當多元。例如：現場實況 360 度環景直播、全像投影等。其實，只要思考「自媒體＋科技」這個公式，無論是形式、對象、內容或商業模式，都能有全新的面貌。

隨著數位技術的不斷發展和普及，自媒體在網際網路時代扮演著越來越重要的角色。無論是文字、圖片、插畫、語音，還是影視，都成為人們獲取訊息、分享觀點和娛樂的重要途徑。

在未來，自媒體的趨勢可能會更加多樣化和專業化。隨著技術的不斷創新，可能會出現更多新型的自媒體形式，比如虛擬實境、擴增實境等，以及更加智慧化的自媒體平台和工具，從而滿足人們不斷增長的多樣化需求。同時，隨著人們對內容品質和專業性的要求不斷提高，自媒體創作者也需要不斷提升自己的專業水準和創作能力，才能在激烈的競爭中脫穎而出。

另外，隨著社群媒體和行動上網的發展，自媒體可能會更加注重社交性和互動性，創作者需要更加重視與粉絲的互動，建立良好的社群關係，從而提升內容的傳播效果和影響力。同時，自媒體的商業化也將越來越成熟，創作者可以透過自媒體平台，實現更多樣化的商業構想呈現，比如廣告、付費內容、品牌合作等。

總之，自媒體作為一種新興的媒體形式，將在未來繼續發揮重要作用，但同時也需要不斷適應新的技術和市場變化，以及滿足人們日益增長的需求，才能保持其持續發展的活力。

五、自媒體的監管措施

自媒體作為當今時代最活躍的傳播管道之一，不僅改變了訊息傳播的格局，也對政府監管與政策制定、企業品牌管理，以及市場行銷策略帶來重大影響。隨著自媒體的快速發展，相關的法律法規及如何平衡言論自由與訊息真實性的挑戰，成為了熱門話題。

(一) 政府監管與政策制定

自媒體的快速崛起讓政府部門在監管上面臨挑戰。傳統的監管模式往往難以追蹤和處理網路空間龐大且分散的訊息流。因此，許多國家和地區開始尋求更新的監管機制，例如：設立網路訊息管理機構，專門監管網路內容，確保訊息的真實性和安全性。在這一過程中，各國政府需要權衡言論自由和公共安全的界線，制定更為精準的政策來應對由自媒體帶來的新挑戰。

(二) 企業品牌管理

　　對於企業而言，自媒體成為塑造品牌形象和進行危機管理的重要工具。透過自媒體，企業能夠直接與消費者溝通，快速響應市場變化，有效管理品牌危機。然而，自媒體上的負面訊息也可能迅速被放大，對企業形象造成嚴重影響。因此，企業需要建立專業的社群管理團隊，運用數據分析工具來監控網路輿情，並設計應對策略，平衡公關和消費者期待，保護品牌信譽。

　　市場行銷策略也因自媒體的興起而進行了調整。自媒體的特性使得市場行銷更加個性化和目標精確。企業可以利用數據分析來瞭解消費者的行為和偏好，設計更符合目標市場需求的行銷活動。此外，利用自媒體進行產品推廣和品牌故事講述，可以有效吸引用戶參與和產生共鳴，增加品牌的可見度和用戶忠誠度。

六、案例分析

　　2021 年，歐洲超級聯賽的成立引發了極大爭議。12 家歐洲頂級足球俱樂部宣布組建聯賽後，立即遭到球迷、媒體及足壇人士，透過自媒體提出強烈反對，認為這破壞了傳統足球價值。反對聲浪迅速蔓延，迫使多家俱樂部在短短 48 小時內退出足球聯賽，最終導致該聯賽解散。此一事件顯示了自媒體在輿情引導和品牌危機管理中的強大力量。

　　透過此案例，可以看出網路輿情對事件發展的深遠影響及有效管理輿情的重要性。正確理解和利用網路輿情，可以為企業和機構帶來機遇，也可能埋下危機。因此，無論是政府機構還是私人企業，都應該積極面對自媒體帶來的挑戰，制定相應的應對策略，保障訊息的真實性與傳播的健康。

七、不良訊息的因應

　　自媒體的快速崛起和普及化，雖然極大地豐富了訊息傳播的途徑，提升了訊息傳遞的效率，但也帶來了不少挑戰，特別是在不良訊息的傳播方

面。這類訊息包括假新聞、虛假廣告、侵犯隱私、誹謗中傷等，它們的傳播可能對個人、企業乃至社會造成重大的負面影響。

(一) 不良訊息傳播的案例

1.假新聞的流傳：如在 2020 年美國總統選舉期間，各種關於選舉舞弊的假新聞在社群媒體上猖獗流傳。這些由自媒體平台上的一些不負責任的帳號發布的未經查證的訊息，迅速被數以百萬計的用戶所接受和傳播，嚴重影響了公眾對選舉公正性的看法，甚至引發了實際的社會動亂。

2.虛假廣告和詐騙：自媒體平台由於缺乏嚴格的監管，常常成為虛假廣告的溫床。例如：有自媒體透過誇大某些保健品的功效來吸引關注和銷售，這些不實廣告不僅誤導消費者，還可能危害到消費者的健康。

3.侵犯隱私：有些自媒體為了追求點閱率和關注度，不惜公開他人隱私訊息，如未經許可公開他人照片或個人敏感訊息。這不僅侵犯個人隱私權，也可能對被曝光者造成心理和生活上的嚴重影響。

(二) 應對不良訊息傳播的措施

1.加強法律法規制定與執行：為了有效監管自媒體平台的內容品質，有必要制定更為嚴格的法律法規，對散播不良訊息的行為進行處罰。例如：可以對散布假新聞和虛假廣告的自媒體進行罰款或暫停帳號的處理。

2.提升自媒體的自我審核能力：自媒體平台應建立完善的內容審核系統，對發布的訊息進行嚴格把關，尤其是涉及健康、安全、隱私等敏感訊息的內容。此外，也應鼓勵自媒體從業者參加專業培訓，提升其媒體素養和倫理意識。

3.公眾教育和意識提升：消費者和用戶應提高識別不良訊息的能力，對自媒體上的訊息保持警覺，避免盲目轉發未經證實的訊息。政府和教育機構可以規劃公眾教育活動，提升大眾的訊息識別能力和媒體素養。

綜上所述，雖然自媒體帶來了訊息傳播的便捷，也給社會帶來了新的挑戰。只有透過加強監管、完善法律、提升自我審核能力及增強公眾意識，才能有效應對不良訊息的傳播，促進自媒體行業的健康發展。

八、國內外的實例

(一) 國內自媒體發展及特點

1.臺灣：臺灣的自媒體生態豐富多元，從部落格、YouTube 頻道到 Facebook 粉絲頁和 Instagram，各式平台俯拾皆是。臺灣的自媒體創作者多以親和力和日常生活分享爲主，親民的風格使得他們能夠快速聚集一大批忠實粉絲。

2.案例：謝凱婷（KT Hsieh）是「美味生活」（How Living）的創辦人，這個全球華人料理平台專注於分享創新料理教學與生活技巧。她以專業的烹飪知識和親切自然的風格，深受廣大華人社群喜愛，成功打造了全球華人料理生態圈，展現如何以專業與親和力創造受歡迎的內容。

(二) 國外自媒體發展及特點

1.美國：美國自媒體的發展相對成熟，特點是內容類型多元和專業化程度高。美國的自媒體不僅限於個人，許多公司和組織也透過自媒體加強與消費者的互動。

2.案例：Gary Vaynerchuk 是美國知名的企業家及自媒體人物。他利用 Twitter、Facebook、Instagram 等平台進行品牌創立和行銷，其內容多聚焦於創業心得、社群媒體運用技巧等，對於推動個人品牌和商業成功具有重要影響。

九、自媒體的未來趨勢及影響

(一) 趨勢

1.內容多樣化與專業化：隨著受眾需求日益細分，自媒體將繼續向更專業的領域發展，提供更加精準和深入的內容。

2. 技術驅動的創新：如 AR/VR、AI 生成內容等將日益融入自媒體，改變內容的生產和消費方式。

3. 監管與自律機制強化：隨著自媒體影響力的擴大，相關的法律法規和行業標準將逐步完善，以促進健康的發展。

(二) 影響

自媒體的發展將持續對傳統媒體產業產生深遠影響。它不僅改變了訊息的流通方式，也讓每個人都有機會成為訊息的生產者和傳播者。此外，自媒體的興起也帶來了對訊息真實性的挑戰，加強公眾的訊息辨識能力變得尤為重要。

總之，自媒體不僅是現代媒體生態的重要組成部分，也是推動社會訊息民主化和多元化的重要力量。隨著技術的進步和創新應用的發展，自媒體的未來將更加多元、專業和影響深遠。

十、小結

自媒體作為一種充分利用數位技術的個人化媒體形式，讓個體創作者無需在大型機構支持的情況下，可自主創作與發布內容。這種媒介的崛起不僅提高了訊息傳播的民主性，還讓創作者能直接與受眾互動，從而建立更緊密的社群關係。自媒體突顯了個性化內容的重要性，同時也帶來了對訊息真實性與品質的挑戰。

第二節　新媒體

「新媒體」（new media）是指在數位化、網路化環境下出現的一種新型媒體形式，包括網際網路、社群媒體、行動應用、數位影音等。下面將從不同方面對新媒體進行詳細說明：

一、新媒體的定義

新媒體是利用數位技術、網路技術和訊息通訊技術，以電子數位化形式傳播訊息和內容的媒體形式。它與傳統媒體相比，具有更廣泛的傳播管道、更快的傳播速度、更高的互動性和更豐富的表現形式。新媒體已成為現代社會溝通的重要方式，同時呈現出顯著的特點和廣泛的影響力。

二、新媒體的特色

新媒體的出現帶來了傳統媒體無法比擬的特色和優勢，這些特點不僅改變了訊息傳播的方式，也深刻影響了社會和個人生活。以下將詳細探討新媒體的特色：

(一) 互動性強

新媒體平台具有極強的互動性，這是其與傳統媒體最大的區別之一。在新媒體平台上，用戶可以直接參與在內容的創作、分享和討論中，這種高度互動的特性使得訊息傳播更加立體和多元。例如：社群媒體平台上的用戶可以透過評論、轉發和私訊等方式與其他用戶進行互動，從而形成更加豐富和多元的溝通和交流。

(二) 即時性

新媒體的傳播速度極快，具有即時性的特點。訊息可以在瞬間傳播到全球各地，引發熱議話題和社會影響。這種即時性使得新聞事件可以迅速傳達給大眾，人們可以即時瞭解最新的資訊和事件，進而作出相應的反應。例如：社群媒體上的熱門話題和新聞事件往往能在幾分鐘內被廣泛傳播，引發廣泛討論和關注。

(三) 多樣性

新媒體形式豐富多樣，包括文字、圖片、音訊、影片等多種形式。

這種多樣性使得用戶可以根據自己的喜好和需求選擇合適的訊息形式和媒介，從而更好地滿足其訊息需求。無論是文字新聞、圖片分享、音樂創作，還是影片播放，都可以在新媒體平台上找到相應的內容，進行消費和分享。

(四) 全球性

新媒體具有跨越地域和國界的傳播能力，可以實現全球範圍內的訊息共享和交流。這種全球性的特點使得人們可以與世界各地的用戶進行交流和互動，擴大了人們的社交圈和視野。例如：社群媒體平台如 Facebook、Twitter 和 Instagram 等已成為全球性的社交媒體平台，用戶可以在這些平台上與來自不同國家和地區的人進行交流和分享。

綜上所述，新媒體的特色包括互動性強、即時性、多樣性和全球性等，這些特色使得新媒體成為人們日常生活中不可或缺的一部分，同時也為訊息傳播和社會交流帶來了巨大的影響和改變。

三、新媒體的功能

新媒體作為當今社會訊息傳播的重要管道，在功能上發揮著多重作用，從訊息傳播到商業行銷都具有重要意義。

首先，新媒體作為訊息傳播的主要管道，承載著大量的訊息、觀點和理念。透過網路平台，人們可以即時獲取各種各樣的訊息，無論是新聞事件、社會趨勢，還是個人觀點，都可以在新媒體上得到快速且廣泛的傳播。這種訊息傳播的快速性和廣泛性，使得新媒體成為人們獲取資訊的重要管道之一。

其次，新媒體在社會交流方面發揮著重要作用。社群媒體作為新媒體的重要組成部分，為人們打造了一個便捷的互動平台，促進人與人之間的交流和訊息分享。透過社群媒體，人們可以與朋友、家人甚至陌生人建立聯繫，分享生活經驗、交換想法，縮短彼此間距離，豐富了社交生活。

第三，新媒體提供了豐富的娛樂消費體驗。影音分享平台、網路遊戲等新媒體形式為用戶提供各種娛樂內容，滿足人們多樣化的娛樂需求。無論是觀看搞笑影片、參與網路直播，還是遊戲娛樂，都可以在新媒體平台上輕鬆實現，豐富了人們的生活。

最後，新媒體也是商業行銷的重要管道。企業透過新媒體平台，可以進行品牌宣傳、產品推廣和客戶服務等商業活動。利用社群媒體的廣泛影響力和用戶黏性，企業可以與潛在客戶建立聯繫，推廣產品和服務，提升品牌知名度，實現商業利益最大化。

綜上所述，新媒體在功能上的多樣性和廣泛性使其成為當今社會不可或缺的一部分。從訊息傳播到社交交流，再到娛樂消費和商業行銷，新媒體以其強大的功能正在深刻影響著人們的生活和工作。

四、新媒體對社會貢獻

新媒體在當今社會中發揮著重要作用，對社會產生了諸多貢獻。以下是新媒體對社會的幾個方面重要貢獻：

(一) 訊息傳播

新媒體透過網際網路平台和數位化技術，加速了訊息的傳播速度和範圍。隨著社群媒體、新聞網站和數位化平台的普及，人們可以迅速獲得最新的新聞和訊息，促進知識和訊息的共享。例如：社群媒體平台上的新聞分享和話題討論，使人們可以即時瞭解全球事件和時事新聞，有助於提高公眾的訊息素養和社會參與意識。

(二) 社會互動

新媒體大幅提升了人際交流的便捷性，讓人們無論身處何地，都能輕鬆保持聯繫。透過各種社群媒體平台，個人可以即時分享生活點滴、情感體驗及觀點，與朋友、家人、同事建立更緊密的聯繫。此外，新媒體也為人們提供了參與討論、表達意見和參與社會活動的管道，促進社會的凝聚

力和民主參與度的提升。

(三) 經濟發展

新媒體為企業提供了新的商業模式和發展機會，推動了經濟的發展和創新。透過電子商務平台和線上行銷管道，企業可以直接與消費者進行互動和交易，拓展銷售管道和市場行情。同時，新媒體也為創業者提供了低成本、高效率的創業平台，鼓勵創新和創業精神的培養，促進新興產業的發展和經濟的轉型升級。

(四) 文化傳承

新媒體為文化傳承和交流提供全新的途徑。透過線上影音、數位圖書館和網路文化平台，人們可以隨時隨地接觸到各種形式的文化內容，包括傳統文學、藝術作品和民俗傳統技藝等。同時，新媒體也為各種文化形式的傳播和創新提供了平台，促進文化產業的發展和文化多樣性的維護。

總之，新媒體在當代社會中扮演著不可或缺的角色，對訊息傳播、社會互動、經濟發展和文化傳承等方面都產生積極影響。然而，新媒體的快速發展也帶來了一些挑戰，如訊息真實性、隱私保護和網路安全等問題，需要各方共同努力加以解決，以確保新媒體能夠更好地造福於社會。

五、新媒體的優、缺點

新媒體作為資訊時代的產物，既有其顯著的優點，也存在著一些不可忽視的缺點。在探討其優、缺點時，我們可以對其進行深入的分析：

(一) 優點

1. 傳播速度快：新媒體的一個顯著優點是其傳播速度快速。訊息可以瞬間於全球範圍內傳播，與傳統媒體相比，新媒體的傳播速度更快，能夠迅速響應社會事件和話題。

2.**互動性強**：新媒體平台提供豐富的互動功能，用戶可以與內容、其他用戶進行即時互動。評論、按讚、轉發等功能使得訊息傳播更具參與性和交互性，增強用戶間的聯繫。

3.**傳播範圍廣**：透過新媒體，訊息可以跨越地域和國界傳播，實現全球範圍內的訊息共享和交流。這為訊息的傳播提供了更廣闊的空間，加強不同地區、國家之間的聯繫和瞭解。

4.**訊息多樣化**：新媒體形式豐富多樣，包括文字、圖片、音訊、影片等形式。這種多樣性滿足用戶對於不同類型訊息的需求，提供更豐富的訊息內容，增強用戶的體驗和參與感。

(二) 缺點

1.**訊息真實性難以保證**：新媒體環境下，無法得到保證訊息的真實性，這已成為一個顯著的問題。訊息的快速傳播，可能導致謠言和不實訊息的散播，影響社會秩序和公眾判斷。

2.**個人隱私洩露風險**：在新媒體平台上，個人訊息容易被洩露，存在隱私保護方面的難題。個人隱私被濫用可能導致個人權益受損，甚至涉及個人安全。

3.**訊息過載**：新媒體時代訊息量巨大，用戶可能面臨訊息過載的問題。大量訊息的湧入可能導致用戶無法有效處理和篩選訊息，影響訊息的獲取效率和品質。

4.**網路安全問題**：新媒體平台存在著網路安全方面的問題，例如：駭客攻擊、個人訊息洩露等。網路安全問題的存在，可能導致用戶訊息被竊取、帳號被盜用等安全風險。

綜上所述，新媒體的優點在於其傳播速度快、互動性強、傳播範圍廣和訊息多樣化，為訊息傳播和交流提供了便利；然而，其缺點包括訊息真實性難以保證、個人隱私洩露的風險、訊息過載和網路安全問題等，需要引起足夠的重視和管理。

六、新媒體的未來趨勢

新媒體的發展充滿創新潛力，以下是幾個關鍵趨勢：

(一) AI與自動化進階

AI 技術的進步將使新媒體平台更加智慧化，不僅提供個性化推薦，還可自動生成內容、進行語音和圖像識別、情感分析等。AI 驅動的虛擬主播、文章和影片將進入主流，並提升內容審核效率，應對虛假訊息。

(二) 沉浸式媒體與元宇宙

虛擬實境（VR）、擴增實境（AR）及元宇宙的興起，將帶來全新的互動體驗。未來，新媒體不僅局限於文字和影像，還將透過虛擬場景和角色，提供沉浸式的數位社交和娛樂環境。

(三) 跨平台整合與數據安全

跨平台生態整合將拓展至電商、金融等領域，提供無縫的多元服務，但是隨著數據共享的增多，數據安全和隱私保護將成為焦點，同時，區塊鏈技術可能成為解決之道，以保障數據透明與安全。

(四) 責任媒體與可持續發展

未來的新媒體將更加關注社會責任，打擊虛假資訊、仇恨言論，並推動正向內容傳播。媒體機構也將朝向環保和永續經營，降低數位基礎設施的碳足跡。

(五) 5G與6G驅動的應用創新

5G 的高頻寬、低延遲將推動即時互動、雲端遊戲和超高畫質直播等新應用。隨著 6G 技術的發展，新媒體內容的傳輸速度將更快，創造更多互動和應用的可能性。這些趨勢將塑造新媒體的未來，改變人們與數位世界的互動方式。

綜上所述，未來的新媒體發展將以人工智慧、沉浸式技術、跨平台整合與數據安全等為核心，進一步提升內容的創新性與互動性。同時，隨著責任媒體與可持續發展的推動，媒體平台將更加關注社會影響，並實現更環保的經營模式。5G 與 6G 技術的進步，也將催生更多即時互動和創新應用，全面改變我們與媒體的互動方式。這些趨勢不僅會促進新媒體的進一步發展，還將深刻影響未來的社會生活與數位生態。

七、國內發展情形

臺灣的新媒體行業發展較為活躍，尤其在內容創作和社群媒體領域表現突出。臺灣擁有知名的數位內容創作團隊和社群媒體平台（如 YouTube、Facebook、Instagram 等），其中一些創作者在國際上也具有一定的影響力。另外，臺灣也是華語地區的數位娛樂產業中心之一，擁有眾多優秀的電影、電視劇和音樂製作公司。未來，臺灣新媒體行業將繼續加強內容創作和技術創新，拓展國際市場，提升影響力和競爭力。

八、中國

中國的新媒體快速發展，特別是在行動上網領域。微博、微信和抖音等平台的出現，不僅改變了人們的溝通方式，也對廣告、娛樂和訊息傳播產生深遠影響。

抖音（TikTok）作為一個短影音平台，利用演算法推薦機制讓用戶快速獲得個性化內容，成為娛樂和訊息消費的重要管道。此外，抖音也逐漸成為重要的行銷平台，許多品牌透過創意短影音接觸並吸引了大量年輕用戶。

九、國外發展情形

在美國、英國、日本和等國家的新媒體發展迅速，對社會、經濟和文化產生深遠影響，茲將其發展特色、影響力和未來趨勢說明如下：

(一) 美國

　　美國是新媒體發展的先行者和領導者之一，其新媒體行業在全球範圍內具有重要影響力。美國的社群媒體平台如 Facebook、Twitter、Instagram 等深刻改變了人們的社交方式和訊息獲取習慣，成為全球最受歡迎的社群媒體平台之一。

　　此外，Netflix 作為串流媒體服務平台，革新了傳統電視行業的營運模式，提供隨選視訊服務（VOD），使得用戶可以隨時隨地選擇喜愛的節目。Netflix 的成功也推動了全球串流媒體服務的發展，改變了全球娛樂消費的格局。

　　未來，美國新媒體行業將繼續在技術創新、內容創作和商業模式方面保持領先地位，同時面臨著隱私保護、訊息監管等方面的挑戰。

(二) 英國

　　英國的新媒體發展水平較高，倫敦成為歐洲新媒體產業的重要中心之一。英國擁有眾多知名的數位媒體公司和平台，如 BBC、The Guardian 等，這些媒體在新聞報導、內容創作和技術創新方面具有較高的影響力。此外，英國在電子遊戲、動漫、音樂等領域也有許多優秀的數位內容創作團隊和公司。未來，英國新媒體行業將繼續保持創新活力，加強與歐洲和全球其他地區的合作交流，共同推動新媒體產業的發展。

(三) 日本

　　日本的新媒體產業在內容創作和技術創新方面具有顯著優勢。日本擁有眾多優秀的動漫、遊戲、音樂等數位內容創作團隊和公司，其作品在全球範圍內備受歡迎。此外，日本也是虛擬偶像、電子競技等新興領域的重要發源地。未來，日本新媒體產業將繼續加強內容創作和技術創新，持續拓展海外市場，推動數位文化的傳播。

　　綜上所述，美國、英國和日本等國的新媒體發展在技術、內容和產業

方面呈現多樣化和特色化的特點。未來，這些國家的新媒體產業將繼續保持創新活力，推動數位經濟的發展，為全球新媒體產業的繁榮做出更多貢獻。

十、新媒體的未來趨勢與影響

(一) 趨勢

1. 更廣泛的整合與跨媒體運用：新媒體將與更多傳統媒體和產業進行整合，形成更為豐富的內容和服務生態。

2. 增強互動性和個性化：隨著技術進步，新媒體將提供更加互動和個性化的用戶體驗，例如：透過 AI 技術實現更精確的內容推薦。

3. 數據驅動和隱私保護的平衡：隨著數據在新媒體中扮演越來越重要的角色，如何在提升服務效率和保護用戶隱私之間找到平衡，將成為未來發展的重要課題。

(二) 影響

新媒體不僅加快了訊息的流通速度，還降低了訊息傳播的成本，大大提高了公眾參與度。它改變人們的生活方式，也對經濟、政治、文化等多個領域產生深遠影響。同時，新媒體也帶來訊息碎片化、注意力分散等問題，對社會心理和文化價值觀帶來挑戰。

總之，新媒體作為現代社會的重要組成部分，它的發展不斷推動著媒體生態和社會結構的變革。未來，新媒體將繼續在技術創新和應用拓展上不斷進步，形成更加多元和動態的發展格局。

十一、小結

新媒體透過現代數位技術，如網際網路與社交媒體平台等，提供了一種全新的訊息傳播方式。這些平台的共同特點包括高度互動性、傳播速度快和營運低成本，從而極大地擴展了訊息的接觸範圍與影響力。新媒體使訊息消費更加多樣化和個性化，促進社會溝通的多管道和高效率，並為廣

告和市場行銷提供新的機遇。

本章總結

　　自媒體充分利用數位技術，讓個體創作者無需依賴大型機構，可自主創作與發布內容，提升訊息傳播的民主性，並與受眾建立緊密的社群關係。自媒體強調個性化內容，但也帶來訊息真實性與品質的挑戰。

　　新媒體在數位化、網路化環境下，透過網際網路、社群媒體和行動應用等形式，提供全新的訊息傳播方式。其高度互動性、快速傳播和低營運成本擴大了訊息的影響力，使訊息消費更加多樣化和個性化，促進社會溝通和廣告市場的新機遇。

　　本章探討自媒體和新媒體的興起，這些平台如何使個人能夠直接參與到媒體生產中。有了理解自媒體和新媒體的基礎，下一章將討論具有傳播動力和影響力的社群媒體與社交傳播。

第 14 章

社群媒體與社交傳播

本章深入探討了社群媒體與社交傳播兩大主題。社群媒體改變了傳統媒體模式，提高了訊息自由，但也帶來隱私洩漏等問題。社交傳播透過平台如 Facebook、Twitter，擴大了訊息影響範圍，但也可能導致隱私問題和訊息過載。未來社交傳播將朝技術創新和個性化發展，提升用戶互動和參與度。臺灣網路服務使用調查報告為我們提供了寶貴參考，協助政策制定和市場策略調整。

第一節　社群媒體

一、定義

社群媒體（social media）是人們用來創作、分享、交流意見、觀點及經驗的虛擬社群和網路平台。社群媒體和一般的社會大眾媒體最顯著的不同是，讓用戶享有更多的選擇權利和編輯能力，自行集結成某種閱聽社群。社群媒體能夠以多種不同的形式來呈現，包括文本、圖像、音樂和影像。流行的社群媒體傳播介質，包括部落格、Vlog、Podcast、維基百科、Gab、MeWe、Facebook、Instagram、Plurk、Twitter、

Google+、網路論壇、Snapchat 等。

二、社群媒體和傳統媒體的差別

　　傳統的社會大眾媒體，包含新聞報紙、廣播、電視、電影等，內容由業主全權編輯，追求大量生產與銷售。新興的社群媒體，多出現在網路上，內容可由用戶選擇或編輯，生產分眾化或小眾化，重視同好朋友的集結，可自行形成某種社群，例如：部落格、Vlog、Podcast、維基百科、Facebook、Plurk、Twitter、網路論壇等。社群媒體的服務和功能更先進和多元，費用相對便宜或免費，近用權相對普及和便利，廣受現代年輕人採用。社群媒體和傳統媒體的明顯差別如下：

(一) 傳播結構

　　社群媒體和傳統媒體，都可以向全球傳播。不過，傳統媒體多屬於中央集權的組織結構、生產、銷售。社群媒體通常扁平化、無階層，依照多元生產或使用的需求，而有不同的型態。

(二) 近用能力

　　具有傳統媒體近用能力者，絕大多數都是該媒體的政府或私人業主。例如：某大報的頭條，由該報編輯室決定；某電影的集資拍攝，由政府和民間金主決定。一般升斗小民，則處在邊緣地位。現在情況則大不同，社群媒體可讓社會大眾便宜或免費使用。例如：網路部落格，人人可免費申請，申請人可任意編輯部落格的內容。

(三) 專業要求

　　進入傳統媒體的專業門檻較高，例如：需設置全職的記者、攝影師、編輯、財務部門、法律部門等，除了一定的資訊素養之外，還需要其他學科的專業素養，才能禁得起消費市場的檢驗。相對地，社群媒體的專業門檻相對較低，通常只要中等的資訊素養即可，加上社群媒體為爭取更大的

注意力經濟，傾向於將社群媒體的使用介面設計得更方便、更簡單。

(四) 即時程度

　　一般而言，根據節目內容的規模，傳統媒體常有幾天、幾週、幾個月的製作時間。然而，社群媒體因為偏好輕薄短小的圖文發布，所以製作時間減少至一天、幾小時、幾分鐘而已。有些傳統媒體正向社群媒體看齊，希望能達到新聞的隨時發布。

(五) 固定不變

　　傳統媒體的內容一旦發布，幾乎很難修改，例如：新聞報紙、廣播、電視、電影等，如需答覆、修正，往往要等到下一個版本，例如：第二天的報紙、下次廣播、下回電視、重新剪輯的電影版本，牽涉的人力和時間較多。社群媒體則常常隨時隨地的更新變化。

三、社群媒體的發展

　　社群媒體的發展史可以追溯到網際網路的早期時代，以下是一個簡要的概述：

(一) 早期的線上論壇和BBS

　　在網際網路發展初期，人們使用線上論壇和電子布告欄系統（BBS）來進行交流和分享訊息。這些平台提供了一個用戶可以討論特定主題的地方，但參與者需要主動地參與和尋找感興趣的內容。

(二) 社群網站的興起

　　隨著網際網路技術的發展，社群網站開始崛起。1997 年，Six Degrees 成為了第一個真正的社群網站，它允許用戶建立個人檔案並與其他用戶連接。接下來，Friendster（2002 年）、MySpace（2003 年）和 LinkedIn（2003 年）等平台相繼出現，為用戶提供了更多社交功能，如增加好

友、分享照片和更新狀態。

(三) 社群媒體的普及

2004 年，Facebook〔現稱（Meta）〕由馬克‧祖克柏（Mark Elliot Zuckerberg）創立，迅速成為了全球最大的社群媒體平台之一。Facebook 的成功吸引了大量用戶加入，並推動社群媒體的普及。同時，Twitter （2006 年）、YouTube（2005 年）、Instagram（2010 年）和 Snapchat（2011 年）等新興平台也相繼出現，豐富了社群媒體的形式和功能。

(四) 行動網路的興起

隨著智慧型手機和行動網路的普及，人們開始更多地使用行動裝置來訪問社群媒體。這促使社群媒體平台優化其行動應用程式，並開發更多針對行動裝置用戶的功能和服務。

(五) 社群媒體的商業化

隨著用戶數量的增加，社群媒體平台開始尋找商業機會。它們開發了廣告系統和商業工具，讓企業能夠在平台上推廣產品和服務並與用戶互動，這使得社群媒體成為重要的營運和品牌創立管道。

總之，社群媒體的發展史可以被視為一個不斷演進的過程，從最初的線上論壇到今天多種形式和功能齊全的社群平台，社群媒體已經成為日常生活的重要組成部分。

四、社群媒體的功能

社群媒體的功能有五種，分別說明如下：

(一) 個人資料檔案

個人資料檔案是用戶在社群媒體上展示自己的方式，這包括個人的基

本資料，如姓名、性別、年齡、居住地等，以及興趣、喜好、職業等更詳細的訊息。用戶可以根據自己的喜好和需求來設置個人資料的隱私設定，以控制誰可以查看自己的訊息。

(二) 貼文和分享

貼文和分享是用戶在社群媒體上發布內容的方式，這些內容可以是文字、圖片、影片等形式，用戶可以用來分享自己的生活、想法、觀點等。透過貼文和分享，用戶可以與他人互動，表達自己的情感和想法，並與朋友、家人和其他用戶分享自己的生活點滴。

(三) 即時通訊

即時通訊是社群媒體平台提供的一種功能，讓用戶可以與其他用戶進行即時聊天和互動，包括私聊、群聊、視訊通話等形式，用戶可以隨時隨地與朋友和家人交流，分享生活中的喜悅和困擾。

(四) 社交群組和活動

社交群組和活動是社群媒體平台提供的一種功能，用戶可以加入各種社交群組和活動，與志同道合的人群交流和互動。這些群組和活動可以根據不同的興趣、主題、地理位置等進行分類，用戶根據自己的喜好加入感興趣的群組和參加相關的活動。

(五) 廣告和促銷

廣告和促銷是社群媒體平台為企業提供的一種服務，幫助它們推廣產品和服務，並與潛在客戶進行互動。這些廣告和促銷可以透過各種形式來進行，如貼文廣告、推廣活動、贊助內容等，企業可以根據自己的需求和預算來選擇適合的廣告形式。

五、社群媒體的優缺點

社群媒體各有其優缺點，說明如下：

(一) 優點

1. 連結和交流：社群媒體讓人們能夠輕鬆地與朋友、家人和同事保持聯繫，無論他們身處何地，均不受時間和地域的限制。

2. 資訊分享：社群媒體是分享新聞、文章、照片和影片的主要平台，使得資訊可以迅速傳播並得到大眾的關注，並且促進了資訊的流通和交換。

3. 社群建立：社群媒體為特定的興趣、愛好或身分的人群提供了聚集的空間，可以建立和加入各種社群，擴大社交圈。尤其透過社群媒體，可以找到志同道合的人，建立起與他們有相同興趣和價值觀的社群，增進社群互動。

4. 娛樂和放鬆：社群媒體提供大量的娛樂內容，如影片、音樂、網路迷因等，為人們提供了放鬆的方式。

5. 商業和行銷：對於企業來說，社群媒體是一個重要的行銷平台，可以與潛在客戶互動、宣傳產品和服務，並建立品牌形象。此外，企業可以透過社群媒體平台進行行銷宣傳，與潛在客戶直接互動，提高品牌知名度和銷售量。

(二) 缺點

1. 隱私問題：在社群媒體上分享個人訊息可能會導致隱私洩露和個人安全問題，例如：身分盜竊和個資外洩。

2. 訊息過載：社群媒體上的大量訊息和內容可能會令人感到焦慮和困惑，使人難以集中注意力。

3. 虛假訊息和誤導性內容：社群媒體上存在大量的虛假訊息和誤導性內容，這可能對公眾產生負面影響，並導致誤解和混淆。

4. 時間浪費：使用社群媒體可能會讓人花費過多的時間，導致時間管理問題和生活失衡，影響到工作和生活品質。

5. 社群比較和焦慮：社群媒體上的照片和貼文往往呈現出一個虛擬的理想生活，容易引起人們的社群比較和自我價值感的降低，產生焦慮和不安感。

六、直播

過去，「直播」通常指的是傳統媒體如電視臺或廣播電臺現場即時播出節目內容的行為。然而，隨著線上影音平台的興起，網路直播已成為極其受歡迎的娛樂形式。參與網路直播的人，被稱為播主、主播、直播主或實況主。

2015 年起，社群網站 Facebook 開放了線上直播功能，使得直播在全球開始興起。同時，亞洲地區也迅速興起了各種直播軟體，並成為網路達人們表演的聚集地。臺灣亦不例外，許多藝人和網路素人都利用直播平台與觀眾進行互動。

直播平台的發展速度和變現能力，取決於平台上有多少魅力，且專業的網紅願意經常進行直播。因此，對於許多直播主來說，他們需要經過一段時間的培養。近年來，許多直播平台開始與網紅經紀公司合作，培養活躍於平台上的直播主。不過，隨著各大直播平台獲得了大量資金融資，他們也開始投入更多資源進行直播主的培訓和發展。

例如：中國虎牙直播成立了直播主經紀團隊，為每位簽約直播主制定個性化的發展計畫。除此之外，他們還推出了多樣化的培訓方式，例如：自製直播節目和引進專業節目供應商。這些舉措旨在提高直播主的表現能力，建立其個人品牌效應，並將他們的影響力擴大到影視、音樂等不同領域。

在中國，網紅薇婭以在淘寶直播的方式，在短短 5 小時內賺取了人民幣 7,000 萬元，刷新了直播賣貨最高紀錄，顯示網紅經濟的驚人潛力。

在新趨勢方面，隨著 5G 技術的普及和虛擬現實技術的發展，直播內容的品質和互動性將進一步提高。此外，跨平台直播和直播電商等新形式也將帶動直播行業的發展。

七、行動上網

隨著科技的發展，行動上網已成爲現代人生活中不可或缺的一部分。過去，桌上型電腦是主要的上網設備，但現在隨著智慧型手機和平板電腦的普及，人們越來越傾向使用行動裝置上網，這也帶動了對行動上網和無線網路的需求增加。

根據臺灣網路資訊中心的調查報告，臺灣民眾的行動上網使用率持續增加，顯示了人們對於行動上網的重視。而在全球範圍內，Android 作業系統的普及率也持續攀升，成爲最受歡迎的作業系統之一。

在中國，手機上網已成爲主流，擁有超過 7 億的手機網民，這顯示中國網路用戶的巨大規模和活力。同時，東南亞地區的活躍網路用戶也在不斷增加，顯示了該地區在網路經濟領域的潛力。

Google 的報告指出，在東南亞地區，智慧型手機是人們首選的上網設備，顯示行動裝置在該地區的重要性。此外，該地區人們每天平均使用行動裝置上網的時間遠高於其他地區，這也反映了行動上網在當地的普及程度和受歡迎程度。

最後，全球行動裝置上網的普及率預計將繼續增加，這意味著行動上網將在未來成爲更多人日常生活的一部分。隨著技術的進步和智慧型手機的不斷更新，行動上網將會更加便捷和普及化。

八、小結

社群媒體已成爲現代社會訊息交流和文化表達的主要平台。它改變了傳統媒體的訊息傳播模式，使得訊息分享變得更爲即時、互動和個性化。然而，這也帶來了訊息碎片化和隱私安全等挑戰。社群媒體的發展對社會溝通、訊息傳播及文化建設具有深遠的影響。

❀ 第二節　社交傳播

一、社交傳播的定義、功能及其未來展望

(一) 社交傳播的定義

　　「社交傳播」指的是人們利用社交關係進行訊息的傳遞和分享的過程。在傳播過程中，人們利用各種社群媒體平台，如 Facebook、Twitter、Instagram 等，來進行訊息的分享和互動。因此，社交傳播和社群媒體密切相關，社群媒體提供了實現社交傳播的技術平台和工具。

(二) 社交傳播的特色

　　1. 社交性：強調人與人之間的互動和溝通，是基於人際關係的交流。

　　2. 廣泛性：傳播的內容可以涵蓋各種話題和主題，從日常生活到政治、文化等多個領域。

　　3. 快速性：由於依賴社交網絡和技術工具，訊息可以快速地傳播到廣大的受眾。

　　4. 互動性：社交傳播強調的不僅僅是訊息的發送，還包括受眾對訊息的回應、討論和分享。

(三) 社交傳播的功能

　　在社群媒體上舉辦的一場線上辯論，是社交傳播的一個例子。這場辯論的參與者來自不同的背景和立場，他們透過社群媒體平台討論特定的議題。這場辯論展示了社交傳播的幾個特點：

　　1. 溝通與互動：參與者之間的互動是這場辯論的核心。他們在社群媒體上分享自己的觀點，並與其他參與者進行討論和辯論，從而建立起一個社交性的交流平台。除了討論和辯論之外，社交傳播提供一個平台，讓人們可以輕鬆地與他人進行溝通和互動，無論是即時聊天、留言回覆，還是分享和評論。

2.資訊分享：這場辯論涉及的議題涵蓋各個領域，從政治、經濟到社會議題等。參與者可以就任何他們感興趣的話題發表意見，並與其他人分享他們的觀點。此外，人們還可以透過社交傳播平台分享新聞、資訊、見聞、經驗等，擴大知識面，瞭解不同觀點和見解。

3.社交連結：由於使用了社群媒體平台，訊息可以在瞬息間傳播到全球各地。參與者可以即時地回應其他人的意見，形成一個快速流動的交流環境。尤其社交傳播有助於擴大社交網絡，建立新的人際關係，並加強現有關係，促進社區和群體的連結和凝聚力。

4.意見表達：參與者之間的互動是這場辯論的重要部分。他們可以回應其他人的訊息，提出問題或觀點，並與其他參與者進行互動和討論。這種互動性使得辯論更加生動和有趣，也有助於促進意見交流和共享。換句話說，人們可以在社交傳播平台上表達自己的意見、想法和觀點，參與討論和對話，影響他人的看法和行為。

(四) 現代生活中所代表的意義

在現代生活中，社交傳播具有下列重要意義：

1.促進訊息流通：在社群媒體上分享新聞文章或事件可以迅速傳播，社交傳播使得訊息可以迅速地在社會間流通，提高了訊息的傳播效率和覆蓋面，有助於人們即時瞭解和回應事件。例如：在 Twitter 上的熱門話題可以迅速引發廣泛關注和討論。這種快速的訊息傳播，有助於公眾即時瞭解重要事件和議題。

2.擴大社交範圍：透過社群媒體平台，人們可以與世界各地的人進行交流和互動。換句話說，社交傳播可以打破地域限制，人們可以與來自世界各地的人進行交流和互動，擴大了社交範圍和視野。例如：透過 Facebook 或 Instagram 與國外朋友分享生活點滴，擴大人們的社交範圍，增加交流的可能性。

3.增進人際關係：透過社群媒體與朋友、家人保持聯繫，因此，社交傳播加強了人與人之間的溝通和聯繫，有助於維護和加深現有的人際關

係，並建立新的友誼和聯繫。例如：透過 WhatsApp 或 LINE 與遠方的親友進行即時聊天和視訊通話，這樣可以加強人與人之間的溝通和聯繫，有助於維護人際關係。

4. 塑造公眾意識：社群媒體成為公眾表達意見和討論議題的重要平台，社交傳播成為塑造公眾意識和形成共識的重要管道，人們可以透過社交傳播平台表達自己的意見和立場，參與社會話題的討論和決策。例如：在 Twitter 或 Reddit 上討論政治或社會議題，讓人們表達自己的觀點，參與公眾話題的討論，從而影響社會與文化。

(五) 社交傳播的未來展望

社交傳播的未來展望，包括以下方面：

1. 技術創新：隨著科技的不斷發展，社交傳播平台將會不斷推出新的功能和服務，如擴增實境（AR）、虛擬實境（VR）等技術的應用，提供更豐富、更具互動性的使用體驗。

2. 個性化服務：社交傳播平台將朝向更加個性化的方向發展，透過 AI 演算法和大數據分析，為用戶提供更符合個人需求和興趣的內容和服務。

3. 跨平台整合：未來社交傳播平台可能會更加注重跨平台整合，實現不同平台之間的無縫互聯，讓用戶可以更方便地在不同平台上進行互動和分享。

4. 社會影響力：社交傳播平台將會更加關注社會責任和公眾利益，積極參與社會公益事業，引導正向價值觀和行為，並加強對不良訊息和言論的管理和遏制。

總之，社交傳播在未來將繼續發揮重要作用，成為人們社交、溝通、資訊交流的重要平台，並不斷推動科技和社會的發展。

二、網路平台與社交傳播

「網路平台」是指提供在網際網路上進行交流、互動、分享資訊、服務或產品銷售等功能的虛擬平台或網站。這些平台通常具有大量的用戶基礎，提供各種各樣的功能和服務，從社群媒體、電子商務到媒體分享等。以下是一些著名的網路平台例子：

(一) Facebook（臉書）

Facebook 成立於 2004 年，是全球最大的社群網站平台之一，提供個人主頁、好友互動、分享內容等功能，其特色在於社交網絡和訊息分享，主要功能包括發布狀態、上傳照片、與好友私聊等。Facebook 的用戶遍布全球，市場占有率極高。

冰桶挑戰是一個成功的社群媒體活動，旨在為漸凍症（ALS）籌款。參與者在 Facebook 上分享倒冰水的影片並提名朋友，這個活動迅速變得流行。透過 Facebook 的廣泛覆蓋和互動性，這個活動不僅提高了對 ALS 的認識，還成功籌集了大量資金。這展示了社群媒體在推動社會公益活動中的潛力。2021 年 Facebook 宣布改名為 Meta，以反映其對元宇宙（Meta-verse）未來發展的重視與專注。

(二) LINE

LINE 成立於 2011 年，是一款起源於日本的即時通訊平台，提供文字、語音、視訊通話等功能，同時也有社交、娛樂、支付等多種服務，其特色在於貼圖、表情貼和便捷的通訊方式。主要功能包括訊息發送、群組聊天、支付服務等。LINE 的用戶主要集中在亞洲地區，尤其在日本、臺灣、泰國等國家市場占有率高。未來展望包括擴大國際市場份額，增強與企業合作。

(三) Google（谷歌）

Google 成立於 1998 年，是全球最大的搜尋引擎及網際網路技術公司之一。除了搜尋引擎外，Google 還提供 Gmail、Google Maps、YouTube 等服務。其主要功能包括搜尋、電子郵件、地圖導航、影片分享等。Google 的用戶遍布全球，市占率極高。未來展望包括在人工智慧、雲端運算等領域持續創新，拓展全球市場。

(四) YouTube

YouTube 於 2005 年創建，是全球最大的影片分享平台之一，用戶可以上傳、觀看和分享各種類型的影片，其特色在於豐富的影片內容和用戶互動性，主要功能包括影片上傳、觀看、評論等。YouTube 的用戶遍布全球，市占率高。

YouTube 不僅是娛樂的源泉，也成為重要的教育工具。從學術講座到 DIY 教學，教育者和專家使用 YouTube 分享知識和技能。這個平台的視覺和互動特性使得學習更加吸引人造訪，突破了傳統教育的界線，提供一種新的自我提升方式。

(五) Twitter（推特）

Twitter 成立於 2006 年，是一家微博平台，用戶可以發布短消息（推文），與追蹤者互動，並分享各種想法和新聞，其特色在於即時性和簡潔性，主要功能包括推文發布、轉發、按讚等。Twitter 的用戶遍布全球，尤其在新聞、娛樂等領域影響力巨大。2022 年 Twitter 被馬斯克（Elon Musk）收購，在 2023 年 7 月重新命名為 X。

在 2011 年的阿拉伯之春運動中，Twitter 扮演了關鍵的溝通工具。活動家和普通民眾使用 Twitter 來組織集會、散播抗議消息，以及迴避政府的審查。Twitter 的即時性允許快速散播關鍵訊息，協調集會，並向國際社會報告實況，顯示社群媒體在現代政治運動中的影響力。

(六) Instagram

Instagram 成立於 2010 年，是一家以圖片和短影音分享爲主的社交平台，用戶可以分享生活、旅行、美食等內容，其特色在於視覺化和社交互動。主要功能包括圖片和影片發布、故事分享、直播等。Instagram 的用戶多爲年輕人，市場占有率穩定增長。

Instagram 已成爲品牌行銷的重要平台，尤其是在時尚和美妝行業。品牌透過與影響力行銷者合作，在其吸引力強大的個人頁面上展示產品，吸引其廣大粉絲群。這種行銷策略利用了社群媒體用戶的信任和社群互動，來推動產品銷售，展示社群媒體在現代商業策略中的作用。

(七) Amazon（亞馬遜）

Amazon 成立於 1994 年，是全球最大的電子商務平台之一，提供各種商品與服務的銷售和購買，包括書籍、電子產品、家居用品等，其特色在於豐富的商品選擇和快捷的配送服務，主要功能包括商品搜尋、購物車、線上支付等。Amazon 在全球擁有大量用戶，市場占有率領先。未來展望包括擴大線上線下整合，拓展新業務領域。

(八) Yahoo（雅虎）

Yahoo 成立於 1994 年，是一家綜合性網際網路公司，提供搜尋引擎、電子郵件、新聞、金融等多種服務，其特色在於多元化的服務內容。主要功能包括搜尋、電子信箱、新聞閱讀等。Yahoo 的用戶群廣泛，市場占有率較高。未來展望包括加強內容更新，提升用戶體驗。

(九) PTT

PTT 成立於 1995 年，是臺灣最大的電子布告欄系統，提供討論區、社群、訊息分享等功能，其特色在於開放的交流平台和豐富的話題討論。主要功能包括發文、回覆、按讚等。PTT 的用戶遍布臺灣，涵蓋各種興趣領域。未來展望包括拓展行動端服務，增加用戶互動性。

這些案例顯示，社群媒體不僅改變了人們分享和消費資訊的方式，還深刻影響社會結構、文化表達和經濟行為。社群媒體的這些特性——社交性、廣泛性、快速性和互動性——已成為現代社會中不可或缺的一部分，並將繼續塑造未來的社交傳播趨勢。

三、社交傳播與傳統傳播方式的對比

社交傳播（social communication）和傳統傳播（traditional communication）在多個層面空間上存在顯著的差異。這些差異不僅影響了傳播的方式，還對社會、文化和經濟產生深遠的影響。

(一) 互動性（interactivity）

1. 社交傳播：提供雙向或多向的互動，使得接收者可以成為訊息的生產者和傳播者，如在 Twitter、Facebook 上即時回應和分享。

2. 傳統式傳播：通常是單向的，從媒體到觀眾，如報紙、廣播和電視，觀眾角色被動，互動性低。

(二) 社會影響

1. 社交傳播使訊息流動更加民主化，任何用戶都能創造和分享內容，這增加了多元意見的可見性和民眾參與公共事務的能力。然而，這也可能導致訊息過載（information overload）和確認偏誤（confirmation bias），人們可能只關注符合自己既有觀點的訊息。

2. 傳統式傳播由專業媒體控制訊息篩選和發布，這可以保證訊息的某種程度的品質和可靠性，但也可能導致訊息受「守門人」（gatekeeping）規範，限制了觀點的多樣性。

(三) 文化影響

1. 社交傳播促進了全球文化的交流和融合。使用者可以輕易接觸到不同的文化內容，如全球流行的挑戰、迷因（meme）和流行文化現象，這

促進了跨文化理解和交流。

　　2. 傳統傳播傾向於反映和強化本地或國家文化。電視節目、電影和新聞往往聚焦於國內外大事件或文化特定的話題，可能不如社群媒體在推動全球文化一體化方面有效。

(四) 經濟影響

　　1. 社交傳播改變了廣告和市場行銷的模式。品牌可以直接透過社群媒體與消費者互動，利用訂製化廣告和影響力行銷（influencer marketing）來推銷產品，這降低了成本並提高廣告的針對性和效率。

　　2. 傳統傳播通常依賴於廣告收入和訂閱費用，廣告商支付高額費用以便在電視和報紙上投放廣告。這種模式成本高，且受眾範圍固定，缺乏個性化和互動性。

(五) 結論

　　社交傳播和傳統傳播的差異對社會、文化和經濟帶來顯著影響。社群媒體的興起促進了訊息的民主化和全球化，但也帶來了訊息品質的波動和隱私問題。相對於傳統媒體的集中控制和專業生產，社群媒體提供了更加開放和參與性的平台。未來，這兩種傳播方式可能會更加融合，互補其短，共同塑造媒體生態和社會文化景觀。

四、假消息與假訊息的影響

　　處理社交傳播中的假消息（fake news）和誤導性訊息（misinformation）是當前社群媒體平台面臨的重大挑戰。這些問題不僅影響訊息的真實性和可靠性，還可能損害用戶的決策能力，並對民主、公共安全和社會信任造成長期損害。因此，社群媒體平台需要考慮倫理與法律的方方面面來有效地處理這些問題。有關假消息與假訊息的影響如下：

(一) **政治影響**：假消息可能被用於操縱選舉結果或影響政治辯論。

(二) **公共健康**：誤導性的健康訊息，可能導致人們採取有害自身健康的

行為。

(三) **社會信任**：持續的假消息和誤導性訊息的流傳，可能削弱對官方媒體和政府機構的信任。

五、平台的倫理與法律考量

(一) 透明度（transparency）

平台應公開其訊息審查和內容管理的政策，讓用戶清楚理解哪些類型的內容會被標記或移除，以及決策過程的依據。

(二) 責任性（accountability）

社群媒體公司應對其內容管理決策負責，確保有一個公平的申訴機制，允許用戶對內容移除或標記提出異議。

(三) 合作（collaboration）

平台需要與政府、非政府組織和學術機構合作，共同發展檢測和對抗假消息的技術和策略。合作還應包括跨平台的努力，對抗整個網路上的誤導性訊息。

(四) 教育（education）

加強用戶的媒體素養教育是對抗假消息的重要手段。教育用戶如何識別可疑內容、檢查來源，並批判性地分析訊息。

(五) 法律遵守（legal compliance）

確保內容管理實踐符合各地的法律規定，特別是與言論自由、隱私和數據保護相關的法律。

(六) 使用人工智慧（AI）

利用人工智慧和機器學習技術來識別和過濾假消息、誤導性訊息。然

而，這些技術的使用也必須透明且具有可解釋性，以避免不公正或偏見的決策。

(七) 小結

　　為了有效對抗假消息和誤導性訊息，社群媒體平台必須在尊重言論自由的同時，也承擔起保護公共利益的責任。這需要一個多層次的策略，結合技術、法律和教育手段，並在倫理的框架內進行審慎的內容管理。隨著技術的發展和全球訊息環境的變化，這些策略也需要不斷的評估和調整。

六、結論

　　社交傳播突顯了訊息在個人之間快速流動的特性，透過社群媒體平台如 Facebook 和 Twitter，訊息的傳播速度和範圍得到了前所未有的擴大。這種快速的訊息流通促進了社會連接和公共參與，但同時也可能導致訊息過載和謠言的擴散。社交傳播的未來發展，將需要解決如何平衡訊息自由與品質控制的問題。

✽ 第三節 臺灣網路服務使用調查報告

一、2018年臺灣網路報告

　　根據「財團法人臺灣網路資訊中心」所做的「2018 年臺灣網路報告」當中指出，國人在網路服務使用率最高的是「即時通訊」（如 Skype、LINE 等），高達 96.8%。

　　其次是「收看網路影音、直播或收聽音樂」，有 89.3% 使用率，其中以 12～29 歲比例較高。「瀏覽使用社群網站／論壇討論區／部落格服務」（如 Facebook、Google+ 等）也有八成以上的使用率，並以 12～39 歲使用率較其他年齡層更高。

「收看網路新聞或生活資訊」使用率為 78.9%，其中以 30～49 歲比例較高。「電子郵件、搜尋引擎等工具」使用率也接近八成，並以 20～39 歲使用率較高。「買賣東西／瀏覽購物管道」有 73.4%，尤其以女性、20～49 歲群族有較高比例。

「理財／付款」（如網路銀行／線上下單／投資資訊相關）使用率為 43.5%，並以 20～49 歲較其他年齡層使用率更高。

「網路遊戲電玩」（限連線才能使用的遊戲）有 41.6% 使用率，以男性、12～29 歲比例較高。

「使用電子書服務」（透過正式電子書提供服務進行閱讀，如市立圖書館或電子書書商網站）有 16.6%。

而「線上交友」的比例約為一成，且以 12～19 歲年齡層的使用率較高。

二、2023年臺灣網路報告

根據 2023 年臺灣網路報告，18 歲以上人口中，有 84.67% 在近三個月內有上網經驗，即「上網者」，而未上網者占 15.33%。相較於 2022 年，整體上網率僅略微提高了 0.37 個百分點。未上網者的人口結構特徵，在年齡、學歷和居住地等方面仍然明顯。

在年齡方面，未上網者的比例隨著年齡增加而增加；而在學歷方面則呈現相反的趨勢，學歷較高的人群未上網者比例較低。另外，值得注意的是，就居住地而言，未上網者比例最高的地區由 2022 年的雲嘉南地區轉為宜花東地區，且比例大幅增加。

上網率是國家數位發展的重要指標之一。除了瞭解未上網者的人口結構外，更需要瞭解他們不使用網路的原因、是否有學習上網的意願，以及面臨的困境。調查結果顯示，主要不使用網路的原因，包括「不需要」（50.49%）、「年齡太大」（46.58%）和「對上網設備不熟悉」（45.11%）。超過八成的未上網者表示，沒有學習上網的意願。今年新增的「沒有上網需求」選項被七成以上的未上網者選擇，這成為推升上網

率的一大挑戰。

　　爲了探究可能促使未上網者開始使用網路的因素，以及造成使用困難的因素，調查詢問了所有未上網者。結果顯示，與他人聯繫和搜尋資訊是促使未上網者開始學習網路的主要因素，分別有 9.73% 和 9.35% 的未上網者選擇了這兩個選項。此外，如果有人可以教導或幫助，則有 7.05% 的未上網者願意開始學習使用網路。然而，有四成未上網者表示因年齡較大而不想使用網路，突顯了提升資訊設備和介面設計對「長者友善」程度的重要性。

　　另外，由於 COVID-19 疫情加速了許多日常活動或行政事務朝線上轉移，對於有上網需求的未上網者而言，醫療服務是兩個族群中的一個重要需求。未來需持續觀察需求變化趨勢。

三、兩時期調查的比較

　　比較 2018 年和 2023 年的網路調查，可以看到幾個明顯的不同之處：

(一) 網路普及率提升

　　2018 年臺灣網路報告顯示，國人在網路服務使用率普遍較高，而到了 2023 年，整體上網率僅略微提高了 0.37 個百分點，但這種微小增長仍反映了網路使用的普及趨勢。

(二) 年齡和學歷對上網率的影響

　　2018 年的報告指出，年齡較小和學歷較高的人群在網路使用方面占比較高。然而，到了 2023 年，雖然年齡較小的人群依然是網路使用的主力，但在學歷方面卻呈現相反的趨勢，亦即學歷較高的人群未上網者比例較低。

(三) 未上網者的主要原因

　　兩份報告都指出未上網者的主要原因之一是年齡因素，但 2023 年的

報告中，新增了「不需要」的原因，七成以上的未上網者表示根本沒有上網的需求，這顯示了對於網路的需求可能因個人情況而異，不同於僅僅是技術或學習問題。

(四) 社會關注的焦點

2023 年的報告更加關注未上網者的狀況和可能的解決方案，如促使他們開始學習網路的因素及可能造成使用困難的因素，這反映出社會對於解決數位落差問題的關注程度增加。

總之，從 2018 年到 2023 年，雖然整體上網率提升了，但仍存在一些挑戰，包括未上網者的多樣化原因和需要更多針對性的解決方案。未來，政府和相關機構需要更加關注這些問題，並針對性地制定政策和計畫，以促進更廣泛的網路普及和減少數位落差。

四、小結

「臺灣網路服務使用調查報告」提供了一個關於臺灣地區社群媒體使用現狀的全面概覽。該報告揭示了不同用戶群體的網路行為和偏好，為相關政策的制定和市場策略的調整提供了數據支持。這些數據不僅有助於優化本地的訊息服務和行銷活動，也為進一步的學術研究和技術創新提供了基礎。

本章總結

本章分析社群媒體與社交傳播兩個主題。首先，社群媒體作為網路文化的核心，其互動、即時、開放及個性化特性，顛覆了傳統媒體的訊息傳播與社交方式，增進了訊息自由流通，但也可能引起訊息碎片化、隱私洩漏等問題。其次，社交傳播透過如 Facebook、Twitter 的平台，強調快速、互動的訊息交流，有效擴大了訊息的影響範圍。然而，這種方式也可能帶來隱私問題和訊息過載。預計未來社交傳播，將朝技術創新和個性化

發展，提高用戶互動和參與度。

　　本章聚焦於社群媒體與社交傳播，分析這些平台如何重塑人們的交流方式和社會關係。這一觀點將有助於瞭解下一章如何闡釋大數據和先進技術，以及如何轉化傳播行業的過程。

第 15 章 ▶▶▶
人工智慧與傳播科技的未來

本章著重分析人工智慧（AI）、5G 和大數據技術，如何促進傳播科技的革新。AI 技術模仿人類思維，已廣泛應用於多個產業，強化決策自動化的同時也帶來隱私與道德挑戰。5G 憑藉其高效能連接，為數位社會提供巨大的變革潛力，但需大量基礎設施支持。大數據則推動市場創新，儘管仍面臨未來挑戰。這些技術將共同驅動傳播科技加速發展，進而深刻影響社會互動方式和結構的轉型。

第一節 人工智慧在傳播科技的應用

一、定義與歷史

人工智慧（artificial intelligence, AI）透過模仿和拓展人類智慧的技術與系統，賦予機器思考、推理、判斷和解決問題的能力。自 1956 年達特茅斯會議確立為研究領域以來，AI 從早期的符號主義發展到當前廣泛應用的機器學習和深度學習技術。

二、當前應用

AI 的應用已遍及多個行業，從智慧助理、自動駕駛汽車到高效的數據分析。在傳播科技領域，AI 改革了新聞製作、個性化內容推薦及智慧廣告投放。自然語言生成（NLG）技術使得自動新聞報導成為可能，而機器學習演算法則推動了個性化用戶體驗的優化。

三、道德與法律考量

隨著 AI 的普及，其道德和法律問題也日益受到關注。資料隱私、演算法偏見和自動化帶來的就業替代是主要的挑戰。確保 AI 的負責任使用，需要政策制定者、開發者和社會各界共同努力，制定明確的倫理準則和法律規範。

四、人工智慧的潛在負面影響

(一) 就業影響

自動化的提升透過人工智慧技術可能導致傳統職業的消失，特別是在製造業、客戶服務和數據輸入等領域。AI 的普及可能會導致職業結構改變，低技能勞動市場面臨較大壓力，從而增加社會的經濟不平等。解決策略：政府和企業需要合作開展職業再培訓計畫，幫助勞動力適應新的工作需求，並創造新的就業機會，以應對 AI 技術帶來的挑戰。

(二) 倫理和偏見問題

人工智慧系統的決策可能基於有偏見的資料集，導致其輸出具有種族、性別或社經地位的偏見，而影響決策的公正性。解決策略：開發更透明的 AI 系統，並對用於訓練 AI 的資料集進行嚴格的審查和處理，以確保公正和無偏見的決策支持。

五、未來發展趨勢及社會影響

(一) 發展趨勢

　　AI 將繼續朝向更高的自動化和智慧化發展，包括自動化決策支持系統和自動化服務。此外，AI 將進一步與物聯網、大數據分析等技術融合，形成更為複雜的智慧系統。

(二) 社會影響

　　AI 將改變勞動市場結構，促進新職業的產生，同時使一些傳統職業消失。AI 的發展也可能引發倫理和隱私議題，如自動化監控帶來的隱私侵犯問題。

六、專家預測和建議

(一) 專家預測

　　專家們預估，AI 技術將繼續進步，特別是在自動化、自然語言處理和機器學習模型的精確性方面。這些進步將使 AI 更加普及，應用於個人化醫療到智慧城市管理的更廣泛領域。

(二) 專家建議

　　專家建議政府和企業應增加對 AI 教育和培訓的投入，以應對技術帶來的勞動市場變化。同時，應建立更嚴格的法規來管理 AI 技術的發展，尤其是關於數據隱私保護和道德使用的問題。

七、小結

　　在這一節中，我們探討了人工智慧（AI）的基本定義、歷史發展，以及當前的應用範圍。AI 技術已從基本的自動化任務擴展到更複雜的預測和決策制定過程，對醫療、金融、製造業等多個產業產生革命性的影響。隨著技術的進步，AI 在增進生活品質和提高工作效率方面的潛力巨大，

但同時也引發就業、隱私、道德等方面的挑戰。未來的發展需要在創新驅動和倫理規範之間找到平衡。

❋ 第二節　5G技術的發展及其對傳播科技的影響

一、5G技術概述

　　5G，作為第五代行動通訊技術，代表著通訊領域的最新發展。自2010年國際電信聯盟（ITU）技術以來，5G已經從理論走向全球多國的實際部署，並在2019年開始進入商用階段。它被預期對社會的各個層面產生深遠的影響，特別是在傳播科技領域。

二、技術特點和功能

　　5G技術的核心優勢包括極高的數據傳輸速度、極低的延遲，以及大量設備的連接能力。這些特點使得5G適合支持包括高畫質視訊傳輸、大規模物聯網應用、自動駕駛和遠距控制等高要求的應用。此外，5G的大頻寬支持更多創新應用的開發，如虛擬實境和擴增實境，這些都將顯著改變傳播科技的未來。

三、全球部署與應用

　　從2018年起，各國積極部署5G基礎設施，並展開大規模試驗。2024年2月26-29日於巴塞隆納展覽館（Fira Barcelona Gran Via）舉行的2024年世界行動通訊大會（2024 Mobile World Congress）提及，經全球行動通訊系統協會（Groupe Speciale Mobile Association, GSMA）統計到2025年資料，5G連線數將達到12億。在臺灣，政府已開始釋出5G頻譜並規劃基地臺建設，已於2020年成功地實現商用化。全球的5G發展不僅加速了技術的標準化過程，也推動跨行業合作，從而推進智慧城市和工業4.0等領域的創新。

在 2020 年新冠疫情（COVID-19）爆發期間，大數據技術發揮了至關重要的作用：

(一) 疫情追蹤和模型預測：多國政府和健康組織利用大數據分析疫情傳播模式和趨勢，以此制定更有效的防控策略。例如：透過分析旅行數據和人群行動數據，科學家們能夠預測病毒傳播的可能熱點，並即時調整公共衛生因應措施。

(二) 社會行為分析：利用來自社群媒體和其他數位平台的大數據，研究人員分析了公眾對疫情的反應和行為模式，這有助於政府和公共衛生機構在危機溝通和公共衛生宣導中，採取更有針對性的策略。

由上得知，5G 技術和大數據在加速產業創新和因應公共衛生危機方面，扮演著越來越重要的角色。隨著這些技術的進一步發展和應用，我們將見證更多跨行業合作和創新解決方案的出現。

根據 2024 年的行業預測，全球 5G 技術市場預計將達到千億美元規模，年增長率超過 50%。隨著各國政府和私營部門在 5G 基礎設施上的持續投資，以及智慧城市、自動駕駛車輛、遠距操作和物聯網（IoT）應用的增加，5G 技術的應用場景和市場需求將進一步擴展。

四、5G在特定行業的實際應用

(一) 醫療行業

1. 遠距手術：在瑞典，一位外科醫生利用 5G 網路進行了一次跨國遠距手術演示。這次手術利用 5G 的低延遲特性，使得外科醫生能夠即時控制遠距離的機械手臂進行精確操作，展示了 5G 在提高醫療服務可達性和品質方面的潛力。

2. 即時監控：美國一家醫院利用 5G 網路實施了患者健康即時監控系統，該系統能夠 24 小時不間斷地追蹤患者的生命徵象，並在異常情況發生時即時通知醫護人員，提高了醫療應急因應速度。

(二) 製造業

1.智慧工廠：在德國，西門子和高通合作建立了一個 5G 智慧工廠，該工廠利用 5G 網路實現了機器間的無縫通訊和協同作業。這不僅提高生產效率、降低維護成本，並提高了生產線的靈活性。

2.遠距控制和監控：在日本，一家汽車製造公司利用 5G 技術實施了工廠內部的遠距監控和機器維護系統。這使得技術人員可以遠距操控機器設備，即時解決生產線上的問題，而不需要實際到現場。

五、對傳播科技的影響

5G 技術將對傳播科技產生重大影響。例如：在新聞行業，5G 可以支持更快的新聞蒐集和傳播，使即時報導更加精準有效。在媒體娛樂方面，5G 支持的高速率和低延遲爲用戶提供無縫的串流媒體體驗，從而提高用戶滿意度與內容生產者的互動性。此外，5G 也將促進遠距工作和虛擬協作的發展，進一步變革傳統媒體公司的工作模式和觀眾參與方式。

六、5G的優缺點

5G 技術的優點和缺點，分述說明如下：

(一) 優點

1.高速率和低延遲：5G 技術的最大優勢之一是提供了極高的數據傳輸速率和極低的通訊延遲。舉例來說，一個高畫質影片可以在幾秒鐘內下載完成，而即時遊戲或視訊通話幾乎實現無延遲的交流，這對於高要求的應用場景如自動駕駛和遠距醫療來說至關重要。

2.大連接性：5G 技術支持大量設備同時連接和通訊，這意味著更多的智慧設備可以連接到網路上，實現更廣泛的物聯網應用。例如：在智慧城市中，各種感應器和設備可以即時蒐集和分享數據，以提高城市營運效率和便利性。

3.創新應用潛力：5G 技術的高速率和低延遲爲眾多創新應用提供了

可能性，從智慧交通到智慧製造再到虛擬現實等。舉例來說，5G 技術可以推動智慧醫療的發展，讓醫生可以透過遠距手術系統進行手術，提高手術的精確性和安全性。

(二) 缺點

1. **基礎建設投資大**：5G 網路的建設和升級需要龐大的投資，包括基地臺建設、頻譜購買和設備更新等。這對於營運商和政府來說是一大挑戰，尤其是在一些經濟較弱的地區，可能會限制 5G 技術的推廣和普及。

2. **頻譜資源短缺**：5G 頻譜資源有限，需要合理分配和管理，以避免頻譜資源的浪費和競爭。這意味著需要加強頻譜管理和規劃，以確保 5G 網路的穩定運行和服務品質。

3. **安全和隱私問題**：5G 技術的部署和應用還面臨著安全性和隱私保護的挑戰。由於 5G 網路將連接更多的設備和應用，這可能會增加安全漏洞和隱私風險。因此，需要加強 5G 技術和管理手段，來保護用戶的訊息安全和隱私權，並加強對安全風險的監控和處理。

七、5G技術的潛在負面影響

(一) 安全性問題

隨著 5G 技術的推廣，網路安全風險也隨之增加。5G 網路支持更多的連接點和更高的數據傳輸速率，這可能讓網路更易受到攻擊，如 DDoS 攻擊和網路間諜活動。

解決策略：加強網路安全基礎設施，開發新的加密技術，並在 5G 設備和服務的設計中優先考慮安全問題。

(二) 健康顧慮

雖然目前沒有確鑿的科學證據表明 5G 技術對健康有害，但公眾對於 5G 基地臺增加的輻射問題仍有擔憂。

解決策略：持續進行科學研究，以評估 5G 技術對健康的長期影響，

並向公眾透明溝通研究結果。

八、未來發展趨勢及社會影響

(一) 發展趨勢

5G 將推動遠距工作、雲端遊戲、遠距醫療和智慧城市等應用的普及，同時 5G 的高速度和低延遲特性，將使這些應用更加可行和高效。

(二) 社會影響

5G 將促進數位化和智慧化轉型，提高生產效率和生活品質。同時，5G 的普及也可能加劇數位鴻溝，特別是在偏遠和經濟較弱地區。

九、專家預測和建議

(一) 專家預測

預計 5G 將在下一個 10 年全球範圍內實現廣泛部署，特別是在智慧城市、工業網際網路，以及自動駕駛車輛等領域的應用將顯著增加。

(二) 專家建議

專家建議在 5G 部署過程中加強跨國和跨行業的合作，以確保技術標準的一致性和互操作性。此外，建議加強公共教育和意識提升活動，以解決公眾對 5G 可能造成健康影響的擔憂。

十、小結

本節詳細介紹了第五代行動通訊技術（5G）的特性、發展歷程及其對社會的深遠影響。5G 技術以其高速率、低延遲和大連接性為特點，正在開創無線通訊的新紀元，從智慧城市到自動駕駛汽車等多個領域均展現巨大的潛力。然而，隨著 5G 的快速部署，也需要注意其對能源消耗、基礎設施成本及安全性的挑戰，積極解決這些問題將是推動 5G 持續發展的關鍵。

✳ 第三節 大數據的科技與應用

一、大數據的概念與定義

　　大數據（big data），一詞源自 1997 年由 NASA 科學家首次提出，用以描述當資料量超越一般處理能力所帶來的挑戰。根據牛津辭典，大數據指的是如此龐大且複雜，以至於傳統數據處理應用軟體難以處理的數據集合。大數據不僅涵蓋量的概念，更涉及數據的速度、多樣性等特點，並且透過分析這些數據，能夠在多個領域創造出顯著的價值。

　　根據 2024 年的市場分析報告，全球大數據市場預計將達到 770 億美元，年增長率保持在 12%。企業對於洞察消費者行為、優化營運效率和增強風險管理能力的需求，推動了大數據技術的快速發展。

二、大數據的特點

　　大數據的核心特徵通常被概括為 3V：Volume（巨量）、Variety（多樣性）、Velocity（高速）。隨著數據的爆炸性增長，2010 年後，人們提出了更多的 V 來描述大數據的新特性，如 Veracity（真實性）、Validity（有效性）、Value（價值）和 Volatility（易變性）。這些特性說明了大數據不僅是數據量的增加，更重要的是如何從這些數據中提取有價值的訊息，並快速反應以支持決策制定。

　　大數據技術已廣泛應用於商業、醫療、政府和科研等多個領域。它幫助企業洞察市場趨勢，優化營運流程，提供客製化服務，並加強決策支持系統。在公共部門，大數據可用於提高城市管理效率，如交通流量分析、公共安全及環境監控等。此外，大數據的進步也推動了人工智慧和機器學習技術的發展，這些技術能夠進一步提升數據分析的深度和精度。

三、在大眾傳播領域的運用

大數據技術在大眾傳播領域的運用日益增多，尤其是在數據驅動的新聞報導和內容訂製上。媒體公司利用大數據分析讀者或觀眾的行為模式，以優化內容推薦演算法，提供更加個性化的新聞體驗。此外，大數據也被用於廣告定位，使廣告商能夠更精確地達到目標受眾，增加廣告的轉化率和效益。

在新聞獲取方面，記者和編輯使用大數據工具來追蹤熱門話題和公眾興趣，這不僅加快了新聞的報導速度，也增強了報導的深度和廣度。大數據的分析能力使媒體能夠從大量的數據中提取有價值的訊息，支持調查性報導，揭露社會和經濟問題。

然而，大數據在傳播行業的應用也帶來了挑戰，如數據隱私保護和新聞倫理問題。隨著數據的廣泛應用，保護消費者的個人訊息成為媒體公司面臨的重要課題。此外，如何在追求點閱率和保持新聞真實性、深度之間取得平衡，也是大數據時代媒體需要解決的問題。

未來，隨著技術的進一步發展，大數據將在提升傳播效率、增強受眾參與度和創新商業模式等方面發揮更大作用。媒體行業需不斷探索如何在尊重隱私和倫理的前提下，有效利用大數據技術，以促進訊息的自由流通和媒體的可持續發展。

四、大數據在特定行業的實際應用

(一) 醫療行業

疾病預測和預防：在美國，一家領先的醫療健康公司利用大數據分析，預測病人可能發展的慢性疾病，並提前介入治療，顯著降低了治療成本和提高病人的生活品質。

(二) 疫情追蹤

在 COVID-19 疫情期間，多國政府和健康組織利用大數據分析疫情傳播趨勢，快速因應並制定防疫策略。如韓國政府利用大數據追蹤確診病例的移動路線和接觸史，有效控制疫情擴散。

(三) 製造業

1. 智慧製造：德國的一家汽車製造廠利用大數據分析生產數據，即時監控製造過程中的異常，透過預測性維護減少設備故障率，提高生產效率。

2. 供應鏈優化：全球的製造商正在利用大數據分析來優化供應鏈管理，透過分析歷史數據和市場趨勢，預測原料需求和庫存管理，減少過剩和缺貨的情況。

五、大數據在公共衛生危機中的作用

在全球 COVID-19 大流行期間，大數據技術發揮了關鍵作用：

(一) **流行病學研究**：科學家利用來自全球的健康數據，進行病毒傳播模式和感染率的分析，這些數據幫助公共衛生官員制定更有效的防控措施。

(二) **公共政策支持**：政府部門利用行動通訊數據分析人群流動性，評估封鎖措施的效果，並作為重新開放經濟的決策依據。

由上得知，隨著大數據資料量的持續增長和分析技術的進步，大數據將在更多行業中發揮關鍵作用，不僅能夠帶來經濟效益，還能改善公共服務和增強決策制定的透明度和效率。然而，隨著這些技術的應用，相關的隱私保護和數據安全問題也日益突出，需要透過法律法規和技術創新來確保數據的負責任使用。

六、大數據的潛在負面影響

(一) 隱私侵犯

大數據的蒐集和分析常常涉及敏感的個人訊息，未經同意的數據蒐集和使用可能侵犯個人隱私，引發公眾對數據安全和隱私保護的擔憂。解決策略爲制定嚴格的數據保護法規，確保數據的蒐集、處理和使用遵循明確的法律框架和倫理標準。

(二) 數據管理的透明度問題

大數據技術的複雜性可能使數據處理過程缺乏透明度，增加了數據濫用的風險。解決策略如下：

1.提高數據處理的透明度，允許用戶更容易地存取和控制自己的數據，並對數據處理者進行有效的監管。

2.這些潛在的負面影響需要透過政策制定者、技術開發者和社會各界的共同努力來解決，以確保這些技術的積極發展，同時最大限度地減少對社會的負面影響。

七、大數據的挑戰與倫理問題

儘管大數據帶來許多機遇，但也伴隨著挑戰和風險。數據隱私和安全是最受關注的問題。隨著數據蒐集的無所不在，個人訊息洩露的風險顯著增加。此外，數據的偏見和不正確性可能導致錯誤的決策和分析結果。這要求企業和組織不僅要強化數據安全措施，還要在數據蒐集和使用過程中堅守倫理和合規性。

八、未來發展趨勢及社會影響

(一) 發展趨勢

隨著數據蒐集技術的進步和存儲成本的降低，大數據將被更廣泛地應用於決策支持、消費者行爲分析和預測模型等領域。

(二) 社會影響

大數據將增強企業的市場競爭力和政府的公共管理能力，但也可能引起對個人隱私保護的關注。大數據的不當使用，可能導致數據偏見和決策失誤。

九、小結

這一節對大數據的概念進行了界定，並探討了其核心特徵：巨量、多樣性、高速、真實性等。大數據的利用正在澈底改變訊息分析、商業策略和決策過程，特別是在如健康照護、零售和公共管理等領域。面對大數據的快速發展，有效管理數據安全和隱私，成為了迫切需要解決的問題。展望未來，如何符合倫理地使用大數據將是推動這一技術健康發展的關鍵。

❈ 第四節　傳播科技的未來

隨著數位科技的迅速發展，多種新興技術逐漸影響和改變了我們的生活方式，尤其是在傳播科技領域。近年來，人工智慧（AI）、第五代行動通訊（5G）、混合實境（MR）和智慧音箱等技術在科技業中逐漸突顯其重要性。這些技術不僅推動了科技革命的新浪潮，也正在重塑傳播媒體的未來。

一、人工智慧（AI）

人工智慧（AI）是近年來科技發展的重點之一，AI 技術能夠模仿人類智慧行為，進行複雜的計算和決策制定。AI 的應用範圍極廣，從語音辨識、智慧助理到自動駕駛車輛，AI 正在逐步改變我們的工作和生活方式。

近期，AI 突破性發展包括更進階的自然語言處理和更準確的預測模型。這些進步使得 AI 在醫療診斷、客戶服務和金融服務領域的應用變得

更加廣泛和精確。此外，AI 倫理問題和透明度成為研究和討論的焦點，以確保技術的公正和負責任使用。

在新聞行業，AI 技術已被用於自動化內容創建，比如生成運動賽事和財經報導。AI 也在提供個性化新聞推送和增強用戶體驗方面發揮作用，能夠根據用戶的閱讀習慣和偏好來調整推薦內容。

二、第五代行動通訊（5G）

5G 技術被視為推動未來數位革命的關鍵因素，提供了更高速度、更大容量和更低延遲的網路服務。這使得大量數據的傳輸變得更為快速和有效，為各種高需求的應用如遠距醫療、自動駕駛和虛擬實境等，提供了堅實的基礎。

5G 不僅速度快，還具有低延遲和高連接密度的特點，使其成為物聯網、自動駕駛車輛和智慧城市的關鍵基礎設施。目前，全球多個國家已開始大規模部署 5G 網路，推動包括遠距手術和即時數據分析等創新應用的發展。

5G 技術的高速率和低延遲使得即時新聞報導和直播成為可能，甚至在極端環境下也能保持穩定。此外，5G 支持更高品質的影片和其他多媒體內容的傳輸，大幅提升用戶的觀看體驗。

三、混合實境（MR）

混合實境（MR）結合了虛擬實境（VR）和擴增實境（AR）的特點，創造出一個既包含真實世界，也包含虛擬元素的新環境。MR 技術在教育、訓練、娛樂等領域展示了巨大的潛力，令使用者能夠以全新的方式與數位內容互動。

MR 技術已經在教育、工業設計及軍事訓練中得到實際應用，提供模擬和增強現實操作經驗。此外，MR 技術正在與 AI 和 5G 技術的融合中，發揮更大的潛力，提供更為沉浸式和互動的用戶體驗。

MR 技術在媒體和娛樂行業中被用來創造沉浸式的觀看體驗，例如：

在直播事件中加入虛擬元素，或是在電視節目中即時呈現 3D 圖像和統計資料，這種技術增強了觀眾的互動性和參與感。

最後，專家預測，MR 技術將進一步融合虛擬實境（VR）和擴增實境（AR），創造出更多創新的使用案例。教育、訓練和娛樂將是 MR 技術的主要增長領域。因此，專家建議開發更輕便、成本更低的 MR 設備，以提高用戶的接受度和使用率。此外，應該鼓勵開發開放原始碼的 MR 應用平台，以促進開發者創新和多樣化的應用開發。

四、智慧音箱

智慧音箱的興起標誌著智慧家居技術的普及，它們通常搭載語音助理，如亞馬遜的 Alexa 或谷歌的 Assistant，使得用戶能夠透過語音命令控制家中的智慧設備、播放音樂、設定提醒，或者獲取天氣訊息等。這些裝置的發展對於推動語音互動技術的創新和實用化，發揮了關鍵作用。

隨著技術的演進，智慧音箱正變得更為智慧，能夠更深入理解和預測用戶需求。市場上新出現的智慧音箱支持多語言互動，並整合更多家居自動化功能，使其成為智慧家居生態系統的中心。

智慧音箱逐漸成為家庭媒體消費的一部分，用戶可以透過語音命令來收聽新聞、播客和音樂。廣播公司和媒體機構正在開發專門為語音互動設計的內容和服務，以吸引和保留聽眾群。

最後，專家預測，智慧音箱和語音助理的功能將持續增強，未來這些設備將更加整合到家庭和企業的日常操作中，成為控制其他智慧設備的中心。因此專家建議，可提升智慧音箱的語音識別準確率和多語言支持，以適應全球化市場的需求。同時，應該強化用戶數據的安全和隱私保護，以增加消費者的信任。

這些專家的見解和建議，為未來的科技發展提供了方向指引，並提示可能的研究和政策調整需求。隨著技術的不斷演進，持續的創新和負責任的管理將是支撐這些技術健康發展的關鍵。

五、遠距學習

　　遠距學習技術在全球疫情期間顯示了其重要性。學校和教育機構被迫尋求新的解決方案來進行教學活動。同步和非同步的遠距課程使得學生可以在家中繼續學習，雖然這種學習方式對於師生間的互動和學生的學習動力提出了新的挑戰。

　　遠距學習技術在疫情期間顯示了其重要性，各級教育機構投入資源優化線上學習平台，增強學習管理系統功能。同時，教育者和技術開發者正合作創新互動性更強的學習工具，如虛擬實境和遊戲化學習，以提高學習的吸引力和效果。

　　在教育媒體領域，遠距學習技術使得各種教育內容能夠更廣泛地分布，並允許即時反饋和互動，這對於提高公眾的訊息素養和持續教育具有重要意義。

六、技術融合

　　前述各種技術之間的融合，正在開創新的應用領域和業務模型。例如：AI 和 5G 的結合可以實現更智慧的物聯網解決方案，如自動駕駛車輛和智慧工廠。大數據與 AI 的融合則可提供更精準的分析和預測，支持複雜的決策過程。

(一) 對日常生活的改變

　　新技術將使日常生活更加數位化和智慧化，智慧家居、遠距工作和線上教育將成為常態。消費者將享受到更個性化的產品和服務，生活便利性將顯著提升。

(二) 對工作方式的改變

　　技術的進步將推動工作方式的轉型，遠距協作和靈活工作將更普及。AI 和自動化技術將接管一些重複性高和勞動強度大的工作，職工可以專

注於更有創造性和策略性的任務。

　　總之，這些技術的未來發展將對社會帶來深遠的影響，不僅促進經濟發展和生活品質的提高，也帶來新的社會挑戰和倫理問題。社會各界需要共同努力，確保技術的健康發展並最大限度地發揮其積極作用，同時妥善處理相關的社會與倫理問題。

七、未來展望

　　隨著這些科技的不斷成熟和發展，未來的傳播科技將更加多元和智慧化。我們可以預見到一個更加連接、更加互動和更智慧的數位世界。然而，這也帶來了諸如數據隱私、網路安全和數位鴻溝等新的社會挑戰。

　　在未來，傳播科技的發展將需要政策制定者、業界專家和消費者之間的密切合作，以確保這些技術能夠負責任地使用，同時最大限度地發揮其潛力，促進社會的整體進步。隨著科技進步，我們也應持續關注教育和技術普及，確保所有人都能從這場科技革命中受益。

　　以上這些補充，反映了各領域技術的最新發展和未來趨勢，顯示了科技在多個方面的進步如何繼續塑造我們的生活和工作方式。隨著這些技術的持續進化，它們將解鎖更多創新應用，同時也帶來新的挑戰和責任問題，未來的傳播科技將更加智慧化和多元化，進一步影響大眾媒體的生產、分發和消費方式。

八、小結

　　本節概述了未來傳播科技的發展趨勢，尤其是人工智慧、5G、混合實境等技術如何繼續塑造媒體和傳播行業。這些技術的融合預示著更智慧化、更互動性的媒體消費方式的來臨，同時也提示了需要新的策略來應對日益增長的數據隱私和安全挑戰。未來的傳播科技將在增強個性化體驗和提高訊息傳播效率方面發揮重要作用，但也需謹慎處理伴隨而來的倫理和社會問題。

本章總結

　　本章探討人工智慧、5G 和大數據技術對未來的影響。人工智慧透過模仿人類思考來提升決策與自動化水準，已廣泛運用於各行業，卻也帶來隱私與道德問題。5G 技術特色為高速率、低延遲和大連接性，對數位社會造成革命性變革，但需巨額基礎設施投資。這些技術共同推動傳播科技迅速發展，深刻影響社會結構與互動方式。大數據方面，探討了市場發展、創新應用與未來挑戰。

　　本章探討大數據與未來傳播科技，這些科技如何推動傳播策略和社會互動的革命。這為深入下一章的新聞倫理與傳播法規，提供了科技進步對媒體實質影響的背景。

第 16 章 ▶▶▶
新聞倫理與傳播法規

　　本章第一部分探討新聞倫理的規範，解嚴以後的我國媒體生態丕變，部分從業人員缺乏新聞倫理觀念，以致八卦新聞或揭人隱私消息充斥，造成社會困擾與不安，故極需媒體自律。

　　本章第二部分探討憲法與大眾傳播法規的關係。世界各國對於言論自由與出版自由的保障，有採直接保障方式，如美國；也有採間接保障方式，如英國。然而，不管怎樣分類，可以確定的是，言論自由或出版自由，均非絕對的，故有相關法令的限制。

✸ 第一節　新聞倫理

一、新聞倫理的意義

　　新聞倫理是指人人應遵守的道德規範，包括社會各種規範、慣例、制度、典章、行為標準和良知的表現。它在積極面提升人性，解決利益衝突；在消極面防止社會分裂，解除人類痛苦。對新聞工作者而言，新聞倫理是判斷是非、道德正確與否的良心尺度，相當於新聞事業的交通規則。

二、倫理與道德的區別

雖然「倫理」與「道德」常被視為相通，但李瞻教授指出，倫理注重於研究人類行為的善與惡，而道德則主要研究人類行為的對與錯。對於新聞道德而言，各種新聞道德規範是自律的專業標準，新聞評議會的具體制裁辦法則是自律和紀律的體現。

三、新聞道德與職業操守

新聞道德與職業操守是新聞行業的核心原則，旨在規範從業人員的行為和判斷，確保新聞的真實性、公正性和正確性。這些標準強調新聞工作者對公眾利益的責任，不僅限於技術性行為的規範，更強調道德責任，如維護新聞自由、保障報導的客觀公正、尊重隱私權等。

四、新聞自由與社會責任

新聞自由是一種負責任的自由，要求媒體提供真實、全面及有益的資訊，同時提供意見交流的平台，展示多元觀點，解釋社會的目標與價值，確保公眾能充分理解每日新聞。新聞道德標準來自於這樣的社會責任觀，促成了新聞評議會的建立與新聞倫理規範的制定。

五、臺灣新聞倫理的發展與挑戰

臺灣的新聞倫理發展源遠流長，從 1955 年馬星野提出《中國記者信條》，到 1974 年臺北市新聞評議委員會通過一系列道德規範，這些都為新聞從業人員提供了倫理框架。然而，面對 21 世紀的挑戰，新聞倫理需要不斷革新，以應對網路資訊時代和個人倫理與普世價值的衝突。

六、21世紀新聞倫理的挑戰

面對 21 世紀新聞倫理的挑戰，新聞從業者需要充分的準備工作，進行在職訓練，堅持成為好記者。桑德士（Sanders）指出網路資訊時代對

著作權的漠視導致資訊可信度受到質疑，並呼籲新聞從業者要注意這一點。此外，部分新聞記者個人倫理優先於普世價值，導致行為偏差。然而，桑德士提出三點原則給予建議：充分準備工作、進行在職訓練、堅持成為好記者。

另一方面，莫瑞爾（John C. Merrill）以存在主義觀點鼓勵新聞記者，拒絕成為無足輕重的新聞機器零件，並強調在工作中保持真實與活力。他主張擺脫焦慮和疏離，真實地生活，以感受真正的自我，並引導其他記者共同創造和諧、希望、樂觀和進步。

這些觀點提醒我們，面對新聞倫理挑戰，新聞從業者需要不斷學習、成長，堅守正確的價值觀，並在專業上不斷追求進步。只有如此，我們才能有效應對 21 世紀的新聞倫理挑戰，確保新聞行業的健康發展和社會的進步。

七、小結

新聞倫理在新聞業界扮演著至關重要的角色，它不僅是道德準則的體現，更是新聞從業者的良心尺度和行為準則。透過本節的探討，我們理解了新聞倫理的基本意義，以及倫理與道德的區別。我們深入探討了新聞道德與職業操守的關聯，以及新聞自由與社會責任之間的微妙平衡。在臺灣，新聞倫理的發展脈絡與挑戰被整理清晰，並且對 21 世紀新聞倫理所面臨的挑戰進行了深入分析。

面對新聞倫理的挑戰，我們從學者的觀點中得到啟示，強調新聞從業者應當在道德與職業操守上持續努力，不斷學習成長，堅守正確的價值觀。這不僅需要對職業擁有熱情，更需要保持真實、活力和希望。只有如此，才能應對新聞倫理的挑戰，確保新聞行業的發展與社會的進步。

在 21 世紀的新聞業務中，新聞倫理將繼續發揮著引領和規範的作用，並引導著新聞從業者不斷追求真相、公正和責任。

🌸 第二節　傳播法規

一、憲法與大眾傳播自由

　　憲法作爲國家的根本大法，不僅規範政府組織和人民的基本權利，還確立了言論與出版自由。這些自由在全球範圍內無論是民主國家還是極權國家，都得到了保障。這些保障方式可以是直接的，也可以是間接的，如美國憲法就明確禁止國會制定任何限制言論和出版自由的法律。

　　在美國，憲法第一修正案明文規定言論和出版自由，但實際上存在諸如「明顯而立即的危險」等限制原則。同樣，我國憲法雖然保障言論和出版自由，但也規定在特定情況下可以進行限制。這些限制主要是爲了防止濫用這些自由，而可能對社會秩序或其他公共利益造成的危害。

　　新聞自由實際上是言論自由和出版自由的延伸，早期憲法時代的媒體形態與今日相比有很大不同，但當時的憲法制定者的確意在保護現今所說的新聞自由。因此，當我們詮釋各國憲法時，不能僅局限於文字上對言論和出版自由的保障，而應該包括對新聞自由的保護。

　　儘管憲法提供了保障，言論和出版自由並非絕對。各國實際運作中，這些自由仍需根據具體情況進行考量，確保不被濫用，同時平衡其他社會、政治和法律因素。在我國，特定情況下的限制條款使得言論和出版自由可能受到一定的約束，這需要透過愼重的法律解釋和司法審查來實現平衡。

二、有關大眾傳播的幾個重要司法院大法官會議解釋

　　臺灣憲法保障言論自由和出版自由，包括新聞自由和表達自由。多項大法官解釋對此有重要影響，從這些解釋顯示得知，大法官除了在多個方面釐清了這些自由的界線與應用，確保法律與憲法保障之間的一致性外，並處理了與現代媒體環境相關的新問題。這些新問題至少包括下列五項：

(一) 言論自由與媒體的責任

釋字第 364 號解釋明確指出，廣播和電視表達意見屬於言論自由的範疇。為了確保這一自由，國家應公平分配電波使用權，保證所有人平等接近傳播媒體的權利。這不僅強化了言論自由，也提升了媒體內容的多元性，確保各種聲音能在公共領域中被聽見。

(二) 猥褻出版物的規範

釋字第 447 號針對猥褻出版物提供了明確的法律指引，對於何種材料構成猥褻有了具體界定，強調必須兼顧社會風俗和青少年保護。這一解釋保護了藝術與表達的自由，同時也限制了可能對社會秩序造成破壞的出版物。

(三) 藥物廣告

釋字第 414 號則討論到藥物廣告，這些廣告雖然具有商業性質，但仍然受到言論自由的保護。然而，考慮到公眾健康的重要性，這類廣告應受到更嚴格的監管，確保不會誤導消費者，特別是在可能影響健康的情況下。

(四) 集會自由與政治表達

釋字第 445 號解釋確認集會自由是言論自由的重要擴展，應受到相同程度的保護。這一點在《集會遊行法》中得到具體體現，雖然某些政治敏感的言論在過去可能遭到限制，但憲法提供了足夠的保護，以防止不合理的政府干預。

(五) 商業言論的限制與保護

釋字第 623 號解釋提到，商業言論雖然在憲法上受到保護，但這種保護不是無限的。特別是在涉及公共利益，如健康和安全時，政府有權介入以規範廣告內容，防止誤導性資訊的傳播。

(六) 新聞自由與公共利益

　　釋字第 509 號和釋字第 689 號等解釋強調，言論自由需與保護個人名譽、隱私和維護公共秩序的需求相平衡。特別是在新聞報導中，應當避免未經證實的指控，保護受害者免受不公正對待。

　　這些司法解釋展示了憲法在實際運用中的靈活性和深遠影響，尤其是在維護言論自由和適應時代變化方面。透過這些解釋，臺灣不僅強化了言論與出版自由的法律保護，也平衡了這些自由與社會其他需要之間的關係，如公平使用電波、避免猥褻內容的傳播等，顯示成熟民主社會對於自由與責任之間拿捏的智慧。

三、國內外案例

　　新聞倫理和法規在新聞實踐中的互動是一個關鍵領域，特別是在處理複雜的報導問題時。以下是一些國內外的案例，說明這些互動如何在實際情況中發揮作用：

(一) 國內案例：臺灣《蘋果日報》的財經報導事件

　　在臺灣，當新聞媒體報導涉及上市公司財經相關的新聞時，必須遵守嚴格的法律法規和倫理準則。一家主要報紙在報導某上市公司財務困難的消息時，未經充分核實消息來源的可靠性，導致該公司股價短期內大幅波動。法律雖然提供了對不實報導的基本規範，但新聞倫理則要求記者在發布具有市場影響力的新聞前應更加謹慎，以避免不必要的市場擾動和對公眾的誤導。

　　《蘋果日報》的案例與香港的《蘋果日報》密切相關。該報紙由壹傳媒創辦人黎智英於 1995 年在香港成立。然而，2021 年 6 月，香港《蘋果日報》因違反香港的國安法而被迫停業。政府指控《蘋果日報》及其幾名高層涉嫌危害國家安全，並於同年 6 月 17 日對其進行了突擊搜查，導致《蘋果日報》於 6 月 24 日發行最後一期報紙並結束營運。

(二) 國際案例：美國瓦倫丁城市射擊事件的報導

在美國，著名的案例是有關瓦倫丁市發生的槍擊事件的報導。2018年2月，佛羅里達州的一所高中發生槍擊事件，導致多人死傷。在這種情況下，媒體面臨法律和倫理的雙重挑戰。法律要求尊重未成年犯罪嫌疑人的身分保護，而倫理則要求在不公開嫌疑人詳細訊息的情況下提供足夠的訊息給公眾，以促進公眾理解和討論事件。倫理準則有助於在尊重法律的同時保護受害者及其家人的隱私權，並鼓勵媒體探討更廣泛的社會和政策問題，例如：槍械控管和學校安全等。

四、小結

透過這些案例，我們清楚看到了新聞倫理和法規在實際運作中的互動。無論是在臺灣還是在美國，媒體都必須在報導新聞時平衡法律的遵從和倫理的考量。這些案例突顯了倫理準則在填補法律空白、引導行業自律，以確保新聞報導符合法律規定的重要性。

✳ 第三節　誹謗法規

誹謗罪是指以文字或口頭散布不實之事實，意圖傷害他人名譽的行為。新聞媒體業尤其容易涉及此類罪行，尤其是在揭露隱私或八卦報導時。隨著公眾對權利的覺醒，媒體從業者在發表言論時必須格外小心，以避免觸法及對所屬機構造成損失。

一、誹謗罪的法律條文及分類

我國《刑法》第 27 章規範了誹謗罪，包括侮辱罪、誹謗罪及其他相關規定。誹謗罪不需要公開散布，祕密散布亦足以構成罪行。此外，誹謗行為必須基於具體事實，且這些事實需具有損害他人名譽的潛力。

二、誹謗罪按照情節區分

(一) 普通誹謗罪（《刑法》第310條第1項）

透過口頭或文字的方式，意圖散布於眾，而指摘或傳述足以毀損他人名譽之事者。

(二) 加重誹謗罪（《刑法》第310條第2項）

以散布文字或圖畫的方式犯普通誹謗罪。這種罪行通常是指以文字或圖畫公然散布，與普通誹謗罪不同，其破壞性更大，情節更重。

(三) 誹謗死者罪（《刑法》第312條第2項）

對已故者進行誹謗，無論是以言語、文字或圖畫方式，都屬於誹謗罪。雖然已故者本身無法受到名譽損害，但這可能對其生前的家族或後代社會地位造成影響，因此法律仍對此進行處罰。

(四) 特別誹謗罪（《刑法》第116條）

對友邦元首或派駐中華民國的外國代表進行名譽損害，屬於特別誹謗罪。不論在中華民國境內與否，包括外國政府派遣的全權大使、全權公使、代辦公使、代理公使和其他一切使節在內的外國代表。犯此罪的刑罰會增加至原刑的三分之一，但也屬於請求刑罰的範圍。

三、免責條款

誹謗罪有相應的免罰規定，《刑法》第310條第3項規定：「對於所誹謗之事，能證明其為真實者，不罰。但涉於私德而與公共利益無關者，不在此限。」此外，《刑法》第311條也明列多種情況免除罰責，如以善意表達言論、自衛、自辯或保護合法利益、公務員因職務而報告、對可受公評之事進行適當之評論、對於會議、法院或公眾集會的記事進行適當的描述等。

四、媒體與誹謗罪

媒體行業常因不實報導而涉嫌誹謗。廣播和電視報導，若未經確認便公開指控，可能導致法律後果。過去臺灣的《出版法》允許被誹謗者要求更正，現今該條款已廢止，但媒體仍需承擔起正確報導的責任。

五、誹謗罪的國際視角

美國與英國對誹謗的處理更為細緻，特別是在處理廣播與電視媒體的誹謗行為時，更注重是否有公開與永久性的傳播形式。這與臺灣的法律相比，顯示出國際上對媒體誹謗的處理更具彈性與適應性。

六、誹謗罪與言論自由

臺灣法院在處理誹謗案件時，越來越強調言論自由的保護，尤其是在公眾人物和公共議題的報導上。美國的「紐約時報對蘇利文案」是一個標誌。

七、小結

誹謗罪作為一個涉及名譽的法律概念，在新聞媒體業中有著重要的地位。本節從法律條文及分類、免責條款、媒體與誹謗罪、國際視角以及與言論自由的關係等方面，探討了誹謗罪的相關內容。在誹謗罪的適用中，除了嚴格遵守法律條文外，媒體行業也應當特別注意報導內容的真實性和準確性，以避免觸犯相關法律，同時也應當注重言論自由的保護。對於誹謗罪的理解和應用不僅有助於維護公眾人物和普通人的名譽，也有助於建立一個公正和負責任的新聞報導環境。

❈ 第四節　《著作權法》

一、媒體利用他人著作

　　《著作權法》旨在保護個人的精神創作不受侵犯，其涉及的範疇從文學作品到藝術作品，乃至於電腦軟體等。在新聞媒體的運用上，《著作權法》規範媒體在報導時使用他人著作的條件和限制。特別是在數位時代，媒體如何合法使用數位內容成為一個重要議題。

　　根據臺灣的《著作權法》，新聞報導在傳達事實時，若無包含具有著作權的評論、專論或影像等內容，則不受著作權保護。然而，若涉及以上內容，則需遵守《著作權法》的相關規定，例如：在合理的範圍內進行引用並明確標示來源。

二、我國《著作權法》最近部分修正

　　臺灣的《著作權法》近年來也有所調整，以因應數位科技的發展。2003 年、2021 年和 2022 年的修訂特別強調在網路環境下著作權的適用，新增了公開傳輸權和再公開傳達權等，這對於網路上的內容分享和再利用設下了法律框架。這些修正反映出法律在適應數位媒體發展方面的努力，以及在保護著作權人利益與促進文化交流之間尋求平衡。

　　此外，臺灣的修法還涉及合理使用的擴展，特別是針對教育和研究的需求，允許在不侵犯著作權的前提下使用著作，這對學術自由和資訊共享具有正面影響。同時，新法律對於不正當利用網路傳播侵權內容的行為也進行了明確的懲罰規定，進一步保護著作權人的合法權益。

　　總之，《著作權法》的調整顯示法律對於新興媒體技術變化的回應，並強調在全球化及數位化快速發展的環境下，如何平衡創作者的權益和公眾利益的重要性。這些改變不僅有助於提升法律的實際適用性，也反映了社會價值觀和技術發展對法律框架提出的新要求。

三、小結

《著作權法》旨在保護個人創作，尤其在數位時代，其應用和修正尤為重要。臺灣的修法強調了對網路環境下著作權的適用，並尋求著作權人利益與文化交流平衡。合理使用的擴展對學術自由和資訊共享有積極影響，同時對不正當利用網路侵權行為有明確懲罰。這些調整反映了法律對新媒體技術變化的回應，並強調了平衡創作者權益和公眾利益的重要性。

※ 第五節 隱私權

一、隱私權的起源與發展

隱私權（right of privacy）的概念在 20 世紀初由美國兩位律師首次提出，旨在保護個人免受新聞媒體的非法侵犯。隨著媒體和技術的發展，個人隱私面臨著越來越多的挑戰，這導致各國對隱私權保護的立法越發嚴格。

隱私權涵蓋的範圍非常廣泛，從個人資料的保護到通訊的隱密性，再到對個人私生活的尊重。美國法律將隱私權細分為四大類：防止姓名或肖像商業利用、保護私人空間不受侵擾、防止私人資料被公開，以及避免錯誤資料的散布。

二、隱私權的規定與保護

隱私權的保護範圍可分為四類，根據美國法學家荷爾（William G. Hale）的說法，即每個人要求他人不得未經同意公開其私人事物的自然權利。美國現行法律對隱私權的保護包括以下四點：

(一) 商業利益中使用他人姓名或肖像。

(二) 侵犯私人財產、土地，或干擾私人幽居的寧靜。

(三) 公布私人資料，使當事人受到困窘。

(四) 發布錯誤的私人資料，將當事人以一種錯誤的形象呈現在大眾面前。

我國法律並未明文訂立「隱私權」，但在《憲法》、《刑法》、《民法》及《著作權法》等法條中，存在相關條款與規定，如姓名權、肖像權、人格權等，用以應對侵害行為及相應的民、刑事法律責任。

《憲法》第 10 條規定人民有居住及遷徙之自由；第 15 條保障生存權、工作權及財產權；第 23 條強調其他自由及權利在不妨害社會秩序公共利益的情況下受憲法之保障。此外，第 32 條、第 73 條、第 101 條則涉及言論自由的保護。儘管《憲法》未明示隱私權為基本權利，司法院大法官解釋中確認其受《憲法》第 22 條保障，認定隱私權是保障人性尊嚴、個人主體性、生活祕密領域及個人資料控制的不可或缺基本權利。

我國的《憲法》雖未明文提及隱私權，但透過對言論自由和個人權利的保障，間接支持了隱私權的保護。特別是在資訊爆炸的今天，保護個人資料不被濫用已成為重要的法律議題。

三、大法官解釋文中的隱私權類型

司法院大法官對隱私權的保護做出多次解釋，明確解釋隱私權包括資訊隱私權、空間隱私權、祕密通訊隱私權和生活私密隱私權四大類。這些規定為個人在面對數位時代各種潛在侵權行為時，提供了法律依據。

(一) 資訊隱私權

保障個人決定何時、何地、對何人揭露個人資料的權利。司法院大法官解釋文指出，資訊隱私權包含對個人資料揭露的自主控制權，以及對個人資料使用的知悉與控制權。

(二) 空間隱私權

保障個人對自己所屬空間的隱私，特別是私人住宅。根據司法院大法官解釋文，臨檢等手段應受法治原則約束，對私人居住之空間應受到與住

宅相同的保障。

(三) 祕密通訊隱私權

保障個人在通訊內容、對象、時間、方式等方面的自由與隱私權。根據司法院大法官解釋文，祕密通訊隱私權確保人民在通訊中的自由，包括通訊的有無、對象、時間、方式和內容等。

(四) 生活私密隱私權

保障個人在生活私密領域中的隱私，例如：親密行為或生活私領域中相當私密的部分。

《刑法》對於侵犯隱私的行為也有明確的禁止，涵蓋了從侵入住宅、非法搜查、到非法竊聽或錄音等多個方面。例如：根據《刑法》第132、306、307、308、315、316 及 319 條，包括洩漏機密罪、侵入住宅罪、違法搜索罪、告訴乃論罪、妨礙書信機密罪、洩漏業務機密罪等，廣泛涵蓋了隱私權的相關保障。這些規定一方面保護了個人的隱私安全，另一方面也提醒公眾在享有訊息自由和表達自由時，需要尊重他人的隱私權。

四、小結

在訊息技術迅速發展的今天，隱私權的保護尤為重要。隨著個人資料的蒐集和利用越來越普遍，如何在保障個人隱私和促進技術發展之間找到平衡，是現代法律需要解答的問題。政府和社會需要共同努力，透過立法和公共教育，提高公眾對隱私權重要性的認識，確保每個人都能在數位時代保有自己的隱私空間。

✾ 第六節 《個人資料保護法》

一、立法目的與核心原則

　　《個人資料保護法》的核心宗旨在於保障個人隱私權，同時確保個人資料的合理使用。法律明確規範了對個人資料的蒐集、處理與利用，涵蓋公務機關及非公務機關，目的是維護人格權和資訊隱私權。

二、規範的資料類型

　　法律中對個人資料的定義，包括能識別個人身分的各類資訊，如姓名、身分證字號、生物識別數據等。特別的是，敏感資料如病歷、基因、性生活、健康檢查和犯罪前科等，受到更嚴格的保護，限制非法蒐集與利用。

三、禁止蒐集的特殊類型

　　《個人資料保護法》對於敏感資料設有更嚴格的規範，例如：不得蒐集關於個人的醫療、基因等資料，除非有特殊情況如法律授權、當事人同意等。

(一) 當事人的權利

　　法律賦予個人廣泛的權利，包括請求查詢、閱覽、更正，以及要求停止處理或刪除其個人資料。這些權利的行使有助於個人對自己資料的控制，保護個人免受未經授權的資料處理和濫用。

(二) 監督與責任

　　各機關和企業必須採取適當的安全措施，防止個人資料被竊取或洩漏。違法處理個人資料的行為，可能面臨刑事責任或行政罰款。此外，當事人也可以對違法行為提出民事賠償請求。

(三) 實際影響與挑戰

《個人資料保護法》的實施對於提升個人資料保護意識有重大影響，但在實際操作中仍面臨許多挑戰。例如：最近不少名媛、藝人，為了婚姻感情的紛爭，連自己的孩子也不斷登上媒體版面，甚至成為談話性節目八卦的內容，引起社會關注。從上得知，如何平衡隱私保護與資訊自由、如何處理跨境數據流動的問題等，都是需要進一步探討的議題。

四、評論

我國的《個人資料保護法》體現了對個人隱私的尊重與保護，其全面的規範框架為個人資料保護設立了堅實的基礎。然而，隨著數據科技的不斷進步，法律也需要不斷更新以應對新的挑戰。此外，公眾對於個人資料保護的認識和重視，也是推動法律實施的關鍵因素。只有透過法律、技術與社會三方面的共同努力，才能更好地保護個人資料，確保資訊社會的健康發展。

《個人資料保護法》在新聞界的應用，引發了許多實際挑戰。這些挑戰和案例有助於讀者深入理解該法律在實際情境中的應用，尤其是在面臨隱私保護與資訊自由間平衡時的倫理考量。

五、小結

在本節中，我們探討了《個人資料保護法》對個人資料保護的重要性，以及相關的立法目的和核心原則。該法律明確規範了對各類個人資料的蒐集、處理和利用，以確保個人隱私權的保護。我們重點關注了法律所禁止蒐集的特殊類型資料，以及當事人在資料處理中所享有的權利。此外，提及了法律所規範的監督與責任，以及實際操作中可能面臨的挑戰和影響。透過相關案例的分析，我們更深入地理解了新聞及媒體行業，在處理涉及兒童及少年的報導時，所需遵守的法律條文與倫理標準。這些案例展現了在實踐中應用相關法律的具體挑戰，並強調了新聞從業者在報導真實事件時，必須嚴格遵循保護未成年人隱私和尊嚴的法律要求。

✳ 第七節 　兒童及少年法對於情色資訊的管制

一、《兒童及少年性剝削防制條例》的演變與媒體報導規範

《兒童及少年性剝削防制條例》的演變反映了臺灣對未成年人性剝削問題的重視：

(一) 立法演變

1. 初次立法（**1995 年**）：爲打擊兒童及少年性交易，政府於 1995 年制定了《兒童及少年性交易防制條例》，提供法律保護。

2. 重點修法（**2007 年**）：2007 年的修法加強了對受害者的保護，新增心理輔導和安置措施，並將預防和教育納入體系。

3. 名稱與範圍擴大（**2015 年**）：該條例於 2015 年更名爲《兒童及少年性剝削防制條例》，涵蓋所有形式的性剝削行爲，並強化對網路犯罪的懲治。

4. 最新修訂（**2015 年至今**）：該條例修訂進一步加強了網路性犯罪的防範措施，並與國際標準接軌，強化跨國犯罪防治。

(二) 媒體報導規範

該條例對媒體報導做出嚴格規範，以保護兒童及少年免受二次傷害。媒體在報導相關案件時，禁止公開當事人的姓名、照片或可識別身分的資訊，違者可處以最高 15 萬元罰款。對於電視新聞，除了禁止公開姓名外，還需遮蔽當事人的臉部並進行語音變音處理。

此外，條例禁止媒體過度描述性剝削、暴力等內容。根據該條例第 14 條規定，任何媒體不得以煽動或詳述方式報導性剝削事件，尤其是涉及兒童的案件。未遵守規定者，將面臨罰款並要求改正。針對「過度」描述的判斷，媒體自律機制應根據同業公會規範進行處理。

這些規定強化了媒體的責任，防止報導對兒童及少年的隱私和權益造成進一步損害。

二、《兒童及少年福利與權益保障法》的規定

《兒童及少年福利與權益保障法》明確規範了媒體在報導涉及兒童及少年事件時的行為，主要針對保護未成年人的隱私與防止二次傷害。

該法第 69 條第 1 項規定，媒體在報導親權或其他涉及兒童及少年權益的事件時，不得公開當事人或相關人士的姓名及任何可識別身分的資訊，違者最高可罰 15 萬元（第 103 條）。這適用於各種媒體形式，包括宣傳品、出版品、廣播、電視及網路平台。對於電視新聞中提及的兒童，媒體還需進行臉部遮蔽和語音變音處理，未遵守者將觸法。

此外，該法第 45 條進一步規定，平面媒體不得報導或描寫與犯罪、毒品使用、自殺、暴力、血腥、色情及猥褻相關的內容，特別是在涉及兒童及少年事件時，應避免詳細描述或過度渲染。然而，若媒體引用司法或行政機關的公開文書，並進行適當處理，則不受此限制。

針對媒體「過度」描述的情況，由報業商業同業公會制定自律規範，要求在三個月內作出處置，若未改正，則最高可處以 15 萬元罰款。這些規定旨在確保媒體在報導兒童及少年事件時，能夠遵守倫理標準，保護其隱私，並避免對社會產生不良影響。

此外，衛福部亦於 2024 年 8 月 12 日公布「媒體報導兒少及性暴力指引」，只要在三種情況中，媒體能適度報導、揭露。第一、成年之行為人於事件發生後，調查確定前或調查成立後，仍違法服務於以服務未滿 18 歲之人、身心障礙者或老人為主要對象的教育、社會福利或長期照顧機關（構），可適度報導、揭露，但仍不得揭露足資識別被害人身分的資訊。第二、被害人為成年人，經本人同意的事件內容，但心智障礙者、受監護宣告或輔助宣告者，應以其可理解方式提供資訊，受監護宣告者並應取得其監護人同意，且應尊重受監護宣告者的意願。第三、其他經目的事業主管機關召開會議審議通過的事件內容。

三、小結

　　本節探討了《兒童及少年性剝削防制條例》和《兒童及少年福利與權益保障法》在媒體報導未成年人的相關規範及演變。這些法律旨在保護未成年人的隱私及防止二次傷害，並加強對兒童及青少年免於性剝削的保護。《兒童及少年性剝削防制條例》明確禁止媒體公開涉案未成年人的姓名、照片或其他能識別身分的資訊，並規定媒體不得過度詳述或渲染性剝削和暴力事件。另一方面，《兒童及少年福利與權益保障法》對媒體進行進一步規範，要求其在報導兒童事件時避免侵犯隱私，並禁止描寫猥褻、色情等不當內容。尤其是衛福部於 2024 年 8 月 12 日公布的「媒體報導兒少及性暴力指引」，更具體規範了媒體，在特定情況下如何適度報導涉及兒少性暴力的案件，仍須保護被害人的隱私不受侵犯。這些法律的實施，有效建立了保護機制，保障兒童及青少年的身心健康成長。

第八節　假訊息與新冠病毒疫情防制

　　2020 年 2 月，臉書上突然湧現大量虛假消息，宣稱臺灣的疫情失控，社區感染嚴重，確診數量眾多，政府被指控隱匿疫情。

　　這些不實訊息有三個共同特點，可供第一時間辨識：一、消息來源不明，例如：朋友的親戚說、媽媽聽官員聊天。二、使用簡體字或中國慣用語，例如：臺灣省、蔡省長。三、主題集中指責中央隱匿疫情。犯罪學研究所助理教授沈伯洋指出，這很可能是中國網軍的操作，目的在透過陰謀論的散播提高對政府的不信任感。

　　臺灣將新冠肺炎列為第五類法定傳染病，法源為《傳染病防治法》。為緩解疫情對各產業的影響，《嚴重特殊傳染性肺炎防治及紓困振興特別條例》自 2020 年 2 月 27 日生效。散播疫情謠言或不實訊息，不僅面臨《傳染病防治法》第 63 條規定的最高 300 萬元罰金，還可能面臨最高 3 年有期徒刑。

《傳染病防治法》強調保護個人隱私權，禁止對傳染病患者、醫護人員、隔離者、居家檢疫者、集中檢疫者及其家屬進行未經同意的錄音、錄影或攝影。此法亦明文規定，禁止散布不實消息，違者可面臨 10 萬元以上 100 萬元以下罰鍰，更嚴重者可能被處以 300 萬元以下罰金，甚至 3 年以下有期徒刑。

一、倫理和法規爭議案例

(一) **案例**：2020年新冠病毒疫情期間的假訊息案例。
(二) **背景**：在2020年新冠病毒疫情爆發期間，一則關於某種未經證實的療法能夠治療新冠病毒的假訊息在社群媒體上廣泛傳播。這則訊息聲稱飲用一種特定的漂白劑能治癒新冠病毒，並且附有一個看似專業的醫學報告來支持其主張。
(三) **媒體的行為**：一家知名的線上新聞平台未經澈底查證，急於追求流量和讀者關注，選擇將該消息作為頭條新聞發布。該報導引用了假訊息來源的一些「專家意見」，但未進行任何實質性的事實查核。

二、法律與倫理爭議

　　這則假新聞的發布引起了公眾的廣泛關注和擔憂，許多人在未經醫生指導的情況下嘗試了這種危險的「療法」。政府衛生部門不得不介入，發布正式聲明闢謠並警告公眾這種做法的危險性。這導致對媒體的法律審查，其涉及到散布危害公眾健康的不實訊息。

三、倫理審視

　　該新聞平台的行為觸犯了新聞倫理中的多個基本原則，包括：
(一) **真實性和準確性**：未能提供準確的訊息，忽視核實訊息來源的責任。
(二) **公共利益**：發布的內容對公共健康構成威脅，未能以公眾利益為優先。
(三) **損害原則**：報導對社會公眾可能造成實質性的害處。

四、法律後果

面對政府的法律訴訟，該媒體最終不得不公開道歉，並賠償因誤導報導而受影響的讀者。此外，此事件促使政府加強對疫情相關假訊息的監管，並對散布假訊息的行為施加更嚴格的罰則。

五、小結

本節探討了假訊息在新冠病毒疫情防制中的角色，以及相關的倫理和法規爭議案例。首先分析了 2020 年 2 月在臉書上湧現的大量虛假消息，指責臺灣政府隱匿疫情的情況，以及這些假訊息的特徵和可能的來源。隨後，我們討論了臺灣對新冠肺炎疫情的法律防制措施，特別是針對散播不實消息的嚴格懲罰條款。

在倫理和法規爭議案例中，我們以一則關於假訊息在社群媒體上廣泛傳播的案例為例，分析了媒體在處理疫情相關訊息時，可能遭遇的挑戰，以及如何遵循新聞倫理和法律規範。此案例突顯了在公共健康危機期間，媒體發布準確訊息的重要性，以及遵守相關法律和倫理規範的必要性。透過對這些問題的討論，我們希望能加深假訊息對於社會造成的影響，以及如何有效應對的理解。

第九節　數位匯流與立法

隨著數位科技的快速發展，全球各國都在積極應對數位匯流所帶來的挑戰。數位匯流涉及廣播、電信和網路服務的融合，這不僅改變了媒體生態，也對傳統的監管框架提出了新的挑戰。

一、各國立法措施

各國紛紛通過立法來因應數位匯流的挑戰。例如：美國於 1996 年通

過的「電信法」旨在促進市場競爭和服務選擇。日本和歐盟也相繼制定了類似的法規，以適應數位時代的需求。

二、我國的立法情況

在這個過程中，臺灣也針對數位匯流進行了立法。從 1976 年開始，臺灣就有相關的法規，但隨著科技的進步，這些法規已經不敷使用。爲此，國家通訊傳播委員會提出了整合電信和廣播的新法草案，並在 2019 年通過了《電信管理法》，以提供更多經營彈性並降低市場進入門檻。

三、歐盟的科技立法與技術中立原則

然而，最近歐盟《數位服務法》（DSA）的通過，對於數位服務供應商的責任規範，以及對大型線上平台的影響尤其重要。這個法案要求數位平台加強對內容的監管，以確保平台上的資訊不會損害公眾利益。尤其對於新聞機構而言，這意味著在這些平台上的營運將受到更嚴格的監管，需要更加注重法律遵循和內容管理。

總之，數位匯流時代的立法需要不斷進化，以應對新出現的技術和市場實際狀態。透過技術中立原則和國際協調，全球社會可以更好地利用數位技術帶來的機會，同時控制其帶來的風險。

四、小結

隨著數位科技蓬勃發展，全球各國紛紛制定新法以因應數位匯流挑戰。美國 1996 年的「電信法」促進市場競爭與服務選擇，日本 2001 年的「利用電信服務放送法」則響應數位時代需求。歐盟強調「技術中立原則」，確保法律公平，2022 年 DSA 進一步規範數位服務供應商責任。立法應平衡創新與消費者權益，需不斷更新以因應科技發展與社會需求。國際合作尤為重要，以確保全球市場公平競爭。

本章總結

　　本章第一部分探討新聞倫理的規範，解嚴以後的我國媒體生態丕變，部分媒體從業人員缺乏新聞倫理觀念，以致八卦新聞或揭人隱私消息充斥，造成社會困擾與不安，故極需媒體自律。

　　本章探討新聞倫理與傳播法規，重申媒體肩負社會責任的重要性。這不僅是對前面章節的回顧，也強調了理論與實踐的結合，是對整本書的完整總結。

🎥 參考文獻

一、中文部分

王天濱（2002）。《臺灣新聞傳播史》。臺北市：亞太。

尤英夫（2011）。《大眾傳播法》（四版）。臺北市：新學林。

石世豪（2009）。《我國傳播法制的轉型與續造》。臺北市：元照。

石世豪（2009）。《通訊傳播匯流五法研討會論文集——迎向通訊傳播新紀元》。臺北市：國家通訊傳播委員會。

石慶生（2016）。《傳播學原理》。合肥：安徽大學。

江靜之譯（2003）。《網際網路的衝擊》。臺北市：韋伯。

呂廷傑等（2018）。《信息技術簡史》。北京：電子工業出版社。

李金銓（2005）。《大眾傳播理論》（修正三版）。臺北市：三民。

李金銓（2019）。《傳播縱橫：歷史脈絡與全球視野》。臺北市：聯經。

李宇美譯（2011）。《鄉民都來了：無組織的組織力量》。臺北市：貓頭鷹。

李明穎譯（Briggs A., & Burke, P. 原著）（2006）。《最新大眾傳播史：從古騰堡到網際網路的時代》。新北市：韋伯。

李韋廷（2008）。《審議式民主與大眾傳播媒體新角色初探》。臺北市：國立政治大學人文社會科學研究所碩士論文。

何道寬譯（Innis H. A. 原著）（2003）。《傳播的偏向》。北京：中國人民大學。

邱進福（2005）。《傳播時代的文化》。臺北市：韋伯。

吳家恆等 2013）。《數位新時代》。臺北市：遠流。

吳筱玫（2008）。《傳播科技與文明》。臺北市：智勝。

林日璇等譯（Straubbar, J., & LaRose, R. 原著）（2018）。《媒體 ING：認識媒體、文化與科技》。臺北市：雙葉。

林東泰（2008）。《大眾傳播理論》。臺北市：師大書苑。

林芳玫（1996）。《女性與媒體再現》。臺北市：巨流。

林俊宏譯（2013）。《大數據》。臺北市：天下遠見。

卓越新聞獎基金會（2009）。《臺灣傳媒再解構》。臺北市：巨流。

徐佳士（1987）。《大眾傳播理論》。臺北市：正中。

徐國源（2008）。《傳播的文化修辭》。臺北市：文史哲。

秦琍琍、李佩雯、蔡鴻濱（2010）。《口語傳播》。臺北市：威仕曼。

秦琍琍（2011）。《重・返實踐：組織傳播理論與研究》。臺北市：威仕曼。

梁美珊等（2013）。《圖解傳播理論》。臺北市：五南。

梁瑞祥（2013）。《知識論與傳播理論》。臺北市：五南。

唐士哲、魏玓。《國際傳播：全球視野與地方策略》。臺北市：三民。

唐維敏譯（1998）。《英國文化研究導讀》。臺北市：亞太。

施琮仁譯（Baran, S. J., & Davis, D. K. 原著）（2012）。《大眾傳播理論：基礎、發展與未來》。臺北市：泰華文化。

孫嘉穗等（2022）。《傳播新科技的媒體素養》。臺北市：雙葉。

莊克仁（1998）。《電台管理學——ICRT 策略性管理模式》。臺北市：正中。

莊克仁合著（2000）。《大眾傳播學》。新北市：國立空中大學。

莊克仁譯（Rogers, E. M. 原著）（1988）。《傳播科技學理》。臺北市：正中。

段鵬（2006）。《傳播學基礎：歷史、框架與外延》。北京：中國傳媒。

陳世敏（1992）。《大眾傳播與社會遷》。臺北市：三民。

陳芸芸、劉慧雯譯（McQuail D. 原著）（2003）。《特新大眾傳播理論》。臺北市：韋伯。

陳柏安等譯（Griffin, E. 原著）（2006）。《傳播理論》。臺北市：五南。

陳炳宏（2001）。《傳播產業研究》。臺北市：五南。

陳師孟等（1991）。《解構黨國資本主義》。臺北市：澄社。

陳國民等（2011）。《傳播理論》。臺北市：三民。

陳雪雲（1985）。《大眾傳播理論評述，社會教育學刊》。臺北市：國立臺灣師範大學社會教育學系。

童璐等譯（Crowley, D., & Heyer, P. 原著）（2022）。《傳播的歷史：技術、文化和社會》。北京：北京大學出版社。

殷曉蓉譯（Rogers, E. M. 原著）（2004）。《傳播學史》。上海：上海譯文。

郭良文等（2023）。《傳播研究方法：量化、質化與大數據分析》。臺北市：雙葉。

葉元之（2010）。《大眾傳播理論與應用：新聞媒體分析與行銷公關實務操作》。臺北市：秀威資訊科技。

程之行譯（Littlejohn, S. W. 原著）（1993）。《傳播理論》。臺北市：遠流。

閔惠泉譯（Samovar, L. A., & Porte, R. E. 原著）（2010）。《跨文化傳播》。北京：中國人民大學。

游紫翔、溫偉群（2018）。《社群媒體與口語傳播》。臺北市：五南。

彭芸（1986）。《政治傳播：理論與實務》。臺北市：巨流。

彭芸（1998）。《國際傳播新焦點》。臺北市：風雲論壇。

彭芸（2011）。《NCC 與數位匯流：匯流政策芻議》。臺北市：風雲論壇。

彭芸（2012）。《NCC 與媒介政策：公共利益、規管哲學與實務》。臺北市：風雲論壇。

彭芸等主編（2022）。《匯流下組織再造、平臺、議題論文集》。新北市：風雲論壇。

彭芸等主編（2022）。《數位治理：韌性・AI・規管》。臺北市：翰蘆。

彭懷恩（2011）。《大眾傳播理論 Q&A》。臺北市：風雲論壇。

彭懷恩（2016）。《大眾傳播理論與模式》。新北市：風雲論壇。

彭懷恩（2003）。《人類傳播理論 Q&A》。臺北市：風雲論壇。

馮建三等（2024）。《臺灣媒體 100 年：國家、政黨、社會運動》。臺北市：麥田。

翁秀琪（2005）。《臺灣傳播學的想像（上）（下）》。臺北市：巨流。

翁秀琪（2921）。《大眾傳播理論與實證（四版二刷）》。臺北市：三民。

馮建三等（2010）。《傳播理論史：回歸勞動》。臺北市：五南。

黃振家、宗靜萍譯（Wimmer, R. J., & Dominick, J. 原著）（2007）。《大眾媒體研究導論》。臺北市：學富。

黃葳威（2020）。《數位時代社會傳播》。臺北市：楊智。

黃惠萍（2018）。《公共議題傳播策略與效應》。臺北市：雙葉。

蔡承志（Postman, N. 原著）（2016）。《娛樂至死：追求表象、歡樂和激情的媒體時代》（二版）。臺北市：貓頭鷹。

董素蘭等譯（Berger, A. 原著）（2000）。《大眾傳播導論》。臺北市：學富。

劉毅（2007）。《網絡輿情研究概論》。天津：人民出版社。

劉幼琍等（2016）。《大數據與未來傳播》。臺北市：五南。

楊志弘、周金福譯（Baran, S. J. 原著）（2001）。《大眾傳播理論：基礎、發展與未來》。臺北市：華泰。

楊孝濚（1979）。《傳播社會學》。臺北市：臺灣商務。

趙偉妏譯（Holmes, D. 原著）（2009）。《媒介、科技與社會：傳播理論的面向》。新北市：韋伯。

趙偉妏等譯（Stevenson, N. 原著）（2013）。《大眾傳播理論：文化與社會的面觀》。新北市：韋伯。

張思恆（1979）。《傳播社會學》。臺北市：輔仁大學。

張純富（2010）。《社交網站人際關係維繫之研究：以 Facebook 為例》。臺北市：世新大學資訊傳播學研究所碩士論文。

張錦華譯（Fiske, J. 原著）（1997）。《傳播符號學理論》。臺北市：遠流。

張錦華等譯（2001）。《女性主義媒介研究》。臺北市：遠流。

潘家慶（1983）。《傳播、媒介與社會》。臺北市：臺灣商務印書館。

羅世宏（2017）。《社群批判理論》。臺北市：五南。

羅世宏譯（Severin, W. J., & Tankard, J. W. Jr. 原著）（2000）。《傳播理論：起源、方法與應用》。
　　臺北市：五南。

羅文智等譯（2018）。《洞悉媒體——教學視野的精闢分析》。臺北市：學富。

鄭貞銘（2014）。《傳播大師》。臺北市：臺灣商務。

鄭貞銘等編著（1980）。《傳播媒介與社會》（再版）。新北市：國立空中大學。

蘇菲譯（Nuzum, E. 原著）（2021）。《如何做出爆紅 Podcast》。臺灣：墨刻。

鄭嫻慧（1999）。〈多功能國際網路——網路廣播新興媒體〉。《資訊與電腦月刊》，1997年5月號。

鄭翰林編譯（2001）。《大眾傳播理論 Q&A》。臺北市：風雲論壇。

鄭翰林（2003）。《傳播理論簡明辭典》。臺北市：風雲論壇。

鄭翰林（2007）。《當代傳播理論 Q&A》。臺北市：風雲論壇。

賴曉黎（2000）。《資訊的共享與交換：黑客文化的歷史、場景與社會意涵》。臺北市：國立臺灣大
　　學社會學研究所博士論文。

賴穎青、業志良（2013）。《通訊科技與法律的對話》。臺北市：遠見天下。

謝光萍譯（Thurlow, C. 原著）。（2005）。《電腦中介傳播：人際互動與網際網路》。臺北市：韋伯。

鐘明通（2000）。《網際網路法律入門：電腦族的第一本法律書》。臺北市：新自然主義。

邊明道等譯（Napoli, P. M. 原著）。《傳播政策基本原理》。臺北市：揚智。

龐建國（1993）。《國家發展理論——兼論臺灣發展經驗》。臺北市：巨流。

二、英文部分

Baran, S. J., & Davis, D. K. (2002). *Mass communication theory: Foundations, ferment, and future*. CA: Wadsworth, a division of Thomson Learning, Inc.

Berger, C. R., Roloff, M. E., & Roskos-Ewoldsen, D. R. (2010). *The handbook of communication science*. CA: SAGE Publication, Inc.

Fuchs, C. (2014). *Social media: A critical introduction*. London: Sage Publications.

Finnegan, R. (2014). *Communicating the multiple modes of human communication* (2rd ed.). New York: Routledge.

Kraidy, K. K. (2013). *Communication and power in global era: Orders and borders*. New York: Routledge.

Levy, S. (2001). *Hackers: Heroes of the computer revolution*. New York, N.Y.:

Morreale, S. P., Spitzberg, B. H., & Barge, K. (2013). *Communication: Motivation, knowledge, skills*. New York: Peter Lang Publishing, Inc.

三、網站

電報。維基 https://zh.wikipedia.org/wiki/%E7%94%B5%E6%8A%A5

攝影。維基 https://zh.wikipedia.org/wiki/%E6%91%84%E5%BD%B1

人際傳播。MBA 智庫百科。
　　https://wiki.mbalib.com/zh-tw/%E4%BA%BA%E9%99%85%E4%BC%A0%E6%92%AD

組織溝通。維基百科。
　　https://zh.wikipedia.org/zh-tw/%E7%B5%84%E7%B9%94%E6%BA%9D%E9%80%9A

水門事件的「深喉嚨」。維基百科。

　　https://zh.wikipedia.org/wiki/%E6%B7%B1%E5%96%89_(%E6%B0%B4%E9%96%80%E4%BA%8
　　B%E4%BB%B6)

匿名消息確具新聞價值。自由時報網站。

　　https://news.ltn.com.tw/news/world/paper/20685

修辭學（Rhetoric）。維基網站。

　　https://zh.wikipedia.org/wiki/%E4%BF%AE%E8%BE%9E%E5%AD%A6

符號學。維基百科。

　　https://zh.wikipedia.org/wiki/%E7%AC%A6%E8%99%9F%E5%AD%B8

內容分析法。維基百科。

　　https://zh.wikipedia.org/wiki/%E5%85%A7%E5%AE%B9%E5%88%86%E6%9E%90%E6%B3%95

敘事學。維基百科。

　　https://zh.wikipedia.org/wiki/%E6%95%98%E4%BA%8B%E5%AD%B8

框架（Frame）。維基百科。

　　https://zh.wikipedia.org/wiki/%E6%A1%86%E6%9E%B6%E7%90%86%E8%AB%96

開放式課程介紹：OOPS。維基百科。

　　https://www.myoops.org/ted_detail.php?id=79

克雷・薛基

　　https://zh.wikipedia.org/zh-tw/%E5%85%8B%E8%8E%B1%C2%B7%E8%88%8D%E5%9F%BA

過濾氣泡。維基百科。

　　https://zh.wikipedia.org/zh-tw/%E9%81%8E%E6%BF%BE%E6%B0%A3%E6%B3%A1

[Internet20] 一起的孤寂：寧與科技親密，卻與人疏遠的新時代。數位時代網站。

　　https://www.bnext.com.tw/article/36974/BN-2015-08-08-005313-34

多媒體隨選視訊（MOD）。理財資料庫 Money DJ 理財網。

　　https://www.moneydj.com/kmdj/wiki/wikiviewer.aspx?keyid=8ed1e6c3-72e0-430b-8226-
　　4c439a5f64e6

虛擬社群。維基百科。

　　https://zh.wikipedia.org/zh-tw/%E8%99%9B%E6%93%AC%E7%A4%BE%E7%BE%A4

資訊社會維基百科。自由的百科全書。

　　https://zh.wikipedia.org/zh

資訊社會。維基百科。

　　https://zh.wikipedia.org/zh-tw/%E7%BD%91%E7%9B%98

董素蘭。21 世紀網際網路相關問題初探。中央研究院社會學研究所。

　　https://www.ios.sinica.edu.tw> infotec2> info2-17

AI 時代的機會與挑戰。數位策展情境下的敘事脈絡。科技大識讀。

　　https://scitechvista.nat.gov.tw/Article/C000009/detail?ID=38d34d1c-f4de-4659-8940-3a3be152eec5

虛擬社群。維基百科。

　　https://zh.wikipedia.org/zh-tw/%E8%99%9B%E6%93%AC%E7%A4%BE%E7%BE%A4

理資訊系統。維基百科。

　　https://www.wikiwand.com/zh-tw/%E7%AE%A1%E7%90%86%E4%BF%A1%E6%81%AF%E7%B3
　　%BB%E7%BB%9F

章忠信。著作權觀念漫談。

　　http://www.copyrightnote.org/ArticleContent.aspx?ID=9&aid=2545

網路傳播（NetworkPublishing / Internet Communications）。

　　https://wiki.mbalib.com/zh-tw/%E7%BD%91%E7%BB%9C%E4%BC%A0%E6%92%AD

一次搞懂虛擬實境 VR、混合實境 MR、擴充實境 AR INSIDE。

　　https://www.inside.com.tw

痞客邦 3C 網站。

　　http://benevo.pixnet.net/blog/post

文創實驗室網站。

　　https://ar-ar.facebook.com/ecurator/posts2C

2017 年臺灣寬頻網路使用調查報告 -TWNIC 財團法人臺灣網路資訊中心。

　　https://www.twnic.net.tw/download/200307/20170721e.pdf

數位市場法案。維基百科。

　　https://zh.wikipedia.org/zh-tw/%E6%95%B8%E4%BD%8D%E5%B8%82%E5%A0%B4%E6%B3%9
　　5%E6%A1%88

歐盟「數位市場法」。臺灣人工智慧行動網網站。

　　https://ai.iias.sinica.edu.tw/eu-commission-digital-markets-act-gatekeeper/

國際通傳產業動態觀測網站。

　　https://intlfocus.ncc.gov.tw/xcdoc/cont?xsmsid=0J210565885111070723&sid=0M3254447247295100
　　51&sq=

科技中立（technologyneutrality）的原則。維基百科。

　　https://zh.wikipedia.org/zh-tw/%E6%8A%80%E8%A1%93%E4%B8%AD%E7%AB%8B%E5%8E%9
　　F%E5%89%87

數位市場法案。歐洲聯盟法規。維基百科。

　　https://zh.wikipedia.org/zh-tw/%E6%95%B8%E4%BD%8D%E5%B8%82%E5%A0%B4%E6%B3%9
　　5%E6%A1%88

國家圖書館出版品預行編目資料

傳播理論與傳播科技／莊克仁著. －－初
版. －－臺北市：五南圖書出版股份有限公
司, 2024.12
　面；　公分
　ISBN 978-626-393-912-7 (平裝)

1.CST: 傳播學　2.CST: 傳播科技

541.831　　　　　　　　　113016897

1Z1H

傳播理論與傳播科技

作　　　者 ─ 莊克仁

編輯主編 ─ 李貴年

責任編輯 ─ 何富珊

文字校對 ─ 陳俐君

封面設計 ─ 封怡彤

出 版 者 ─ 五南圖書出版股份有限公司

發 行 人 ─ 楊榮川

總 經 理 ─ 楊士清

總 編 輯 ─ 楊秀麗

地　　　址：106臺北市大安區和平東路二段339號4樓

電　　　話：(02)2705-5066

網　　　址：https://www.wunan.com.tw

電子郵件：wunan@wunan.com.tw

劃撥帳號：01068953

戶　　　名：五南圖書出版股份有限公司

法律顧問　林勝安律師

出版日期　2024年12月初版一刷

定　　　價　新臺幣520元

經典永恆·名著常在

五十週年的獻禮 —— 經典名著文庫

五南，五十年了，半個世紀，人生旅程的一大半，走過來了。

思索著，邁向百年的未來歷程，能為知識界、文化學術界作些什麼？

在速食文化的生態下，有什麼值得讓人雋永品味的？

歷代經典·當今名著，經過時間的洗禮，千錘百鍊，流傳至今，光芒耀人；

不僅使我們能領悟前人的智慧，同時也增深加廣我們思考的深度與視野。

我們決心投入巨資，有計畫的系統梳選，成立「經典名著文庫」，

希望收入古今中外思想性的、充滿睿智與獨見的經典、名著。

這是一項理想性的、永續性的巨大出版工程。

不在意讀者的眾寡，只考慮它的學術價值，力求完整展現先哲思想的軌跡；

為知識界開啟一片智慧之窗，營造一座百花綻放的世界文明公園，

任君遨遊、取菁吸蜜、嘉惠學子！